四川大学中华文化研究院 主办

中华经典研究

第六辑

项 楚 舒大刚 主编

创于1897
商务印书馆
The Commercial Press

图书在版编目（CIP）数据

中华经典研究. 第6辑 / 项楚，舒大刚主编. 北京：商务印书馆，2024. -- ISBN 978-7-100-24434-3

Ⅰ. K203-53

中国国家版本馆CIP数据核字第2024CC4463号

中华经典研究

第六辑

项 楚 舒大刚 主编

商 务 印 书 馆 出 版

（北京王府井大街36号 邮政编码100710）

商 务 印 书 馆 发 行

江苏凤凰数码印务有限公司印刷

ISBN 978-7-100-24434-3

2024年12月第1版　　开本 710×1000 1/16

2024年12月第1次印刷　　印张 17½

定价：96.00元

目　录

专题研究

名家访谈

专题研究

《论语·尧曰》篇"四海困穷,天禄永终"考

廖名春[*]

摘要:《论语·尧曰》篇"允执其中,四海困穷,天禄永终"三句当为:"允执其中,天禄永终;否则,四海困穷。"其中"四海困穷,天禄永终"为错简,"否则(不然)"为脱文。解决了错简与脱文的文献问题,才能真正读懂这三句"真传"的深刻内涵。

关键词:《论语·尧曰》　四海困穷　天禄永终

《论语·尧曰》篇载:"尧曰:'咨!尔舜!天之历数在尔躬,允执其中,四海困穷,天禄永终。'舜亦以命禹。"[①]这是说,尧帝让位给虞舜的时候,谆谆教诲继位的虞舜:"天之历数在尔躬,允执其中,四海困穷,天禄永终。"[②]而虞舜在让位给夏禹的时候,也说了同样一番话。

"尧命舜""舜亦以命禹"的这四句语录,是中国传统文化治国平天下的"真传"和核心价值。但其具体内容,学界其实尚有争议,笔者在此试作探讨。

---

* 廖名春,曲阜师范大学孔子文化研究院特聘教授、清华大学历史系长聘教授、国际易经联合会副会长、中国先秦史学会荀子研究会会长,主要从事出土简帛与中国思想史研究。

① [宋]朱熹:《四书章句集注·论语集注》卷一〇《尧曰》,中华书局1983年版,第193页。

② 同上。

先说几无异议的首句。“天之历数在尔躬”，何晏（？—249）集解：“历数谓列次也。”①邢昺（932—1010）疏：“孔注《尚书》云：谓天道。谓天历运之数。帝王易姓而兴，故言历数谓天道。”②如此，“历数”指帝王代天理民的顺序。其实，“天之历数”即“天命”。“天之历数在尔躬”即上天把代天理民之命赋予你了，也就是天命在你身上，换言之，就是上天选中了你做天子。

其后，“允执其中，四海困穷，天禄永终”三句如何释读，则很有争议。先看“四海困穷，天禄永终”两句。

包咸（前7—65）“注”：“允，信也。困，极也。永，长也。言为政信执其中，则能穷极四海，天禄所以长终。”③皇侃（488—545）“疏”也说：“若内执中正之道，则德教外被四海，一切服化莫不极尽也。言‘天禄永终’者，永，长也。终，犹卒竟也。若内正中国，外被四海，则天祚、禄位长，卒竟汝身也。执其中，则能穷极四海，天禄所以长终也。”④是训“穷困”为“极尽”，“四海困穷”即穷尽四海、极尽四海。“永”为“长”；“终”，如同“卒竟”，也就是“终竟”，即最后。“天禄永终”即“天禄永长”，直至终身。照此，这三句当断句为：“允执其中，四海困穷，天禄永终。”意思是能“允执其中”，则能泽尽四海，天禄永长。从包咸“注”、皇侃“疏”来看，“四海困穷，天禄永终”当为嘏辞吉语。

但“困穷”一般认为是凶词，“允执其中”怎么能导致“四海困穷”这样的恶果呢？逻辑自然有问题。故朱熹（1130—1200）《四书章句集注》（后文简称《集注》）提出：“四海之人困穷，则君禄亦永绝矣，戒之

---

① ［魏］何晏撰，高华平校释：《论语集解校释》卷二〇《尧曰》，辽海出版社2007年版，第388页。

② ［魏］何晏集解，［宋］邢昺注疏：《论语注疏》卷二〇《尧曰》，清嘉庆二十年南昌府学重刊宋本十三经注疏本，3/a。

③ ［魏］何晏撰，高华平校释：《论语集解校释》卷二〇《尧曰》，第388页。

④ ［南朝梁］皇侃撰，高尚榘校点：《论语义疏》卷一〇《尧曰》，中华书局2013年版，第516页。

也。”[①]认为“四海困穷,天禄永终”是尧帝对虞舜的告诫、敲打,“困穷”是贫困,“永终”是“永绝”,都是凶词而非吉语。因此,这两句的意思是说:“天下的百姓都陷于困苦贫穷,上天给你的禄位也会永远地终止了。”

朱熹《集注》的影响极大,我们今天的注本基本上都接受了朱说,比如杨伯峻(1909—1992)的《论语译注》、钱穆(1895—1990)的《论语新解》等即采其说。不过清人反对宋学,因而有不少考据家以朱熹说为非,以包咸“注”为是。如毛奇龄(1623—1713)就说:“盖‘天禄永终’则断无作‘永绝’解者。潜丘尝谓汉魏以前还俱解‘永长’……凡用此语者,无不以‘永长’为辞。”[②]“潜丘”即阎若璩(1636—1704),他也以包咸“注”为是,认为汉魏以前的早期文献,都是以“永终”为“永长”,而非“永绝”之意。

江声(1721—1799)也有同样的意见:“‘永终’者,吉祥之辞,犹《尚书·金縢》云‘永终是图’是也。不可解为‘永绝’。且尧之于舜,历试廿年乃授之政,虑其即位之后,至于四海困穷,则所以知舜者,犹未审,奚遽禅位为哉?包咸曰:‘允,信也。困,极也。永,长也。言为政执其中,则能穷极四海,天禄所以长终也。’恐亦未允帖。声窃拟之曰:‘允执其中,兢兢业业,常以四海困穷为念,则能覆育斯民,天禄用能长终也。’此解是否,来哲详之。”[③]他虽不同意包咸以“四海困穷”为“穷极四海”说,但明确提出“‘永终’者,吉祥之辞”,“不可解为‘永绝’”,反对朱熹的新见。

刘宝楠(1791—1855)意见相近:“‘四海困穷’者,《孟子·滕文公上》:‘当尧之时,天下犹未平,洪水横流,泛滥于天下,草木畅茂,禽兽繁殖,五谷不登,禽兽逼人,兽蹄鸟迹之道交于中国。尧独忧之,举舜而敷

① [宋]朱熹:《四书章句集注·论语集注》卷一〇《尧曰》,中华书局1983年版,第193页。

② [清]毛奇龄:《论语稽求篇》卷七,清道光九年广东学海堂刻咸丰十一年补刻《皇清经解》本,8/b。

③ [清]江声:《论语竢质及其他一种》卷下,《丛书集成初编》本,商务印书馆1937年版,第495册,第48页。

治焉。’……是尧时‘四海困穷’之征。……段氏玉裁《说文注》云:‘困之本义为止而不过,引申之为极尽。《论语》“四海困穷”谓君德充塞宇宙,与横被四海之义略同。’段说即包此《注》意,然非经旨。‘天禄所以长终’者,言享天禄能终竟之也。”[①]由上述刘说可知,段玉裁(1735—1815)《说文解字注》解“困之本义为止而不过,引申之为极尽”[②],其解“四海困穷”也是取包咸“注”。但对此,刘宝楠并不同意,认为包咸“注”、段玉裁说“非经旨”,其引《孟子·滕文公上》“当尧之时,天下犹未平,洪水横流,泛滥于天下,草木畅茂,禽兽繁殖,五谷不登,禽兽逼人,兽蹄鸟迹之道交于中国。尧独忧之,举舜而敷治焉”云云,是证明“尧时四海困穷”,仍以“四海困穷”为凶词。这一点,他与江声的意见是一致的。不过,其解“天禄永终”为“‘天禄所以长终’者,言享天禄能终竟之也”,与包咸、皇侃、毛奇龄、江声一样,也是以“天禄永终”为吉词。

日人猪饲彦博(1761—1845)则云:“包说固非,朱说亦未稳。《金縢》曰:‘予小子新命于三王,唯永终是图。’《周颂》曰:‘庶几夙夜,以永终誉。’《汉书·暴胜之传》:‘树功播名,永终天禄。’可见古人以令终为永禄矣。是包氏所以误解‘困穷’也。朱子解‘永终’为长绝,虽得经旨,犹失语意。‘天禄永终’,盖反语也。言‘四海困穷’,则‘天禄永终’乎?不‘永终’矣。语势与‘可爱非君,可畏非民’同,学者审诸。”[③]其释“四海困穷”,取朱熹说,以包咸注为非,与江声、刘宝楠意见同。其释“天禄永终”,则取包咸注,以朱熹注为非,与皇侃、毛奇龄、刘宝楠说同。但视“四海困穷”为凶词,又怎能得“天禄永终”为“天禄”长久这一吉词?猪饲彦博的解决办法别出心裁,他将“天禄永终”视为反问句,“‘天禄永终’乎?

① [清]刘宝楠撰,高流水点校:《论语正义》卷二三《尧曰》,中华书局 1990 年版标点本,第 757 页。

② [清]段玉裁:《说文解字注》卷六下,清道光九年广东学海堂刻咸丰十一年补刻《皇清经解》本,10/a。

③ [日]猪饲彦博:《论语说抄》,《无求备斋论语集成》第 21 函,日本东洋图书刊行会排印本,第 10 页。

不‘永终’矣”,这样,肯定句就变成了否定句,不是说“天禄”长久,而是说“天禄”不能长久。虽然没有改动字句,却解决了朱熹“永绝”说不符合“汉魏以前”“凡用”“永终”者,“无不以‘永长’为辞”的问题,可谓独具匠心。

不过,猪饲彦博的“天禄永终”为反问句说与“尧曰”“舜亦以命禹”的当时情境难以吻合。在尧、舜临终嘱托的特殊语境下,尧命舜、舜命禹不直接用表命令语气的陈述句,而用表疑问语气的反问句,既不庄重严肃,也容易引起歧义。“尧之所以授舜”“舜之所以授禹”的政治嘱托,是说要你怎样,你应该如何如何,而不是相互讨论、驳难,也不是征求你的意见,说你看可以吗,能行吗。因此,用命令语气是理所当然,用反问句来表达则匪夷所思。后来历代的禅位诏书也没有这样的成例。因此,“天禄永终”为反问句说并不可取。

包咸注以“四海困穷”为吉词尽管得到皇侃、段玉裁等的支持,但朱熹、江声、刘宝楠、猪饲彦博等坚持其为凶词,是有道理的。现存早期文献中,“困穷”或“穷困”皆非吉词。《周易·系辞下》:“困穷而通。”①《史记·南越列传》论:“伏波困穷,智虑愈殖,因祸为福。”②“困穷”都是艰难窘迫的意思。“穷困”与“困穷”同。《左传·襄公八年》:“民知穷困,而受盟于楚。”③《战国策·燕策三》:“樊将军以穷困来归丹,丹不忍以己之私而伤长者之意。”④三国魏曹植《豫章行》:“不见鲁孔丘,穷困陈蔡间。”⑤“穷困”即困难之极,处境窘迫。《荀子·儒效》:“虽穷困冻喂,必

① [宋]朱熹撰,廖名春点校:《周易本义》卷三《系辞下》,中华书局2009年版标点本,第255页。

② [汉]司马迁:《史记》卷一一三《南越列传》,中华书局1982年版标点本,第2978页。

③ [清]洪亮吉撰,李解民点校:《春秋左传诂》卷一二《襄公》,中华书局1987年版,第508页。

④ 缪文远、缪伟、罗永莲译注:《战国策》卷三一《燕策三》,中华书局2012年版,第1011页。

⑤ [三国魏]曹植著,赵幼文校注:《曹植集校注》卷三《豫章行》,中华书局2016年版,第617页。

不以邪道为贪。”①《史记·滑稽列传》:“居数年,其子穷困负薪。”②“穷困”即贫穷。《国语·晋语四》:“亲有天,用前训,礼兄弟,资穷困,天所福也。”③“穷困”指困窘或贫穷的人。以“四海困穷”为“穷极四海”,“谓君德充塞宇宙,与横被四海之义略同”的说法,在早期文献里是得不到支持的。所以,以“四海困穷”为凶词而非吉语,是信而有征的。

“永终”一词,文献中有两种不同的含义。《周书·金縢》的“唯永终是图”、《周易·归妹·大象传》的“归妹,君子以永终知敝”。这里的“永终”都是长久、永久的意思,当无异议。

《诗·周颂·振鹭》的“庶几夙夜,以永终誉”④,马瑞辰(1777—1853)《毛诗传笺通释》据三家《诗》《后汉书·崔骃传》引将“终”读为“众”。陈奂(1786—1863)《诗毛氏传疏》:“永终,皆长也。”于省吾(1896—1984)《泽螺居诗经新证》:“永终古人謰语,终亦永也。”⑤则训“终”为“长”,“永终”即“永长”。

春秋晚期的《井仁妄钟》铭文有“永冬于吉”,于省吾认为:“冬即终,言永久于吉也。”⑥又河南南阳出土春秋晚期的《嘼铍》铭文:“嘼乍(作)执攺(铍),永冬自袞(袭)虘(吾)。”“永冬(终)”即“永久”,含义也同。

但以“永终”为“永绝”的说法史书也有记载。如陈寿《三国志·魏书三》“追谥山阳公为汉孝献皇帝,葬以汉礼”⑦,裴松之注引《献帝传》曰:“山阳公深识天禄永终之运,禅位文皇帝以顺天命。”⑧又云:“惟山阳

---

① [清]王先谦撰,沈啸寰、王星贤点校:《荀子集解》卷四《儒效篇》,中华书局1988年版,第117页。
② [汉]司马迁:《史记》卷一二六《滑稽列传》,中华书局1982年版标点本,第3201页。
③ [清]马骕撰,王利器整理:《绎史》卷五一《春秋》,中华书局2002年版,第1238页。
④ [清]王先谦撰,吴格点校:《诗三家义集疏》卷二五《振鹭》,中华书局1987年版,第1024页。
⑤ 于省吾:《泽螺居诗经新证》,中华书局1982年版,第80页。
⑥ 同上。
⑦ [晋]陈寿撰,[南朝宋]裴松之注,陈乃乾校点:《三国志》卷三《魏书》,中华书局1982年标点本,第101—102页。
⑧ 同上书,第102页。

公昔知天命永终于己,深观历数,允在圣躬,传祚禅位,尊我民主,斯乃陶唐懿德之事也。”①“山阳公”“知天命永终”,所以“传祚禅位”,“永终”显然是“永绝”之义。魏徵《群书治要》卷二:“正月上日,受终于文祖。尧天禄永终,舜受之也。文祖是五庙之大名也。”②这里的“天禄永终”都是解释“禅位”的理由的,“终”无疑就是“尽”,“天禄永终”就是“天禄”“永绝”。

值得注意的是,以“四海困穷,天禄永终”为凶词而非吉语,并非南宋朱熹的独创,前人早已有之。陈振孙《直斋书录解题》卷三云:“王氏《论语解》十卷、《孟子解》五卷。广陵王令逢原撰,令年二十八,终于布衣。……晁氏《读书志》云:令于《尧曰》篇解曰:‘四海不困穷,则天禄不永终矣。’王氏《新经书义》取之。”③晁公武(1105—1180)《郡斋读书志》记王令《论语解》将“四海困穷,天禄永终”解为“四海不困穷,则天禄不永终矣”,并为王安石《新经书义》所采纳,说明朱熹以“四海困穷,天禄永终”为凶词的读法在北宋早已流行,朱熹不过是袭用王令的旧说而已。

“永终”的“永久”义和“永绝”义孰先孰后?答案很清楚。从《周书·金縢》篇的“唯永终是图”、《周易·归妹·大象传》的“君子以永终知敝”、《诗·周颂·振鹭》的“以永终誉”、《井仁妄钟》铭文的“永冬于吉”、《敼鈹》铭文的“永冬自袭吾”等来看,先秦时期的“永终”义皆为“永久”。而记载“永终”有“永绝”义的文献,现存最早者,不出魏晋。毛奇龄认为:“至《三国·魏志》,始有山阳公深识‘天禄永终’之运。”④当属的论。因此,“永终”的“永绝”义当为汉魏之后的新说,不可能为《论语》所载“尧曰”的本义。

---

① [晋]陈寿撰,[南朝宋]裴松之注,陈乃乾校点:《三国志》卷三《魏书》,中华书局1982年标点本,第102页。

② [唐]魏徵等撰,沈锡麟整理:《群书治要》卷二《尚书》,中华书局2014年版,第16页。

③ [宋]陈振孙撰,徐小蛮、顾美华点校:《直斋书录解题》卷三,上海古籍出版社1987年版,第29页。

④ [清]毛奇龄:《古文尚书冤词》卷四,清康熙李塨刻《西河合集》本,13/a。

依朱熹说，“四海困穷”为凶语；从先秦文献看，“天禄永终”是嘏辞。这两句与“允执其中”是什么关系呢？朱熹认为，“四海困穷，天禄永终”是“允执其中”之反，是凶词而非吉语，但以“永终”为“永绝”的解释得不到先秦文献的支持。何晏认为“四海困穷，天禄永终”是“允执其中”的成果，是吉语而非凶词，但以“困穷”为吉语同样说不通。猪饲彦博以“天禄永终”为反问句说虽然能避免与凶词“四海困穷”的矛盾，但与尧、舜临终嘱托的情境又难以吻合。这三种诠释可以说都有问题。

清人赵佑（1727—1800）《“天禄永终”解》一文有一段话颇有启发：“䌷绎《尚书》、《论语》原文，‘四海困穷，天禄永终’二语，一承‘允执其中’之下，一承‘敬修其可愿’之下，皆文义接，盖当作一反一正解。之所以双关上文，‘四海困穷’，戒词也。‘天禄永终’，勉词也。”①其坚信《伪古文尚书·大禹谟》，并据以为说，固不足取，但其“‘四海困穷，天禄永终’二语”，“当作一反一正解”，“‘四海困穷’，戒词也。‘天禄永终’，勉词也”说，则颇为有见。“‘四海困穷’，戒词也”，是“允执其中”之“反”；“‘天禄永终’，勉词也”，是“允执其中”之“正”。也就是说，“允执其中”就会“天禄永终”，此为“勉词”，即吉语；反过来，不“允执其中”，就会“四海困穷”，此为“戒词”，即凶语。依此，“尧命舜”的“允执其中，四海困穷，天禄永终”三句意为：“允执其中”，则“天禄永终”；否则，“四海困穷”。

这一段文句，出现了两个文献上的问题。第一是错简。“四海困穷，天禄永终”当作“天禄永终，四海困穷”。“天禄永终”承“允执其中”而来，是“允执其中”的成果，故当紧接“允执其中”。而“四海困穷”是“允执其中”之反，是不“允执其中”的结果，故当在“天禄永终”之后。这种错简，传世文献与出土简帛都不少见。比如《礼记·大学》篇的“苟日新，日日

① ［清］赵佑：《尚书质疑》卷上，清乾隆五十二年刻清献堂全编本。

新,又日新”[①],笔者就曾指出,当作“敬:日新,又日新,日日新”。“日”是一天,也就是第一天的意思。“日日”是每天、天天的意思。“又”是“复”“再”的意思,“又日”是又一天、再一天,也就是第二天的意思。既然是“日日新”了,天天新了,又怎能再接之以“又日新”呢?所以“又日新”句当在“日日新”句前。《艺文类聚》卷七三:“《礼记》曰:‘汤之盘铭:德日新,又日新。’”[②]北宋曾巩(1019—1083)也说:“上诏史馆借以群书,乃先上《御览》三十卷、《御屏风》五卷。其序《御屏风》之略曰:‘汤之盘铭曰:德日新,又日新。’”[③]也都是“又日新”紧接“日新”句。以此例彼,说“四海困穷,天禄永终”为“天禄永终,四海困穷”的错简,也是有道理的。

第二就是有脱文。“四海困穷”句前,明显是脱落了“不然”“否则”之类的字眼。“四海困穷”,不是“允执其中”的结果,而是不能做到“允执其中”的恶果。这一逻辑非常清楚。朱熹《集注》的“戒之也”说、杨伯峻译文的“假若”说,都有此意识,却没有点破。“四海之人”为什么“困穷”?“天下的百姓”为什么“都陷于困苦贫穷”?都是因为不能“允执其中”呀!懂得这一道理,“四海困穷,天禄永终”句就非得加上“不然”之类的字眼不可。

《论语》这样的早期文献在长期流传过程中有脱文,漏掉了几个字,应该是可以理解的。《论语·学而》载:“子曰:君子不重,则不威;学,则不固。”[④]孔子重学、好学,《论语》开篇即云“学而时习之,不亦说乎?有朋自远方来,不亦乐乎”[⑤],如此,怎么会说“学,则不固”呢?应该是“学”字前漏掉了“不”字,当作:“君子不重,则不威;不学,则不固。”不懂得这一点,非要说“学,则不固”如何如何有道理,只能贻笑大方。

---

① [宋]朱熹:《四书章句集注·大学章句》,中华书局1983年版,第5页。

② [唐]欧阳询撰,汪绍楹校:《艺文类聚》卷七三《杂器物部》,中华书局1965年版,第1256页。

③ [宋]曾巩撰,王瑞来校证:《隆平集校证》卷三《田锡》,中华书局2012年版,第372页。

④ [宋]朱熹:《四书章句集注·论语集注》卷一《学而》,第50页。

⑤ 同上书,第47页。

又《礼记·中庸》篇载:"仲尼曰:君子中庸,小人反中庸。君子之中庸也,君子而时中;小人之中庸也,小人而无忌惮也。"①陆德明(550—630)《经典释文》:"'小人之中庸也',王肃本作'小人之反中庸也'。"②朱熹《中庸章句》:"王肃本作'小人之反中庸也',程子亦以为然。今从之。"③"小人之中庸也"句显然脱漏了"反"字,程颐(1033—1107)、朱熹都认为据王肃(464—501)本当补"反"字。由此可知,"四海困穷,天禄永终"句脱漏了"不然"之类的字眼,是完全可能的。

这些考证如果能成立的话,《论语·尧曰》篇"允执其中,四海困穷,天禄永终"三句就当为:"允执其中,天禄永终;否则,四海困穷。"其中"四海困穷,天禄永终"为错简,"否则(不然)"为脱文。解决了这些错简与脱文的文献问题,我们才能真正读懂这三句"真传"的深刻内涵。

参考文献

程树德撰,程俊英、蒋见元点校:《论语集释》,中华书局1990年版。

黄怀信校释,庞素琴通检:《论语新校释》(附通检),三秦出版社2006年版。

宋钢:《〈论语〉疑义举例》,《贵州大学学报(社会科学版)》2005年第2期。

杨伯峻译注:《论语译注》,中华书局1980年版。

(编辑 王小红)

① [宋]朱熹:《四书章句集注·中庸章句》,中华书局1983年版,第18—19页。
② [唐]陆德明撰,黄焯断句:《经典释文·礼记音义》,中华书局1983年版,第208页。
③ [宋]朱熹:《四书章句集注·中庸章句》,第19页。

清代《禹贡》学与西学的对话：以康熙帝、乾隆帝和廖平的接受应对为例

王小红*

摘要：《禹贡》是儒家经典《尚书》中的篇章，汇集了华夏祖先早期的地理认知和思想，被奉为"古今地理志之祖"。历代学者研究《禹贡》，既解经又释地，使地理学与《禹贡》学的发展常常交织在一起，且几乎都未受到外来学术文化的影响。然而伴随着明清之际开始的西学东渐，西方近代地理学传入我国，在一定程度上冲击着人们固有的地理观念。在清代，社会各阶层，尤其是士大夫，甚至上至皇帝，或主动或被动与西学对话，在一定程度上用西学为自己服务，他们在阐释《禹贡》地理学时往往与西学相结合。

关键词：《禹贡》学　地理学　西学东渐　"西学中源"说

《禹贡》是儒家经典《尚书》的重要篇章，内容丰富，思想深邃，举凡疆域轮廓、地理区划、山脉、河流、土壤、物产、交通以及各地的民族、贡赋、治水经验等，无不兼收并蓄，被古代官吏、学者视为经国之鸿规、治水之金鉴、地理之成宪，尤其被视为中国地理著作的源头活水，号称"古今地

* 王小红，四川大学古籍整理研究所研究员，主要从事历史文献学和历史地理研究。

理志之祖”。[1] 因此,历代学者研究《禹贡》,既解经又释地,而各种地理文献又反复征引《禹贡》,使《禹贡》学与地理学的发展交织在一起。这是近代西方地理学传入中国之前,中国传统地理学和《禹贡》学的重要特征之一。然而,明清之际开始的西学东渐,使得西方近代地理学的地圆说、日心说、宇宙天体知识、地球五带学说、经纬线与时间的关系以及全球有近百个国家的地理知识等随之传入我国,极大地冲击着中国人的地理认知和思维。人们面对冲击必须做出回应,是全部接受,还是全部拒绝,抑或是部分接受。其中,清代社会各阶层,尤其是士大夫,甚至上至皇帝,逐渐采纳西方近代地理学的一些地理知识和思想,用于《禹贡》的地理研究。在与西学的对话中,传统的《禹贡》研究产生了新变化。[2]

一、对话的思想基础:“西学中源”说

西学对清代《禹贡》学发展的影响,以地理学最为直接。文艺复兴后,欧洲受地理大发现和资本主义发展等的影响,社会发生史无前例的多方面变革,引发巨大震动。其中,地理学在经过“黑暗”的中世纪之后,找回了起源于古希腊的传统,并在理论和方法上进行了多方面的创新,推动了地理学的科学化和世俗化。地理学在德国和法国率先实现近代

---

① [明]艾南英:《禹贡图注·禹贡图注序》,清道光十一年六安晁氏木活字《学海类编》本,1/a。

② 按:本文所说传统的《禹贡》研究,是指宋代已达成熟的《禹贡》学的史学、经学、实学、地理学四个方面的研究。所谓“《禹贡》史学研究”,主要是指《禹贡》不但被先秦诸子百家征引,更是被《史记·夏本纪》全文引用并加以训诂,以及此后常被视为研究夏朝及其开创者大禹历史的不可或缺的材料;“《禹贡》经学研究”,是指历史上研究《禹贡》的基本是以经学见长的儒家学者,他们诠释《禹贡》,多用经学研究手段与书写方法,即汉唐常用章句训诂,而宋以后多以义理说经及疑经惑传,而明清至近代乃兼而有之;“《禹贡》实学研究”,乃是经学家治经,主要目的是“修身、齐家、治国、平天下”,也即通常所说的“通经致用”,其中汉代经学尤重致世资治的应用性,因《禹贡》记叙大禹成功平治天下洪水之事,给面临频繁水灾的汉代君臣以启迪,故在当时就形成了“以《禹贡》治河”的政策和思想,并一直深深影响后世的治河方略;“《禹贡》地理学研究”,主要是指我们华夏祖先关于地理的认知和思想很早就汇集在《禹贡》中了,《禹贡》是地理著作的源头活水,而在历代的《禹贡》研究中,图说与释地是其重要内容,并产生了“《禹贡》为地理志之祖”这一重要观点。

化转型，并快速波及欧洲其他国家及欧洲以外地区。

（一）近代思潮与西学东渐

近代思潮是在西方近代化大背景下产生的。何为近代思潮？在今天看来，正是梁启超在一百多年前概括的"时代思潮"：

> 今之恒言，曰"时代思潮"。此其语最妙于形容。凡文化发展之国，其国民于一时期中，因环境之变迁，与夫心理之感召，不期而思想之进路，同趋于一方向，于是相与呼应汹涌，如潮然。始焉其势甚微，几莫之觉；浸假而涨——涨——涨，而达于满度；过时焉则落，以渐至于衰熄。凡"思"非皆能成"潮"；能成"潮"者，则其"思"必有相当之价值，而又适合于其时代之要求者也。凡"时代"非皆有"思潮"；有思潮之时代，必文化昂进之时代也。其在我国，自秦以来，确能成为时代思潮者，则汉之经学，隋唐之佛学，宋及明之理学，清之考证学，四者而已。①

据其所论，中国历史上即有"时代思潮"，并随着时代的变化而变化。清代的考据学就是当时的一种学术思潮，在乾嘉时期大行其道，影响深远。然而，当传教士带来西学后，我们的时代思潮必然要与之碰撞、交流，交流、碰撞……经过迂回、正面等多回合碰撞交流后，也会形成一些新的思潮，诸如清代"师夷长技以自强""西学中源""中学为体，西学为用"等，都与中西方的互动相关，这些思潮曾在中国社会引起巨大反响，对中国传统学术文化产生深刻影响。对此，梁启超《中国近三百年学术史》、萧一山《清代通史》、支伟成《清代朴学大师列传》、柳诒徵《中国文化史》、王庸《中国地理学史》等学术史著作对这一问题进行了研究。这

① 梁启超：《清代学术概论》，商务印书馆 1921 年版，第 1—2 页。

些研究，一般将西学东渐分为以下两大时期。

一是明末清初。当时耶稣会传教士来到中国，在传教的同时，带来西方较新的科学技术，为当时的中国人打开一扇了解新世界的窗口，引发了一定人群探索未知世界的好奇心，触动了中国学术思想自身的发展。此时西学的传入，主要是以传教士和一些中国人对西方科学著作的翻译为主，对我国的天文学、数学和地理学等方面影响较大。少数的士大夫接触到近代西方地理学后，大多只是好奇，或产生疑问，很少进行主动传播。因此，这一阶段的西学东渐，产生的影响不大，并随着雍正朝的禁教和罗马教廷对来华传教政策的改变而中断。不过，较小规模的西学传入一直在持续。

二是晚清民国。时间大约从 19 世纪前中期开始。这一次的西学东渐，"是伴随着血与火强行闯入文化中国的，其规模之大，来势之猛，为前所未有，并很快渗透到中国的各个方面、各个角落。晚清西方地理学正是作为西学的一部分传入中国的，并很快与中国传统地理学发生碰撞、融合，最后形成了中国近代科学的民族地理学"①。

这两个阶段的西学东渐，对地理学来说有传承，也有差异，传播效果、影响力也差别较大。具体而言，一是传播的知识层次不同：明末清初传入中国的主要是"地理大发现"时代的知识，而晚清民国传入的西方地理学，主要是由洪堡与李特尔开创的科学地理学，传入中国的不仅是知识，而且是作为学科的现代地理学；二是从传播效果来看：明末清初西学东渐流传范围有限，而晚清民国的新地理学体系，借助制度性传播媒介获得了大范围的流通，知识的变革也具有了普及性；三是从影响力来看：明末清初的西学对中学产生的冲击不大，而晚清民国时期的西学，逐渐与中学融合，成为中国思想文化的一部分。②

---

① 郭双林：《西潮激荡下的晚清地理学》，北京大学出版社 2000 年版，第 1 页。

② 王鹏玮：《近二十年来晚清民国地理学史研究的回顾与展望》，《中国科技史杂志》2021 年第 4 期。

在近代西方地理学传入我国后,有关儒家经典、中国地理志之祖《禹贡》的研究,就深受近代西方地理学的影响。其中,清代研究《禹贡》的学者,大多为经学家,他们将西学运用于《禹贡》的研究中时,表现出一些认知特色。一方面,因经学研究无法脱离儒学经典文本,这就决定了他们在学习运用西学的过程中必然要多动一番脑筋;另一方面,经学具有较强的保守性,在与西学结合时,有明显比附西学的色彩,尤其是一些经生、官员,甚至皇帝在研究《禹贡》时,都尝试将其与西方地理学知识相比附,进而产生一些新解释、新主张。不过,他们的根本立场仍然是维护中学。他们接受西学、与西学对话的思想基础,大多与当时盛极一时的“西学中源”说相吻合。

(二)“西学中源”说

明清之际开启的第一次西学东渐,历经明末数十年的坎坷,至清初顺治、康熙年间又经受了杨光先等保守派士人的猛烈攻击①,使得中西两种文化的差异和特质更加明晰地暴露在清初士人面前。但与此同时,由于帝王的爱好以及其他原因,朝廷又对西人西法采取了优容和利用的政策,使得清初士人不可避免地面临中西交汇的局面。故以薛凤祚、王锡阐、梅文鼎为代表的一批科学家,继明末徐光启之后,掀起了一个比较与会通中西科学的热潮,倡“西学中源”说,以使他们对西学的学习和利用,可以在政治和学术层面得到朝野的认可。

该说由梅文鼎发扬光大,他不但得以被召见向康熙阐说此论,还进行了追根溯源的论证。其要有二:一是论证西历源出中国《周髀》之学,理由是浑盖通宪(西洋星盘)是古《周髀》之遗法;二是根据《尚书·尧典》“羲和氏分宅四方”的记载和《史记·历书》,推论《周髀》盖天说是由和仲传到了西方,厘清了中国上古历法传入西方的时代和途径。此外,

① 转引自祝平一:《说地:中国人认识大地形状的故事》,商务印书馆 2016 年版,第 22 页。

他还论证西洋五带、地圆说也与《周髀》说相吻合。

通过他们的论说和大力宣扬,"西学中源"说在清代社会广为流传。它使清人为中学找到了"自尊",做到了自圆其说,也让很多人认可:既然西学源于中学,我们现在学习西学,其实是学自己的东西。正因为如此,"西学中源"说在康雍乾时期的中西文化交流中几乎占了支配地位①,也对当时《禹贡》的研究产生了重要影响,使传统中生出新变化。这在康熙、乾隆二帝以及廖平解《禹贡》地理中有充分体现。

二、康、乾二帝解《禹贡》:"中学为体,西学为用"

清代康、乾二帝好学深思,热心学问实务。如康熙自五岁开始读书,从传统的四书五经、词章、历算到西方的天文、地理、医学、几何等自然科学知识,皆有涉猎,还亲自主持编辑科技图书。这部科技图书,即其自然科学短文集《几暇格物编》。该书有专门的地理内容,如《地球》一段说:"自古论历法,未尝不善,总未言及地球。北极之高度所以万变而不得其著落。自西洋人至中国,方有此说,而合历根。可见朱子论地则比之卵黄,皆因格物穷理中得之,后人想不到至理也。"又《地绝处》一段记载:"黑龙江以北地方,日落后亦不甚暗,个半时日即出,盖地之圆可知也。近北极,太阳与地平周掩无多也。朱子云:唐太宗收至骨利干,置都督府,其地夜易晓,夜亦不甚暗,盖地当绝处,日影所射也。又云:《通鉴》说有人适外国,夜熟一羊胛而天明。此是地平之处,日入地下,而此处无所遮蔽,故常光明。"②康熙自己也曾说:"朕于地理,自幼留心。凡古今山川

① 按:有关近代的"西学中源"说,学界已有丰富的研究成果,如全汉昇《清末的"西学源出中国"说》(载《岭南学报》1935 年第 4 卷第 2 期)、熊月之《西学东渐与晚清社会》(上海人民出版社 1994 年版)、雷中行《明清的西学中源论争议》(兰台出版社 2009 年版)等。

② [清]爱新觉罗·玄烨著,李迪译注:《康熙几暇格物编译注》,上海古籍出版社 1993 年版,第 87、83 页。

名号,无论边徼遐荒,必详考图籍,广询方言,务得其正。”[①]他尤其留心《禹贡》地理研究。其中,他以首倡怒江为《禹贡》“黑水”和卫、康、藏三地为《禹贡》“三危”之地最为著名,且以圣谕的形式颁布,进而为李黻、齐召南、戴震、陈澧、何秋涛、沈丙莹、桂文燦、孙家鼐、王先谦、曾廉、嵇志文、曹元弼、陶保廉、朱镇、阎宝森、赵金声等诸多清代学者所尊崇,产生了广泛的影响。史料对此多有记载,如蒋廷锡在《尚书地理今释》中释《禹贡》“黑水”说:“今四海大一统,皇上恩威所届,靡不沾被震慑,邮传所至,迎将恐后。特命使臣,远历西番,究源讨委,写图以志,支派经络,了如指掌,诸家浮说,有所折衷矣。”[②]李慎儒在《禹贡易知编》中注解“导水之黑水”时说“恭读圣祖仁皇帝康熙五十九年谕旨哈喇乌苏即《禹贡》之黑水,今云南所云潞江也”;又释“三危”说“恭读圣祖仁皇帝康熙五十九年谕旨曰:《禹贡》‘导黑水,至于三危’,旧注以三危为山名,而不能知其所在。今朕试考其实:三危者,犹中国之三省也”[③];在注解“导淮自桐柏……入于海”时,又记乾隆于五十年十月、十一月淮渎勘察之事,并载录其御制《淮源记》文,曰“‘导淮自桐柏’之言始信”[④]。由此可见康熙、乾隆二帝对《禹贡》地理研究之热情。

康熙留心地理,是其幼年时学习西学打下的基础。当时,他不仅从比利时人、天主教耶稣会传教士南怀仁(Ferdinand Verbiest)那里学到许多天文、历法知识,还从南怀仁与利类思(Ludovic Bugli)、安文思(Gabriel de Magalhães)编写的《西方要纪》,南怀仁编绘的《坤舆全图》中,获得了对于世界地理知识的多方面了解。在主政后,他外出巡游时常有传教士扈从,以备随时问询。如张诚(Jean-François Gerbillon)多次陪同康熙出

① 《圣祖仁皇帝实录》卷二九〇“康熙五十九年十一月辛巳”条,清内府钞本,2/b。
② [清]蒋廷锡:《尚书地理今释》,文渊阁《四库全书》,台湾商务印书馆 1986 年版,第 68 册,第 234 页。
③ [清]李慎儒:《禹贡易知编》卷一一,清光绪二十五年刻本,13/ab。
④ [清]李慎儒:《禹贡易知编》卷一二,22/a。

关,并向其传授欧洲地理知识[①],极大可能利用了所带的“西洋地理图”[②]。纵览历史,我们发现,地图与政治空间观念之间的相互关系很早就受到重视,地图与疆域往往成为政治权力的体现,东西方概莫能外。正因为此,加之出于军事、政治、出巡、治河的具体国家治理工作需要,康熙对地图表现出极大兴趣,十分重视地图知识的学习和实地测绘。他三次西征及巡游东北、江南时,都命人测量经纬度。康熙三十五年(1696),他亲征噶尔丹,谕皇太子用绳子测量独石口至喀伦距离,并用仪器测量喀伦的北极高度。[③] 这些都得益于耶稣会士的传授。此类不间断的地理知识尤其是地图测绘知识的传授,以及局部测量,成为后来清朝全国性大地测绘之先声。而传教士在地理地图方面颇具才能,深得康熙信任,时常被委以测绘重任,包括参与我国第一部大规模以经纬度为控制的实测全国地图——《皇舆全览图》的测绘。该图采用西方传来的以地圆理论为基础的经纬图法和梯形投影法,图中布满的由经纬线纵横交错构成的经纬网,是以少数比较可靠的天文观测资料和大规模的三角测量测得的经纬点为依据绘成的,使中国地图摆脱了传统的制图方法,完成了从“计里画方”到实测经纬度制图方法的里程碑转变,促进了中国地理学和《禹贡》学的近代转型。当然,《皇舆全览图》的绘制带有明显政治目的,正如康熙在谈及地图测绘与明晰中朝边界位置关系时所说:“自古以来,绘舆图者俱不依照天上之度数以推算地里之远近,故差误者多。朕前特

---

① 韩琦、吴旻校注:《熙朝崇正集　熙朝定案(外三种)》,中华书局2006年版,第353、356、360、361页。

② 按:中国第一历史档案馆藏有法国地图,或为康熙时传入宫廷。

③ 按:康熙三十五年四月十四日谕皇太子:“自独石口至喀伦,以绳量之有八百里,较向日行人所量之数日见短少。自京师至独石口为路甚近,约计不过四百二十三里。皇太子可试使一人绳量之。喀伦地方用仪器测验北极高度,比京师高五度。以此度之,里数乃一千二百五十里。”(载《康熙御制文集》二集卷一九《北征敕谕·谕皇太子》,清康熙雍正武英殿刻本,7/ab)又康熙三十六年闰三月初五日谕皇太子:“朕至此以仪器测验北极,较京师低一度二十分,东西相去二千一百五十里。今安多以法推算,言日食九分四十六秒,日食之日晴明,测验之,食九分三十几秒,并未至昏暗见星。自宁夏视之,京师在正东而微北。”(载《康熙御制文集》二集卷二四《北征敕谕·谕皇太子》,清康熙雍正武英殿刻本,13/ab)

差能算善画之人,将东北一带山川地里,俱照天上度数推算,详加绘图,视之,混同江自长白山后流出,由船厂打牲乌喇向东北流,会于黑龙江入海,此皆系中国地方。鸭绿江自长白山东南流出,向西南而往,由凤凰城朝鲜国义州两间流入于海。鸭绿江之西北系中国地方,江之东南系朝鲜地方,以江为界。……土门江西南系朝鲜地方,江之东北系中国地方,亦以江为界,此处俱已明白。"[①]查边定界的政治目的很明显。

该图绘制后,康熙还晓谕内阁学士蒋廷锡道:"《皇舆全览图》,朕费三十余年心力,始得告成。山脉水道,俱与《禹贡》相合。尔将此全图并分省之图,与九卿细看,倘有不合之处,九卿有知者,即便指出,看过后面奏。"[②]其中,他判断该图及分省图的标准是"与《禹贡》相合"。为什么要以此为标准?因为清帝作为清王朝的统治者,与人类历史上的其他统治者一样,都把谋求统治的合法性与正统性作为首要任务。政治学的研究表明,"一个政权仅仅依靠暴力不能够维持一种持久稳定的秩序。一种统治能够得以维持,一种制度能够得以延续,还取决于该统治或该制度的权威性,即取决于民众对于该统治或制度一定程度的认可和接受,亦即政治统治必须以政治合法性或正统性为基础"[③]。而《禹贡》明确表述出来的最核心的地理观念——"九州"与"五服",代表中国的完整,成为后来一统王朝的思想基础,尤其是"九州的范围,九州的完整,是中国古代王朝在疆域上正统程度的一项标准。在九州之内建立的王朝,无论是谁,都可以获得几分正统性,在'正史'里面占正位。在九州之外建立的政权,则多属于'四夷'范畴,在正史里面居旁位,或完全没有位置……而要获得正统,在地理上进入九州之内是很重要的一条"[④]。清朝统治者是在明末政局混乱时以少数民族身份举兵夺得的政权,从一开始就面临着

① 《圣祖仁皇帝实录》卷二四六"康熙五十五月癸巳"条,清内府钞本,6/b—7/a。
② 《圣祖仁皇帝实录》卷二八三"康熙五十八年二月乙卯"条,清内府钞本,7/ab。
③ 赵丽江主编:《政治学》,武汉大学出版社2008年版,第220—221页。
④ 唐晓峰:《王都与岳域:一个中国古代王朝边疆都城的正统性问题》,《当代学人精品·唐晓峰卷》,广东人民出版社2016年版,第142页。

中国浸润数千年的“中国中心”“夷夏之防”观念的质疑和挑战，这常常让清帝难以释怀，于是便想办法将王朝的疆域尽可能地纳入《禹贡》“九州”的范围，以“与《禹贡》相合”作为王朝政治空间格局标准，以此来寻求其政治统治的合法性和正统性。即使当地图制图方法发生重大转变，带动自己的政治空间观念发生某些变化时，也依然要秉承中国传统的“天下观”，尤其是中国中心观念。可见这一政治空间观念在清帝心中根深蒂固。康熙移祀北海、修撰《明史》、御纂图书、祭孔和祭祀长白山、探寻黄河河源、将《皇舆全览图》与《禹贡》对照、以怒江为《禹贡》“黑水”和以西藏地区的卫、康、藏三地为《禹贡》“三危”之地等举措，体现了他对《禹贡》“大一统”思想的发展及其国家统治实践。

其实，关于《禹贡》“黑水”“三危”的地望，历代学者多有争论，到了清代也是如此。康熙则派人实地考察，同时对文献、地图进行研究，最后他御定“澜沧之西为喀喇乌苏，即《禹贡》之黑水，今云南所谓怒江也”[①]，又说“三危”：

> 释氏之书，本自西域，故于彼地山川亦可引为据也。《禹贡》“导黑水至于三危”，旧注以“三危”为山名，而不能知其所在。朕今始考其实：三危者，犹中国之三省，打箭炉西南达赖剌麻所属为危地，拉里城东南为喀木地，班禅额尔德尼为藏地，合三地为三危耳。哈拉乌苏由其地入海，故曰“导黑水至于三危，入于南海”。[②]

康熙说“怒江为《禹贡》黑水”“三藏为三危古地”虽被我国近代藏学研究的先驱之一任乃强斥为“荒谬绝伦”，但任氏也说他“能将西陲山水脉络，分成条理，又能参译藏典……不可谓非三百年前最有价值之纪地

① [清]姚莹著，欧阳跃峰整理：《康輶纪行》卷九《圣祖留心地理》，中华书局2014年版，第233页。
② 同上书，第234页。

文字”[①]。其言洵然。正如姚莹在《康辅纪行》中《圣祖留心地理》一篇篇末加按语云：“谨按：仁皇帝圣学渊深，无所不知。西北、西南外域咸入版图，皆遣使亲履其地，考寻山川道里，非如经生但于书籍考索而得，故确实详明，如指诸掌。”[②]康熙将他纳入统治范围的西藏地区构建到《禹贡》“九州”的论述体系中来，可谓是对清朝“大一统”的重新构建。如此一来，西藏地区自古就在“九州”之内，理所当然地属于清王朝的疆域范围。康熙帝以此展现清王朝疆域之盛，确立在西藏地区统治的合法性，更是为清王朝政权统治的合法性和正统性提供理论依据。这与汉代疆域拓展后，古文经学家在汉代的西部边疆上重新命名《禹贡》山川的做法具有异曲同工之处。[③] 不仅在当时具有化新土为旧疆、彰显清王朝政权统治的合法性和正统性、构筑“大一统”国家形象的现实意义，而且体现出《禹贡》在指导人们的地理认知与塑造中国人的天下观方面一以贯之的地位，其所起作用重大。

乾隆帝的《禹贡》研究，重在其《题毛晃〈禹贡指南〉六韵》一诗及自注引发的史地学观念的革新。其云：

微禹其鱼功不刊，导川敷土下民安。
九州既奠爰分域，四海会同永宴澜。
毛晃《指南》因有述，《文渊》阙氏乃无端。
焦竑志《籍》传名著，朱子说《书》取训钻。
千古根源率由溯，诸家附会概祛谩。
独于分野称星宿，未识恢恢天道宽。[④]

---

① 任乃强：《康藏旧说纠谬》，《任乃强民族研究文集》，民族出版社 1990 年版，第 32 页。
② ［清］姚莹著，欧阳跃峰整理：《康辅纪行》卷九《圣祖留心地理》，第 234 页。
③ ［汉］班固：《汉书 · 地理志》，中华书局 1962 年版，第 1547 页。
④ ［清］高宗：《题毛晃〈禹贡指南〉六韵》，载［宋］毛晃：《禹贡指南》卷首，文渊阁《四库全书》，台湾商务印书馆 1986 年版，第 56 册，第 1 页。

这首诗还有两条自注，第一条在"《文渊》阙氏乃无端"句后，内容为考释毛晃《禹贡指南》的著录情况；第二条置于全诗末尾，云：

> 《史记·天官书》"二十八舍主十二州"，注引《星经》如云"角亢，郑之分野"之类，乃以二十八宿主十二州，分配无余。此外，更当何属？夫天无不覆，星丽乎天亦当无不照。今十二州皆中国之地，岂中国之外不在此昭昭之内乎？且其间有地少而星多，亦有地多而星少，以天度地舆准之，亦不均，如"井、鬼为雍州"，陕西、甘肃皆是，其道里之广，已非两舍所能该。而今拓地，远至伊犁、叶尔羌、喀什噶尔，较《禹贡》方隅几倍蓰，其地皆在甘肃以外，将以雍州两星概之乎？抑别有所分属乎？此又理之难通者。盖分野之说，本不足信，而灾祥则更邻于谶纬，皆非正道。晃是编，于山水原委考证明当，不泥诸儒附会之说，故朱子《书说》、蔡氏《集传》多用之。独惜其引《春秋元命苞》，谓某星散为某州，流为某州，并载及占验，与分野说虽不同，而意则相似，犹不免于拘墟之见耳。①

在这里，他得出了"盖分野之说，本不足信"的见解，昭示国人必须革新地理观念。他的这一见解，既是其治理国家的政治体验，也是其学习西学并结合长期学术思考的感悟。此后清朝史地之书，多摒分野之说。如乾隆四十二年(1777)修订的《钦定皇舆西域图志》、乾隆四十七年(1782)开始纂修的《河源纪略》、乾隆四十九年(1784)修成的《钦定热河志》、乾隆五十一年(1786)修纂的《皇朝通志》，以及此后的《续通志》《续通典》《皇朝通典》《皇朝文献通考》诸书，天文、地理部分，皆不用分野之说，而是把实地勘测的经、纬度运用于宏观地理的概说中。经纬度测绘

① [清]高宗：《题毛晃〈禹贡指南〉六韵》，载[宋]毛晃：《禹贡指南》卷首，文渊阁《四库全书》，台湾商务印书馆1986年版，第56册，第1页。

及其运用,正是西学影响中国地理学的结果。因此,乾隆皇帝为毛晃《禹贡指南》所作的题注,“表达了乾隆帝的新的史地学观念,引起清朝史地学一次科学性跨越”①,意义非常深远,可谓是中国传统地理学向近代科学地理学转型的一次重大实践。

三、“西学中源”“验小推大”:廖平的《禹贡》学

近代蜀中经学大师廖平一生研治经学,融合古今中外多种学说,形成一套独特的经学理论体系,在中国经学史上占有重要的地位,被誉为中国古典经学的最后一位大师。其经学著述丰富,数量逾300种。其中,仅《尚书》学著作就有《尚书传说》《尚书记传释》《尚书王鲁考》《洪范释例》《百篇序正误》《尚书备解》《牧誓一名泰誓考》《尚书周礼说集证凡例》《尚书大统集解》《书尚书弘道编》《书中候弘道编》《尚书今文新义》《今文尚书要义凡例》《今文尚书二十八篇序例》《书经大统凡例》《书经周礼皇帝疆域图表》《九锡九命表》《二十八篇为备考》《三德考》19种。

廖平对《禹贡》尤为关注,其云《尚书》“《典》《谟》《禹贡》之文明,皆出自孔子之手”②,亦说:“经学有古时童子知之,至今则老师宿儒犹不能通者,如《禹贡》山川,《周礼》名物,《诗》之鸟、兽、草、木是也。”③廖平在其《书尚书弘道编》《书经周礼皇帝疆域图表》等多部《尚书》学著述以及《春秋图表》《五等地国说》《三服五服九服九畿考》《地球新义》《荥波既潴解》等不少经史杂著中都有对《禹贡》的阐释。其研究《禹贡》,既不同于传统的随经文训诂词句,亦异于宋代兴起而在明清盛行的考证地理、探究书法等专题研究,而是深入挖掘《禹贡》的思想。其对九州的研究,

① 乔治忠、崔岩:《清代历史地理学的一次科学性跨越——乾隆帝〈题毛晃《禹贡指南》六韵〉的学术意义》,《史学月刊》2006年第9期。

② 廖平学说,黄镕撰:《经传九州通解·帝统九州方九千里以八王为八伯图》,光绪三十四年刊本。

③ 廖平:《今文诗古义证疏凡例序》,四川存古书局汇印本《六译馆丛书》本,1921年版。

既采用邹衍大九州说，又能接受西方地理学的一些观念，用验小推大的方法进行弥合，其思想根源处，依然是“西学中源”说。

廖平论解《禹贡》，对“九州”着墨尤多。他曾说：“群经之中，最繁难而驳杂者，九州之说是也。”[①]这也许是他重视九州研究的原因之一。不过，廖平聚焦《禹贡》“九州”研究，不是考证九州具体的山川地理，而是关注其地理概念和范围。他还结合《春秋》《王制》等经典，反复阐释，将“《贡》州由小推大”，将其地理范围推至全球。而廖平之前的学者，无论是文字阐释还是图说，几乎都将九州的地理范围认同为中国传统地理范围，即夏朝的疆域所及。廖平的这一研究，在《禹贡》学史上是一个重大突破，尽管其观点失之偏颇。

廖平研究《禹贡》，在面对西学如潮水般涌入、社会急剧变动的现实时，极力将《禹贡》呈现的舆地疆域“九州”推至全球，诠释以中国文化为中心的世界地理图像。廖平曾说：“《典》《谟》《禹贡》，政治最为文明，疆域最为广远。”[②]其解《尚书·立政》“维有夏”又云：“《禹贡》统括全球，豫为地中。”[③]其对中国政治文明的自信心溢于言表。

其在阐释《禹贡》九州时，反复强调《禹贡》范围全球地理之义，如其云：“夫《禹贡》九州非小也，小中寓大。经旨实有能约能博之理，况地球既出，孔义益明，倘仍拘泥故旧，如史公目衍为怪诞，则真井蛙籓鷃，不足语江河之大，量天地之高者也。”[④]这实质上是阐发《禹贡》义理，捍卫其经典地位，实践其“平毕生学说，专以尊经尊孔为主”的治经宗旨。[⑤]

他在自己所列“地理类海外之属”的《大共图考·序》中也说：

① 廖平学说，黄镕撰：《经传九州通解·春秋王制尚书周礼九州疆域大小考》，光绪三十四年（1908）刊本。

② 廖平：《书经大统凡例》，四川存古书局汇印本《六译馆丛书》本，1921 年版，6/b。

③ 廖平：《书中候弘道编》，四川存古书局汇印本《六译馆丛书》本，1921 年版，19/b。

④ 廖平：《书经周礼皇帝疆域图表·禹贡导山为天九野图第十一》，四川存古书局刊本，1915 年版，43/a。

⑤ 廖平：《孔经哲学发微》，载李燿仙主编：《廖平选集》（上），巴蜀书社 1998 年版，第 303 页。

《职方》之九州,所谓小共、小球也。《大行人》之九州,所谓大共、大球也。地球开通,《海国图志》以后,图测甚详,然但求记事,不必合于经旨。今据《地形训》以为《禹贡》之法,推之全球,截长补短,以九千里开方为大九州,合侯、绥二服;以万五千里开方,故立十五服幅员图,并据古今地志诸书,详考五方人民风俗山水,货产贡篚,并其政事教化,以为“大禹贡”。……帝王政教,必先分州作贡。疆界既明,而后政教可施,此大共之义也。①

廖平认为撰写地理书要以“《禹贡》之法”推之全球,以为“大九州”“大禹贡”,并要施“帝王政教”于全球,表现出王者治理天下的治道,这是何等大的口气!此亦可谓其自题联“推倒一时,开拓万古;光被四表,周流六虚”的最好注脚。

廖平晚年自述其为学甘苦云:“学经六变,各有年代,苟遇盘根错节,一再沉思,废寝忘食,动以年数,豁然理解,如有鬼谋天诱,千溪百壑得所归宿,旧日腐朽皆为神奇。”②这是他对自己平生治学的高度概括。对此,章太炎称其“第三变最可观”③,第三变即其“小大之学”。“小”指小统,“大”指大统。所谓小统大统,是说孔子改制有两种:一是适用方三千里的小九州的中国万世法,以《春秋》为经,《王制》为传;一是适用方三万里的大九州的全球万世法,以《尚书》为经,《周礼》为传。于是认为经学中原有大、小两种制度,小制度即小统,是以《王制》为代表的今文经学,主治中国;大制度即大统,是以《周礼》为代表的古文经学,主治世界。廖平在《四益馆经学四变记·三变记》中对“小大之学”的形成过程有详细的记述,并因此而著《小大学考》。他认为《王制》与《周礼》“一小一大,一内一

① 廖平:《大共图考·序》,载吴嘉谟等纂辑:《光绪井研志》,台湾学生书局1971年版,第824页。

② 廖平:《经话甲编》卷二,四川存古书局汇印本《六译馆丛书》本,1921年版,21/a。

③ 章炳麟:《清故龙安府教授廖君墓志铭》,载廖幼平编:《廖季平年谱》,巴蜀书社1985年版,第94页。

外,相反相成,各得其所。于经学中开此无疆之世界……小大既分,轻清者上浮为天,重浊者下凝为地,而后居中之人物,乃得法天法地,以自成其盛业。孔子乃得为全球之神圣,六艺乃得为宇宙之公言”①。由此可见,廖平经学三变之“小大之学”的一个核心是以疆域为内容的地理观的变化。

尽管九州观是廖平“小统大统”说的核心,但他的九州观并不是在其经学三变时才形成的,在此前的不少著述中都有论及。在初成于 1892 年,完善于 1901 的《春秋图表》中,第一幅图即为《春秋〈禹贡〉九州推广为八十一州即全球大九州图》(如图 1 所示)。

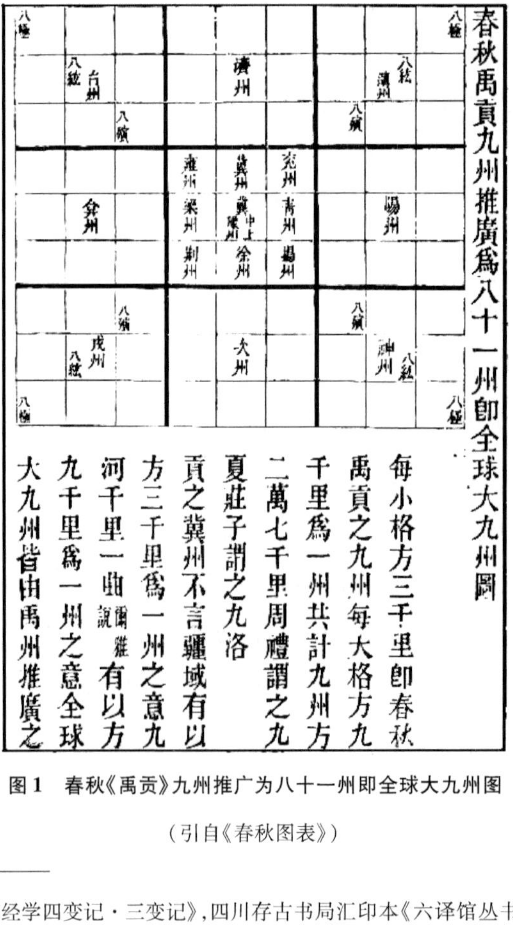

图 1　春秋《禹贡》九州推广为八十一州即全球大九州图

(引自《春秋图表》)

---

① 廖平:《四益馆经学四变记 · 三变记》,四川存古书局汇印本《六译馆丛书》本,1921 年版,5/ab。

廖平在对此图进行解说时，引《史记·孟子荀卿列传》所载战国时齐国人邹衍的“大九州”说，名之曰“邹衍附传”，并且注释（括号内为注文）道：

> 儒者（指小统之儒言）所谓中国者，于天下（全地球为天下）乃八十一分（共方二万七千里）居其一分耳（一分方三千里）。中国（由中国推之）名曰赤县神州（《河图括地象》云：地中央曰昆仑，其东南万五千里曰神州，为四帝均分三万里之制。《淮南》神州在东南，乃大州之一，为方九千里，此赤县神州则最小者），赤县神州（县读作悬，神州即《周礼》地中，当赤道悬系之下）内自有九州（京师畿辅，《周礼》谓之甸侯），禹之序九州是也（此方三千里之九州）；不得为州数（即作八十一分之一，非九分之一），中国外（由内及外）如赤县神州者九，乃所谓九州也（以方三千里为一州，则九州方九千里），于是有裨海环之（今地球图所谓海服），人民禽兽莫能相通（地势辽远，交通断绝）者，如一区中者，乃为一州（以方九千里为一州），如此者九，乃有大瀛海环其外（《禹贡》“四海会同”）。[①]

邹衍认为，中国这个“九州”只是天下的八十一分之一，称“赤县神州”，它的外面还有八个这样的州，合起来就是一个大九州，这个大九州外面还有海环绕着；而在这个大九州之外，还有八个大九州，各有海环抱，这才是整个天下。虽然该说不被当时及后世的人们接受，如有人称其为“谈天衍”，司马迁说“其语闳大不经”，桓宽和王充更讥讽其“迂怪虚妄”，[②]但廖平却很赞同此说，在上述引文后他加按语曰：“邹子，齐人，深得孔门经说。”他还说《周礼·秋官·大行人》“九服以内之九州即大九

---

① 廖平：《地球新义》，四川存古书局汇印本《六译馆丛书》本，1921 年版。
② ［汉］司马迁：《史记》卷七四《孟子荀卿列传》，中华书局 1982 年版标点本，第 2345 页。

州，九州得方千里者八十一，即邹衍海外九州之所祖”①，“邹衍之说，实从此出”②，将邹衍与孔子的传承联系起来，并引儒家经传加以诠释道：

《王制》三服千里，《禹贡》五服五千里，《周礼》云九服，则九服九千里，不辩自明。《王制》《左传》皆以王居为甸，《周礼》则甸在第三服，是《王制》言九州三服，适合于帝州之甸服。盖帝以《王制》九州为一州，用以三辅一之法，变王之九州为甸。九服九千里，适得九九八十一方千里，与邹衍之说正同。……按九服九千里为九州，内包《王制》之九州者九，方千里者八十一，经传明著，炳如日星，不待证以邹衍之说而自明。③

诸如以上论述，廖平在多部经史著作中都有涉及。他主张邹衍学说传承自孔子，这等于是告诉世人，孔子在两千多年前，早已知道中国并不等于天下。

他还在《书经周礼皇帝疆域图表·〈禹贡〉九州推广为八十一州图第八》（见图2）中说：

《贡》九州之由小推大，《淮南》既为师说，且有合于今之地球焉。……日所出入，伟哉皇州，奄有全亚。由是北美属青州，美本在西，地球南北立极，东西动转，为《淮南》神州之申土。申乃西方支辰，移西作东。《贡》曰“海滨广斥”，谓其地多濒海，今美州是也。南美属扬州，坎拿大属兖州，露西属冀州，欧州属雍州，黑水当为黑海。非州从尼罗河划界，为《淮南》之弇州（《贡》曰梁州）、戎

① 廖平撰，廖师政、廖师慎编述：《家学树坊》，四川存古书局汇印本《六译馆丛书》本，1921年。
② 廖平学说，黄镕撰：《经传九州通解·帝制第一图》，光绪三十四年（1908）刊本。
③ 廖平：《书经周礼皇帝疆域图表·帝州九服九千里为九州图第二》，四川存古书局刊本，1915年版，4/ab。

图 2　《禹贡》九州推广为八十一州图

（引自《书经周礼皇帝疆域图表》）

州。澳州属荆州。画野分疆，援古证今，若合符节……即此九州之推验，已足见全豹之一斑矣。

廖平从《禹贡》九州出发，并结合《淮南子·地形训》各州，推验当时所知的全球除亚洲之外主要的几大洲和国家，即北美属青州，为《淮南》神州之申土；南美属扬州；加拿大属兖州；俄罗斯属冀州；欧洲属雍州；非洲从尼罗河划界为《淮南》之弇州（《禹贡》曰梁州）、戎州；澳洲属荆州。他还说："《贡》九州下俟至今，其验不爽。"①认为《禹贡》九州可以与当今

① 廖平：《书尚书弘道编·洪范第五》，四川存古书局汇印本《六译馆丛书》本，1921 年版。

的世界地理相印证。

另外,廖平还引《山海经》《管子》《吕氏春秋》《河图》诸书皆有“天地之东西二万八千里,南北二万六千里”以及《春秋纬》有“九州”之称①,来推验全球九州,解释他的九州等级说。从现代的地理学观点来看,虽然廖平的地理概念如洲、地区、国家有些混乱,但表现出他在极力构建一种由内而外的世界区域。正如他在《经传九州通解·帝制第三图》中所说:“实有开通全球之意。”②

廖平认为中国要在势力所及的地域建立秩序,要彰显中国在地理位置上以及文化秩序上的优越性。在近代西方地理学传入中国并使中国地理学发生近代转型的时代背景下,他依然要表达和重建一个以中国文化为中心、中国文化与四方关系有序呈现的中国传统的天下观。

清代康熙、乾隆二帝在留心地理学时一定程度上加入和关注《禹贡》地理研究,同时也接受一些西方的地理观念和技术方法为自己服务,但他们思想的出发点是“西学中源”说;而廖平等人在《禹贡》研究中频频将近代西方地理学的观念与儒家固有的观念相比附,显示出他作为经学大师的本能,他的思想根源,还是其师张之洞主张的“中学为体,西学为用”,或者是此前的“西学中源”说等近代思潮。他们的思想核心,还是秉承《禹贡》记载的中国自古以来一脉相承且不断塑造的中国天下观和疆域观。

① 廖平:《书经周礼皇帝疆域图表·周礼九服九分天下图第四》,四川存古书局刊本,1915年版,7/a。
② 廖平:《经传九州通解·帝制第三图》,光绪三十四年刊本。

参考文献

郭双林:《西潮激荡下的晚清地理学》,北京大学出版社 2000 年版。
雷中行:《明清的西学中源论争议》,兰台出版社 2009 年版。
李耀仙主编:《廖平选集》,巴蜀书社 1998 年版。
梁启超:《清代学术概论》,商务印书馆 1921 年版。
廖幼平编:《廖季平年谱》,巴蜀书社 1985 年版。
任乃强:《任乃强民族研究文集》,民族出版社 1990 年版。
熊月之:《西学东渐与晚清社会》,上海人民出版社 1994 年版。
祝平一:《说地:中国人认识大地形状的故事》,商务印书馆 2016 年版。

（编辑　陈希丰）

考据与义理兼治：龚道耕《尚书》学成就简述

李冬梅*

摘要：在近代蜀学当中，龚道耕可谓博学渊识，经学成就极高。他是近代四川高校的知名教授，亦是近代中国著名的学术大家、蜀学的重要人物、一代经学大师。其学贯四部，勤于著述，平生所著概有140余种，其中尤以经部为最，达60余种。其学不拘家法，汉宋兼主，今古并治，左右采获，卓然成一大学宗。其治《尚书》学，一方面注重文献的考据，对唐写残本《尚书释文》重加校释考证；另一方面也注重义理的辨析，力主孔传《古文尚书》为伪。本文即以这两个方面为主，简述其在《尚书》学方面的成就。

关键词：近代蜀学　龚道耕　《尚书》学　孔传《古文尚书》

在近代蜀学的发展历程中，龚道耕先生（1876—1941）可以说是一位学问渊博、勤于著述、学贯四部的蜀学大家。龚道耕，字向农（又作相农），一字君迪、悲庵，别署蛛隐，晚而重听，又自号聛翁。其先浙江会稽人，八世祖湘浦公就养来蜀，乐其土风，遂著籍成都。清光绪二年丙子（1876），先生生于成都，历县学生员、副贡、举人，随后即入赀为内阁中书。但其无意做官，遂归故里，专事教育事业和学术研究。一生转教于

* 李冬梅，四川大学古籍整理研究所副研究员，主要从事历史文献学研究。

四川多所中学和大学,除了曾经担任成都师范大学校长外,还在当时的华西协合大学、光华大学等校长期任教,培养和造就了大批杰出人才,深为学人景仰,故人称"著述行天下,弟子遍蜀中"。

观其著述,龚道耕先生平生所著概有140余种,自《仓颉篇》、《尔雅》、《说文》、音韵、训诂,及至经注、经疏,辑遗校勘,多所涉猎。其学又不拘家法,汉宋兼主,今古并治,左右采获,卓然成一大学宗。故友人庞俊(庞石帚)曾评论:"尝著论明经学流变,秩如有条,视皮鹿门《经学历史》有过之无不及也。"[①]又其有关经学问题诸论,出入汉宋,留意今古,故能升堂入奥,识其优劣,评长论短,多中肯綮,实可与廖平以"分别今古""托古改制"为特征的学术体系恰成一互补局面,从而构成了近代蜀学的完整概念。

总而言之,龚道耕先生一生用力最勤的著述,还是其经学研究。庞俊《纪念抗战期间逝世的国文教授:记龚向农先生》曾综论其学术成果说:"大底平生著述,多网罗众家,刊改漏失,似善化皮鹿门而无其剽窃,似象山陈伯弢而无其庸琐。以僻处西陲,书未刊行,往往为他家所先。又喜为辑佚之学,有所捃拾,为章逢之、严铁桥、马竹吾诸君所未及。"又说:"先生学既广涉,而雅意深笃,尤在于诸经。"[②]外侄唐振常《记一代经学大师龚向农先生》则更进一步指出:"先生在学术上的成就博大精深,四部之学,无所不窥,而于经史,尤所倾注。最得力的著作,在于经学的研究。正由于学无所不窥,所以能成其大。"[③]可见经学研究乃是龚道耕先生用功最勤,钻研最深的倾心所在。

龚道耕先生的《尚书》学研究,既有专门的学术专著,如《唐写残本尚书释文考证》《尚书篇第表说》,又有专门的学术论文,如《书〈古文尚书疏证〉后》,同时《经学通论》一书中的"群经名义""群经篇目""经学沿革

---

① 庞俊:《纪念抗战期间逝世的国文教授:记龚向农先生》,《国文月刊》1947年第58期。
② 同上。
③ 唐振常:《记一代经学大师龚向农先生》,《文史杂志》1990年第4期。

略说”“群经学说”章节亦有相关论述。先生治《尚书》学,既注重文献的考据,也注重义理的辨析。本文即就以上史料试分别论说。

一、龚道耕治经门径述略

龚道耕先生博通群经,治经向来没有门户之见,晚年尝作《〈礼记郑氏义疏〉发凡》,其云:“以正其训诂,率取先儒理学,以发其精微,破汉宋门户之成见,合义理考据为一家。庶于经义,或有所当。”[①]又云:“儒生政论之斟酌古今,大夫风操之自为节度,苟大旨于经无畔,亦复存而不革。概以今文、古文为别,殊不足以括之。”[②]其平生最服膺汉代经学大师郑玄,不仅著有《最辑郑君别传》《郑君年谱》《郑君著述目录》,而且凡郑氏遗文之可考者,皆一一为之疏通证明,又命名其堂曰“希郑堂”。郑玄注经,综合今古,龚先生为学,亦似郑玄。故可知其平生治经之门径,实乃汉宋兼宗,不废今古。

其长孙龚读籀《先王父向农府君学行述略》记,先生“年始十四,已毕群经诸子,兼通乙部。尝读甘泉江藩《汉学师承记》,色然喜,因是颇明清儒汉学统系,自谓一生治经,根柢于此”,“中岁专力经史,尝致书赵先生少咸,道其事……治经宗今文,然未尝诋古文不为,如近世衍常州今之末流者,亦不存汉、宋门户之见,欲合义理、考据而为一家。而于郑学之博综古今,渊懿朴茂,尤尊崇之,故于高密遗书,多所疏证,后得善化皮鹿门所著诸书,读之乃废不为”。[③] 故其为学出入汉宋、今古并治,与当时大儒井研廖季平、仪征刘师培相互讨论,互有辩论。“先生高揖其间,容色睟然,及所发正,不为苟同,斯所谓深造自得者乎!”[④]故而论者多重其学。

---

① 龚道耕:《〈礼记郑氏义疏〉发凡》(续第1期),《志学月刊》1942年第3期。
② 龚道耕:《〈礼记郑氏义疏〉发凡》,《志学月刊》1942年第1期。
③ 龚读籀:《先王父向农府君学行述略》,《志学月刊》1942年第6期。
④ 庞石帚:《成都龚向农先生墓志铭》,《成都大学学报(社会科学版)》1987年第4期。

清自乾、嘉以来，言经学者有汉宋之争。道、咸以后，言汉学者又有今古之别。龚道耕先生博览诸书，虽身处其中，却不为时风所扰，而是左右采获，不为偏倚，皆采其长。如其著《经学通论》论哀平至后汉经学说："由哀平以后，至后汉之末，二百年中，经学之争议，则今古文是也。今文之名，始于后汉。古文之名，始于西京之季。两家不特篇章、文字互有不同，即言义理、典制者，亦绝异。……比而观之，今古学家其不同者有五：丁宽说《易》，惟举大义。申公传《诗》，疑者则阙。今文家大率如此。古文晚出，字多奇异，欲明义理，必资训诂。故杜（子春）、郑（兴、众）、谢（曼卿）、卫（宏）、贾（逵）、服（虔）说经之作，皆以训诂、解诂、解谊题名。郑玄之于杜、郑，亦以发疑正读赞之（《周礼疏序》引郑《序》）。是今文明大义，古文重训诂，一也。《后书·儒林传》所载经生，惟任安兼通数经，景鸾兼治《齐诗》、施《易》，余皆以一经著称。古文则贾（逵）、马（融）、许（慎）、荀（爽），皆并通五经，其余通一二经者，尤指不胜屈。是今文多专经，古文多兼经，二也。今文家讲明师法，不尚著述，范书所载，如牟长（作《尚书牟氏章句》）、伏恭（《简损尚书章句》二十万言）、薛汉（《韩诗章句》）、张匡（《韩诗章句》），仅定章句。洼丹（作《易通论》七篇）、景鸾（作《诗解》《易诂》）、赵晔（作《诗细》）、杜抚（作《诗题约义通》），略有著书。古文则郑、贾、马、荀，遍注群经，其余注一二经者尤众。是今文守章句，古文富著述，三也。今文如孙期（治京氏《易》《古文尚书》）、张驯（治《公羊春秋》，兼左氏），兼治古学者甚鲜。古文则郑兴（先治《公羊春秋》）、尹敏（先治欧阳《尚书》，后治《古文尚书》及左氏、《穀梁》之学）、贾逵（初以大夏侯《尚书》教授），皆先治今文，后治古学。明、章以后，兼通今古者尤众。是今文多墨守，古文多兼通，四也。范书载今文学家三十余人，大率治经之外无所表见。古文家则桓（谭，作《新论》十六篇）、卫（宏，作《汉旧仪》《古文官书》）、卢（植，作《续汉书》）、许（慎，作《说文解字》《淮南子注》），撰著博通。张（衡）、马（融）、崔（瑗）、蔡（邕），尤工词赋(《服虔传》云:'所著赋、碑、诔、书、记、连珠、九愤,十余篇。'是虔亦文士,特其文不传耳)。是今文多朴学之儒,古文多渊雅之士,五也。观其同异所在,而东汉以后,今蹶古兴之故可思矣。"①先生以事实为据,不以褒贬、优劣言,寥寥数百字,历数今古经学之异,兼及其兴盛之原因,言简意赅,能道人之所未道,发人之所未发,所论可谓折中至当,最为诚质。

又论南宋、元、明经学说:"综言其弊,盖有数端:一曰陋,空谈义理,昧于典制是也。一曰妄,连篇累牍,动称错简,分经析传,率意刊定是也。一曰杂,假借六经,自抒己意,语多附会,义等断章是也。一曰悍,疑注不已,至于疑经,《尚书》《毛诗》俱遭刊削是也。一曰诞,昌言心性,流入狂禅,杨、谢开其源,陆、王扬其波,讫于明代,此风尤盛是也。一曰固,坚持门户,无敢出入,宁道周孔失,讳言程朱非是也。然疑《古文尚书》之伪,实始于朱子(阎若璩编《朱子古文书疑》一卷)。其门人黄幹(作《仪礼集传集注》,以续朱子之书)、杨复(作《仪礼图》),皆研精《礼》学,著述卓然可传。宋季王应麟(有《玉海》《困学纪闻》诸书,又辑《三家诗》《郑氏易注》)、黄震(有《黄氏日钞》,说经者甚多),皆深于经术,持论不为依阿。即其他宋、元、明人说经之书,亦复披沙拣金,往往见宝。是在学者博观而慎取之可也。"②先生以陋、妄、杂、悍、诞、固六字言宋学之弊,以博观慎取明宋学之长,于宋学得失的论述亦可谓深透平实,事理两足。

据上所述,足知先生平生治经之门径、论学之旨趣。故潘慈光《龚向农先生传》论曰:"龚君独标汉帜,以定其正,罗众改失,以窃其源,而复主萃汉宋今古为一家,盖拯时弊而正道也。"③唐振常也说:"先生治古文经学,于经今学亦所深研,虽不喜其奇诡狂肆之说,然于二家不主重此轻彼,方能发为实事求是之论。"④诚然,正是由于龚道耕先生治经不主门户

---

① 龚道耕:《经学通论·经学沿革略说》,1929 年成都维新印刷局重印本,第 28—31 页。
② 同上书,第 37—38 页。
③ 潘慈光:《龚向农先生传》,《国史馆馆刊》1948 年第 1 卷第 3 期。
④ 唐振常:《记一代经学大师龚向农先生》,《文史杂志》1990 年第 4 期。

之见,汉宋兼采,不分今古,遂成就其在经学上的博大精深。其经学著述,或议论卓识,或考证精湛,盛极一时,深为学者景仰。蜀中故有林(思进)、龚(道耕)、向(楚)之学。

二、《唐写残本尚书释文考证》

清光绪元年(1875),张之洞督学四川,创建尊经书院,革除书院唯教"八股"之陋习,畅兴"实学"之伟论,以"两文达"之学相号召,并为蜀中学人撰《书目答问》,指引治学路径。其云:"由小学入经学者,其经学可信;由经学入史学者,其史学可信;由经学、史学入理学者,其理学可信;以经学、史学兼词章者,其词章有用;以经学、史学兼经济者,其经济成就远大。"[①]自是,蜀中《仓》、《雅》、许郑之学复起,而文字、音韵、训诂之学再兴。

龚道耕先生平生治经,亦颇重小学,尝言"说经必通训诂,此于诸经皆然,而在《尚书》则尤要","不通小学,不能治《尚书》也"。[②] 其长孙龚读籀《先王父向农府君学行述略》也称:"府君于学无所不窥,早岁治小学考据,及《流》《略》校辑。年十七,已有《释文叙录集证》之作。尝辑补《仓颉篇》《字林》之属,已梓行世。又校辑《古佚子》为《最录》,得若干种。"[③]据笔者《龚道耕经学论著目录》统计,先生共著有小学著作 37 种,涉及文字、音韵、训诂、校勘等多方面,内容涵盖《说文》《玉篇》《仓颉》《字林》《音义》诸书,又著有《经典释文叙录集证》《唐写残本尚书释文考证》《唐宋元明韵谱异同表》《训诂学》,校刻《音韵学丛书》《稽古楼四书》等,可见先生治经学走的也是由小学入经学的路径。

---

① [清]张之洞编撰,范希曾补正,孙文泱增订:《增订书目答问补正》附二《国朝著述诸家姓名略》,中华书局 2011 年版,第 570 页。

② 龚道耕:《经学通论・群经学说》,1929 年成都维新印刷局重印本,第 54 页。

③ 龚读籀:《先王父向农府君学行述略》,《志学月刊》1942 年第 6 期。

陆德明所著《经典释文》，今存有唐写本《尚书释文》残卷，存《尧典》大部和《舜典》全部，为法国人伯希和于1908年从敦煌莫高窟石室掠得，现藏于法国国家图书馆。关于此本《尚书释文》的整理和研究，先是1912年日本人狩野直喜发表《唐抄古本尚书释文考》《唐抄古本尚书释文考正误》二文，接着1916年伯希和将此残卷影印，1918年张元济将此影印本收于《涵芬楼秘籍》，吴士鉴作校语，孙毓修作跋。另1916年，罗振玉亦为《尚书释文》唐写残本作跋，并于1918年借得狩野直喜影印本印入《吉石庵丛书》。此后，唐写本《尚书释文》残卷的研究渐成大势，主要有吴承仕《唐写本尚书舜典释文笺》(1925)、洪业《尚书释文敦煌残卷与郭忠恕之关系》(1933)、龚道耕《唐写残本尚书释文考证》(1936)、徐仁甫《唐写本隶古定尚书释文残卷跋》(1942)、潘重规《敦煌写本尚书释文残卷跋》(1941)等。这些研究成果多是采用新见的材料从不同的角度与刻本《尚书释文》作校订和分析，对正确认识和利用《尚书释文》非常有帮助。

龚道耕先生《唐写残本尚书释文考证》共一卷，卷首有民国二十六年(1937)《自叙》，略述其撰著之由，云："唐写残本《尚书释文》，出于敦皇莫高窟。海盐张氏景印入《涵芬楼丛书》，钱唐吴絅斋(士鉴)侍读作《校语》二卷。曩读其书，病其疏漏已甚。复校以薛季宣《书古文训》本及山井鼎所称'足利本'，别为《考证》。"①即此书乃先生因病吴士鉴《校语》多有错漏，乃依据薛季宣《书古文训》本及山井鼎足利本，对唐写残本《尚书释文》重加校释考证。

书中纠正了吴氏《校语》大量错讹，如吴士鉴云："今本'贽'字在'纁'字上，盖以'贽'属上文'一死'句。元朗原本则以'挚'属下文'如五器'句，此可考见句读之不同者。"龚道耕先生作按语则云："'挚'字本可

① 龚道耕:《唐写残本尚书释文考证·叙》，成都华西协合大学哈佛燕京学社1937年版，第1页。

自为一句,不必上属下属也,吴说非。”[①]又如释“三处”,龚道耕先生考证说:“《史记·五帝纪》集解引马融曰:‘三就谓大罪陈诸原野,次罪于市朝,同族适甸师氏。既服五刑,当就三处。’《正义》引郑注‘五宅三居’云:‘三处者,自九州之外,至于四海,三分其地,远近若周之夷镇蕃也。’或王注与马大同,或王释‘三居’亦用‘三处’字,今不能质。吴士鉴依伪传次第校之,谓此条当在‘大辟’条后,大谬。”[②]如此等等,这对于《尚书》版本校勘、文字订讹非常有功。

《唐写残本尚书释文考证》正因其引录宏富,校勘精确,故顾颉刚、顾廷龙撰《尚书文字合编》时,特意寻求加以引录。此事唐振常先生有所记述,说:“两年前,顾廷龙先生自北京来信,谓‘曩与顾颉刚先生同辑《尚书文字合编》,今将写定’,‘近读龚道耕(向农)先生所撰《唐写残本尚书释文考证》一文,极为精博’。顾老拟将此文录入,然其文分载《华西学报》之第四、五、六、七期,似尚未全。顾老听人说我与向农先生有戚谊,又说听说我有文章写向农先生,因向我询问向农先生此文有存稿否,并索我文,以备用作在顾老所编书中写向农先生之简历之用。”[③]因此时至今日学人仍然认为:“这是所有关于写卷《释文》校勘中最精审的一篇论文,至今尚无超越该文的论著出现。”[④]

此书《华西学报》第4期,第5期,第6、7期合刊本曾先后予以刊载,惜非完本;又有1937年成都华西协合大学哈佛燕京学社的印行本,乃为全编。后笔者曾选编《龚道耕儒学论集》,将其全部收录,并予以勘误校点,足为善本。

---

① 龚道耕:《唐写残本尚书释文考证》,成都华西协合大学哈佛燕京学社1937年版,第28页。
② 同上书,第40页。
③ 唐振常:《忆舅父——记一代经学大师龚向农先生》,载唐振常:《半拙斋古今谈》,山西教育出版社1998年版,第104页。
④ 许建平:《敦煌出土〈尚书〉写卷研究的过去与未来》,载季羡林、饶宗颐主编:《敦煌吐鲁番研究》第七卷,中华书局2004年版,第234页。

三、孔传《古文尚书》真伪之辨

《尚书》有今文,有古文,有东晋古文。今文,系伏生所传29篇。古文,得自孔壁,较今文多16篇。东晋古文,为晋元帝时豫章内史梅赜(一作梅颐)所上,称孔安国传,共58篇。关于晚出的孔传《古文尚书》之真伪,自宋吴棫、朱熹疑伪开始,经元赵孟頫、吴澄以及明郝敬、梅鷟,而大畅于清阎若璩、惠栋。自此之后,孔传《古文尚书》之为伪,似成定论。其间,虽有毛奇龄等学者著书撰文为孔传《古文尚书》辩护,力证孔传《古文尚书》为真,但阎若璩等认定为伪的诸条证据仍难以完全驳倒。由清迄今,孔传《古文尚书》的真伪之辨仍在持续,双方各持己说,互相论证,都希望立足新的证据得到最终的答案。

龚道耕先生对于孔传《古文尚书》,亦持其为伪书的观点。他一方面归纳前人证伪的依据,主要有:一、25篇文从字顺,不若今文之佶屈聱牙;二、古文篇数不与《汉志》合,篇名不与郑氏所述合;三、《书传》所引逸书古文皆具采之,而往往失其句读意义;四、古文剿袭经传诸子,无一语无来历。另一方面,针对逸16篇,也提出了自己的疑问:

一、今文《尧典》一篇,兼记尧舜月正元日以至陟方乃死,说舜功德始末完具,而古文乃别有《舜典》,不知更述何事。

二、今文《皋陶谟》一篇,述禹、皋、益稷互陈谋谟之词已具,而古文乃别有《大禹谟》《弃稷》二篇。

三、《武成》逸文见刘歆《三统历》所引者,与《逸周书·世俘解》全同。

四、郑注《毕命序》云:"今其逸篇有册命霍侯之事,不同与此《序》相应。"

五、郑注《禹贡》引《胤征》"厥篚玄黄,昭我周王",与《孟子》述武王事语同。

六、古文《周官》《左传》，皆盛行于东京以后，独《古文尚书》十六篇，自孔安国、都尉朝、庸生，以至卫、贾、马、郑，皆不为作注。钱大昕据马融《书传序》，以为由无师说，似矣。然何以经十数传尚无师说，且马、郑于逸篇之目，皆能说其事义，郑氏并引其文，则其书初非句奇语重必待师说而后通也。

基于上述疑问，龚道耕先生怀疑"逸十六篇，盖《逸周书》，晚出《泰誓》之伦，非孔子删定旧本，其文与《尚书》必多不类，故古文家皆疑而不注。魏晋间作伪书者，盖亦亲见其书，以其不可信也，于是聚敛经传诸子之文，别为一书。分《尧典》《皋陶谟》各为二篇，以合于《书序》，托为孔安国之传，以压抑马、郑。观其于他书所引逸书之语，几于摭拾无余，独于《胤征》《伊训》《武成》《毕命》之文，见于刘歆、郑玄所引者，悉置不取。又别作《泰誓》三篇，以塞马融之疑，其故盖可思矣。前儒刘逢禄、宋翔凤、邵懿辰、王闿运，及近人井研廖氏，皆尝疑《古文尚书》逸篇之伪，不可谓无理也"[①]。先生认为逸十六篇非孔子删定旧本，乃魏晋间学者伪作，托名于孔安国，以期与马、郑之学分庭抗争。所论有理有据，为确认《古文尚书》为伪书又添新证。

不过，在龚道耕先生看来，孔传《古文尚书》虽为伪书，但却万不能废。究其原因，"以欧阳、夏侯之书既亡，马、郑、王肃之注亦无完本，此书出魏晋间，犹为近古。且其义大半本于马融、王肃，时亦参取郑说"。因此，纪晓岚（纪昀）谓其"根据古义，非尽无稽"，焦里堂（焦循）谓"置其为假托之孔安国，而论其为魏晋间人之传，未尝不可与何晏、杜预、郭璞、范宁之传注并存而论"。先生以为皆通论也。[②]

以上即为龚道耕先生对《尚书》的整理与研究，由点及面，以此足可以看出其从文献到义理、从小学到经学的治学理路。

---

① 龚道耕：《经学通论·群经学说》，1929年成都维新印刷局重印本，第53页。
② 同上书，第55页。

参考文献

［清］皮锡瑞：《经学历史》，周予同注释，中华书局2004年版。

龚道耕：《龚道耕儒学论集》，李冬梅选编，四川大学出版社2010年版。

舒大刚：《晚清“蜀学”的影响与地位》，《社会科学研究》2007年第3期。

（编辑　陈长文）

董仲舒论《春秋》治世原则:“十指”*

魏彦红　魏可音**

摘要:董仲舒《春秋繁露》设专篇论述《春秋》治世原则“十指”。“十指”分别是:见重民,百姓安;察事变,审得失;至而治,正事本;分本末,明君臣;异同类(异),是非著;别所长,百官序;同民欲,仁恩达;反周质,化务立;正天端,阴阳次;考变异,天为行。他分别阐发了每一“指”的价值所在,并对“十指”的重要意义进行了总结。他认为遵循“十指”将会使万物和谐,阴阳和顺,四方仁爱,道义畅行,万事万物皆循天道以从事,并强调此为释读《春秋》之大法。

关键词:董仲舒　“十指”　《春秋》治世原则　《春秋繁露》　阴阳五行

董仲舒作为春秋公羊学大师,他从公羊学视角对《春秋》治世原则进行了高度概括,认为《春秋》治世遵循了十条原则,即“十指”。“十指”以简驭繁,挂一系万。他对“十指”分别进行了解读并阐发了其深刻意义。

---

* 本文系河北省教育厅人文社会科学重大课题攻关项目“董仲舒思想及其现实意义研究”(项目批准号:ZD202125)阶段性成果之一。

** 魏彦红,衡水学院教授、董子学院院长、《衡水学院学报》主编、河北省董仲舒与传统文化研究中心主任。魏可音,中山大学哲学系博士研究生。

一、"十指"思想的提出与意义

董仲舒关于"十指"思想的阐述,主要集中在《春秋繁露·十指》[①]篇。"指",即"旨"。本篇是上一篇《春秋繁露·正贯》篇的延伸,两篇阐释的思想体系一脉相承。《正贯》篇提出《春秋》议事分"六科",即六类,而此篇阐发治世原则的"十指"。即董仲舒认为《春秋》议事遵"六科十指",与何休的"三科九旨"有明显不同。董仲舒在本篇开篇便明确了自己的观点:"春秋二百四十二年之文,天下之大,事变之博,无不有也。虽然,大略之要有十指。"(《春秋繁露·十指》)董仲舒治春秋公羊学多年,对《春秋》所载史实了然于心,站在公羊学立场,概括了《春秋》治世之方。《春秋》记载了自鲁隐公元年(前722)到鲁哀公十四年(前481)"西狩获麟"期间的史实,记事时段长达242年。在董仲舒看来,《春秋》经记载的242年的历史涉国之广、时间之长、事变之博,独树一帜,无所不包,无不发生。《春秋》史实涵盖并体现了编纂者孔子的国家治理思想,通过梳理,董仲舒对其进行了独特的阐释,即国家的管理,无论大事和小事,无论是怎样的阶层和领域,无论哪个环节和过程,都有遵循的基本原则,概括为十项。董仲舒简要总括了"十指"的重要意义:"十指者,事之所系也,王化之所由得流也。"(《春秋繁露·十指》)这十种要旨,是指导君主、臣子、百姓等做事的依据,是君王承接天命、传布天道、对百姓实施教化德化的根由,即人们做事所依循的本根。

---

① 本文所引《春秋繁露》内容均出自苏舆撰,钟哲点校《春秋繁露义证》(中华书局1992年版)。

二、“十指”的内涵及其价值

(一)一指:见重民,百姓安

董仲舒曰:“举事变见有重焉,一指也。”(《春秋繁露·十指》)从《春秋》记事中可以看出,有所重视即重视百姓,这是第一要旨。重民,民为邦本,民心即天命。这里体现的是董仲舒的民本思想。《春秋》叙事弘道的重要原则之一就是“重民”,即把百姓利益放在重要位置。《春秋繁露·竹林》篇中记载:“郑文轻众而丧师。《春秋》之敬贤重民如是。是故战攻侵伐,虽数百起,必一二书,伤其害所重也。”战争造成伤亡最多,受灾难最大和被伤害最多的是劳苦百姓,所以《春秋》对每次的战攻侵伐都一一记载下来,目的是告诫人们战争对百姓伤害之重,从而彰显重民之意。在这里,董仲舒认为重民就是《春秋》治世的首要原则。那么重民的意义则在于使“百姓安”。“举事变见有重焉,则百姓安矣。”(《春秋繁露·十指》)孔子编纂《春秋》,所选史料都是出于警示当世人的,其列举发生过的重要历史事件,反映了世事变迁的境况,旨在让当世国君和世人从中受到启发并有所借鉴。当国君借《春秋》获“重民”之要旨,并将百姓生活的幸福与安宁、社会的和谐与稳定放在首位时,国家治理便无大碍了。

(二)二指:察事变,审得失

“举事变”“见有重”之后,董仲舒进一步推出“见事变之所至者,一指也”。苏舆注:“事发于此而便见于彼,君子不可不察。”[①]这句话展示了这样的逻辑:事件发生是有原因的,要弄清其根源;事件发生后是有所

① 苏舆:《春秋繁露义证》,钟哲点校,中华书局1992年版,第145页。

表现的,要能看透事件发生的现实;事件的发生不一定从自身得到表现,往往是从其他现象中得到表达,要能够分析出事件发生的附着体是什么,并要有分析预演能力。即从现象析原因、透本质、审得失、预发展。进一步讲,就是事件发生了,你应该知道为什么会出现这样的结果,这种事件的发生意味着什么,又会导致怎样的后果。反过来讲,当事件发生时,你也可能看不到事件发生的根源,其影响可能从其他事件或现象中表现出来,或者说你看到发生的事件或现象并不一定是表现该事件的,它可能反映的是其他的问题。尤其是作为君王,一定要具有借此知彼、借彼知此的意识与分析判断的能力,还应具有从众多现象中综合考量、审视得失并做出抉择的能力。“见事变之所至者,则得失审矣。”(《春秋繁露·十指》)这就是“二指”的意义所在。

诸如以下现象:“日为之食,星賈如雨,雨螽,沙鹿崩……賈石于宋五,六鹢退飞。賈霜不杀草,李梅冬实。正月不雨,至于秋七月。地震,梁山崩,壅河三日不流。昼晦。彗星见于东方,孛于大辰。鹳鹆来巢,《春秋》异之。以此见悖乱之征。”(《春秋繁露·王道》)日食出现,陨石落下,蝗虫铺天盖地,鸟儿退着飞,有霜雪的冬天草儿仍旧活着,李子梅子的果实在冬天成熟,该下雨的季节没有雨,白天却昏天黑地,彗星从东方出现等等,这些现象都是《春秋》认为怪异的违反常规的现象,董仲舒对此进行了阐释,认为这是上天借此表达对国君的警示与惩戒。董仲舒认为《春秋》记录这些现象,恰恰就是想揭示当时君国不治、礼崩乐坏的严重后果。“桀纣……骄溢妄行……周衰,天子微弱,诸侯力政,大夫专国,士专邑,不能行度制法文之礼。诸侯背叛,莫修贡聘,奉献天子。臣弑其君,子弑其父,孽杀其宗,不能统理,更相伐锉以广地。以强相胁,不能制属。强奄弱,众暴寡,富使贫,并兼无已。臣下上僭,不能禁止。”(《春秋繁露·王道》)周朝末年,君主妄行,臣子僭越,诸侯背叛,伦理悖失,国无统理,强暴弱贫。国君应该从这些现象中发现问题,自我警醒。具体讲,作为国家管理者的国君一定要能通过考察事变,做出深刻的剖析,从现象看到本质,并能审视其中国家治理的得失,对政策做出进一步的调整。

(三)三指:至而治,正事本

因循以上逻辑,董仲舒接续而论,认为“因其所以至者而治之,一指也”。“至”,即事变的发生,某种现象的出现。“所以至”,即造成事变发生的根源。作为君王和国家管理者不能无视事变的发生,不能默然处之,一定要正本清源,进一步分析产生的根源,并采取应然举措,对症下药,纠正错误,以防患事变的再次发生。只有“因其所以至而治之,则事之本正矣”,即根据事变产生的根由而去有针对性地治理它,那么事情就理顺了,其根本就端正了。本,即元,原,源。在董仲舒看来,元为万事之本。“元者,始也,言本正也。道,王道也。王者,人之始也。王正则元气和顺、风雨时、景星见、黄龙下。”(《春秋繁露·王道》)只有按照本原去做,事情才行得端正、顺畅。君王的职责是替天行道,如果能做到元气和顺,就会风调雨顺,出现祥瑞。“惟圣人能属万物于一而系之元也,终不及本所从来而承之,不能遂其功。是以《春秋》变一谓之元,元犹原也,其义以随天地终始也。故人惟有终始也而生,不必应四时之变。故元者为万物之本,而人之元在焉。”(《春秋繁露·重政》)元是万事之本,是行事之则。董仲舒认为,只有圣人才能做到做任何事情从元而始、系一而终。一般人是难以做到的,往往会偏离天地之元,很难做到从一而终以完成功业。元既是万物之本,也是人事之本,为此正本清源尤为重要。只有探察出“之所以至”的原因,并循天之道,对症下药,方可正事本。本原正,事方成,即“因其所以至而治之,则事之本正矣”。

董仲舒在《春秋繁露·王道》篇中列举了种种事例并进行了分析。“观乎蒲社,知骄溢之罚;观乎许田,知诸侯不得专封;观乎齐桓、晋文、宋襄、楚庄，知任贤奉上之功；观乎鲁隐、祭仲、叔武、孔父、荀息、仇牧、吴季子、公子目夷，知忠臣之效；观乎楚公子比，知臣子之道，效死之义；观乎潞子，知无辅自诅之败；观乎公在楚，知臣子之恩；观乎漏言，知忠道之绝；观乎献六羽，知上下之差……”通过观察亳社之灾，知道骄傲自满就会受到上天惩罚；观察郑国用玉璧交换鲁国的许田，知道诸侯不能擅自交换土地；观察齐桓公、晋文公、宋襄公、楚庄王，知道任用贤能会使国家变得强大；通过分析鲁隐公、祭仲、叔武、孔父、荀息、仇牧、吴季子和公子目夷等人做的事情，知道忠臣是如何效忠君王的；观察楚公子比，知道做臣子应该怎样为国效命；通过观察潞国国君所为，知道没有贤臣辅佐而独断专行就会败亡；通过观察鲁襄公在楚国的作为，知道臣子应该对国君持有怎样的情义；通过观察晋灵公泄露阳处父的话，知道臣子对君王尽忠道路的断绝；通过观察鲁国献演六羽之舞乐，可以知道地位高低的差别……董仲舒借用《春秋》记录的系列事例，站在公羊学的立场对现象和事件进行了解剖与阐释，以对当政者、臣子和世人进行价值观和伦理观的引导，让其知晓这些现象蕴含了怎样的意义，应从中获得怎样的启示，进一步明确如何因“至而治”，从而达到“正事本”的目的。

（四）四指：分本末，明君臣

国家管理最重要的目标是国家的安全稳定。春秋末年，“周衰，天子微弱，诸侯力政，大夫专国，士专邑，不能行度制法文之礼。诸侯背叛”（《春秋繁露·王道》）。周王朝衰落，国君昏聩，诸侯臣子僭越礼制，目无君主，擅自专权，各自争霸，周王室名存实亡。此外，汉景帝时发生了危及国家存亡的“七国之乱”。之所以造成这样的局面，与国家治理之道有着直接的关系。对此，董仲舒认为，“强干弱枝，大本小末，一指也”。干指天子，枝指诸侯。天子为本，诸侯为末。大本小末，本立而道生，要重本。这是治国之术,免得诸侯尾大不掉。具体而言,国家治理的办法就是增强天子的权力而减弱诸侯的势力,这是国之根本。只有遵循这样的国家管理原则,才能够真正体现君臣之分,君为君,臣为臣,各守其分。“强干弱枝,大本小末,则君臣之分明矣”,在此基础上,董仲舒提出了大一统的思想。

在董仲舒看来,自然万物的和谐共处是天的意指,天赋予了万物不同的伦理与本分,但只有各自遵从天道,万物才会和谐,国家才会太平。“是故地明其理为万物母,臣明其职为一国宰。母不可以不信,宰不可以不忠。母不信则草木伤其根,宰不忠则奸臣危其君。根伤则亡其枝叶,君危则亡其国。”(《春秋繁露·天地之行》)董仲舒以天地人为例循循善诱。作为大自然的重要存在体——“地”,其对万物付出了母亲般的呵护,臣子要明确自己作为国宰的分内之责。大地如果不信守自己养育万物的职责则会造成万物不生,臣子如果不忠于自己作为国宰的职责就会威胁到君主和国家的安全。董仲舒进一步阐明了天子与诸侯应持有的不同的伦理与职分。“《春秋》立义。天子祭天地,诸侯祭社稷,诸山川不在封内不祭。有天子在,诸侯不得专地,不得专封,不得专执天子之大夫,不得舞天子之乐,不得致天子之赋,不得适天子之贵。君亲无将,将而诛。大夫不得世,大夫不得废置君命。”(《春秋繁露·王道》)天子与诸侯不同的职分源于天的赋予。天子是天之子,天赋予了他代天行事的职权,具有绝对的权威,是国之根本与主宰。诸侯、臣子等均应把天子置于天下至尊的位置,不得专有土地,无权将天子的土地封与他人,不得对天子派来的大夫实施拘捕,不得以天子的规格舞乐,不得收受本该由天子收取的赋税,不得享受与天子同等的尊贵地位,更不得策划谋害君主与父母亲人,哪怕是有了这样的念头也应予以诛杀。作为臣子的大夫其职权地位不得世袭,但遵从天子之命是大夫永恒的职分。

（五）五指:异同类(异),是非著

董仲舒认为,《春秋》在处理事件时要"别嫌疑,异同类",此乃"一指也"。钟肇鹏先生认为,"异同类"应为"异同异"①,即区别同与异的意思。"别嫌疑"与"异同类"意义相同。那么为什么要别嫌疑、异同类(异)呢?因为"《春秋》有经礼,有变礼",实际情况非常繁杂,"常"与"变"交织而行,因情而变。为了防止人们产生误解,需要进行深入辨析,探查出细微之分,以揭示本末之别。该做什么,不该做什么,何为重,何为轻,不同种类的事件该如何处理,应遵循怎样的原则等等,皆须辨明。董仲舒认为,"别嫌疑,异同类"非常重要。他总结道:"《春秋》理百物,辨品类,别嫌微,修本末者也。"(《春秋繁露·玉英》)《春秋》要揭示的大义是"修本末",这是国家治理的根本与方向,要达到此目的必须分清楚何为本,何为末,为此,必须"辨品类,别嫌微"方可达此目的。董仲舒进一步解释了原因,"凡百乱之源,皆出嫌疑纤微,以渐寖稍长至于大。圣人章其疑者,别其微者,绝其纤者,不得嫌以蚤防之。圣人之道,众堤防之类也。谓之度制,谓之礼节"(《春秋繁露·度制》),即大凡各种祸乱的根源,都出于嫌疑细微的小事,小事如果没有阻止便会渐渐发展,以至酿成大祸。孔子借《春秋》告诫大家什么是嫌疑细微之事及其存在的隐患,为了防患于未然,必须通过制定管理制度和礼节来提早堤防。

董仲舒非常强调教化的堤防作用:"夫万民之从利也,如水之走下,不以教化堤防之,不能止也。是故教化立而奸邪皆止者,其堤防完也;教化废而奸邪并出,刑罚不能胜者,其堤防坏也。古之王者明于此,是故南面而治天下,莫不以教化为大务。"②万民从利之性如水之下流,如果不予

---

① 钟肇鹏主编:《春秋繁露校释》(校补本),河北人民出版社2005年版,第315页。

② [汉]班固:《汉书》卷五六《董仲舒传》,中华书局1962年版,第2503页。

堤防就会无法阻挡，因此必须予以阻止，阻止的根本办法就是通过教化。作为承接天命的君主，教化百姓顺应天道是与生俱来的使命。没有教化就会造成奸邪泛滥，即使用了刑罚也难以从根本上制止奸邪并生与万民从利之性。

董仲舒进一步指出了"别嫌疑，异同类"这"一指"的重要意义在于"则是非著矣"。辨别嫌疑和细微，区分了同异之别，是非清晰了，国家治理之道就明确了。

（六）六指：别所长，百官序

这一指是针对人才的选用而言的，这也是治世的重要原则。"论贤才之义，别所长之能，一指也。""义"，指"宜"，适宜，适合。董仲舒认为，国家的强盛，与人才的选任有着直接的关系。作为一国之君，选对人才非常重要，人才有很多，各具特色，各有所长，一定要让人才各展其能，各抒其用，这是选任人才应遵循的基本原则。苏舆认为，"此即《春秋》讥世卿之旨，以见公、卿、大夫、士当论材而官，选贤而用"①。

董仲舒认为君主选用人才之道源于天道，所以必须遵循天道选用人才。"为人君者，其法取象于天……任贤使能，观听四方，所以为明也；量能授官，贤愚有差，所以相承也；引贤自近，以备股肱，所以为刚也；……是故天执其道，为万物主，君执其常，为一国主；天不可以不刚，主不可以不坚；天不刚，则列星乱其行，主不坚，则邪臣乱其官；星乱则亡其天，臣乱则亡其君；故为天者，务刚其气，为君者，务坚其政，刚坚然后阳道制命。"（《春秋繁露·天地之行》）如果能任用贤能之人做臣子，就会对国家进行全面的了解与掌控，政治自然就会清明。如果能做到量能授官，根据能力和贤良程度授予不同职位，则国家管理的上下级工作承接就会顺畅，管理机制就会健全。任用贤能之人在自己身边工作，他就如

① 苏舆：《春秋繁露义证》，钟哲点校，中华书局 1992 年版，第 145 页。

同自己的股肱，行事刚强有力。天行健，君子以自强不息。天执天道而不动摇则成为万物之主，君主坚定地执守天道则为一国之主。如果天运行不刚健，则星辰运行就乱了轨道；君主如果不坚定地执守天道，则乱臣贼子会乱了官制。所以，人才的任用是由天道决定并要遵循天之道的。

“一国之君，其犹一体之心也……内有四辅，若心之有肝肺脾肾也；外有百官，若心之有形体孔窍也；亲圣近贤，若神明皆聚于心也；上下相承顺，若肢体相为使也；布恩施惠，若元气之流皮毛腠理也……”（《春秋繁露·天地之行》）在这里，董仲舒以人的身体为例进一步解释了正确选任人才的重要意义，就像人体的肝肺脾肾，就像心脏形体孔窍，是身体不可缺少的重要组成部分一样，人才承担着类似这些重要器官的功能。任用了贤明之才，就像神明聚在了国家的心脏中，上下级工作承接顺畅，就像人体的上下肢的和谐运动一样。国家体制的整体运行就像气在皮下肌肉之间的空隙和皮肤的纹理中运行一样通畅。董仲舒也一再强调任用人才要遵循天道的重要意义。“列官置吏，必以其能，若五行……此之谓能配天。”（《春秋繁露·天地阴阳》）“官职之事，五行之义也。”（《春秋繁露·天地阴阳》）董仲舒进一步总结出“别所长”的重要意义在于“百官序”，“论贤才之义，别所长之能，则百官序矣”（《春秋繁露·十指》）。不同才干的官员被安置在适合的岗位，发挥其各自的长处，这是符合天道的。

选用人才如此重要，那么如何才能发现这些贤才呢？董仲舒给出了建议：“臣愚以为使诸列侯、郡守、二千石各择其吏民之贤者，岁贡各二人以给宿卫，且以观大臣之能；所贡贤者有赏，所贡不肖者有罚。夫如是，诸侯、吏二千石皆尽心于求贤，天下之士可得而官使也。”[①]即让诸侯和二千石官吏物色推荐，并通过观察被荐者的实际表现对推荐者予以奖惩，

---

① ［汉］班固：《汉书》卷五六《董仲舒传》，中华书局 1962 年版，第 2513 页。

这样以确保所荐人才为贤能之才。董仲舒对“得贤而任之”赋予了高度评价:“遍得天下之贤人,则三王之盛易为,而尧、舜之名可及也。毋以日月为功,实试贤能为上,量材而授官,录德而定位,则廉耻殊路,贤不肖异处矣。”[①]对于国家管理者来说,最高的理想便是“致君尧舜”,“量材而授官,录德而定位”便遂了这样的期望。

(七)七指:同民欲,仁恩达

董仲舒曰:“亲近来远,同民所欲,一指也。”(《春秋繁露·十指》)这是对于国君而言的。儒家认为国家管理的基本原则是重民、亲民,以民为本,想民之所想,同民之所欲,将百姓的诉求作为国君治理国家的出发点。要实现这样的目标,首先,必须亲近本国的百姓,了解他们的所需,以仁爱之心待之,举国上下形成一种国君仁爱百姓的氛围,为提升国际影响力奠定基础;其次,要招徕外国的人才以及远道而来的投奔者,用一颗宏大包容之心吸纳他们的加入,将仁爱与恩惠遍布天下,以形成强大的国际号召力。“亲近来远,同民所欲,则仁恩达矣。”(《春秋繁露·十指》)当然,董仲舒对于百姓的“欲”也是有所界定的,不能无欲,也不能纵欲,国君要将百姓之欲管理得恰如其分,恰到好处。“故圣人之制民,使之有欲,不得过节;使之敦朴,不得无欲。无欲有欲,各得以足,而君道得矣。”(《春秋繁露·立元神》)

董仲舒借齐桓公一例阐述了信用和道义对于一个有“亲近来远”雄心抱负的国君的重要意义。“齐桓仗贤相之能,用大国之资,即位五年,不能致一诸侯。于柯之盟,见其大信,一年而近国之君毕至,鄄、幽之会是也。其后二十年之间亦久矣,尚未能大合诸侯也。至于救邢、卫之事,见存亡继绝之义,而明年,远国之君毕至,贯泽、阳谷之会是也。故曰:亲近者不以言,召远者不以使,此其效也。”(《春秋繁露·精华》)对于一个

① [汉]班固:《汉书》卷五六《董仲舒传》,中华书局1962年版,第2513页。

有着称霸世界雄心的国君而言，凭借雄厚的金钱实力是不能树立国际威信的，也不能吸引邻国自愿加盟。而如果在与邻国相处、会盟中讲信用，便必定会将相邻之国团结在自己周围。但仅有信用还是不够的，还要有担当，如齐桓公救邢国、卫国之事，才得见其有着巨大抱负，有着“存亡继绝之义”。这样的道义之举，才足显其具有大国担当，亲近来远的效果方凸显出来。

如果想树立国际影响力，招徕远方加盟者，必须从“亲近”开始，如果“亲近”做得好，则必定会“致远”。“亲近以来远，故未有不先近而致远者也。故内其国而外诸夏，内诸夏而外夷狄，言自近者始也。”（《春秋繁露・王道》）董仲舒认为，只要坚持了“亲近以来远”的政治原则，没有达不到目的的，以此类推，亲善了本国，就会招徕诸夏各国，并致远夷狄诸国。因为，“亲近以来远，因其国而容天下，名伦等物不失其理”（《春秋繁露・盟会要》）。仁恩致远，遍布天下。只有“仁恩达”及远近各方，方为《春秋》所倡治国之策。“考意而观指，则《春秋》之所恶者，不任德而任力，驱民而残贼之；其所好者，设而勿用，仁义以服之也。……夫德不足以亲近，而文不足以来远，而断断以战伐为之者，此固《春秋》所甚疾已，皆非义也。”（《春秋繁露・竹林》）在董仲舒看来，《春秋》最痛恨的就是用武力和残酷的刑法管理国家和百姓，用战争征服各国；最倡导的是通过仁义之法进行国家管理并征服世界。这里体现了董仲舒倡导的推己及诸国的“博爱”思想。

（八）八指：反周质，化务立

董仲舒认为，“承周文而反之质，一指也”（《春秋繁露・十指》）。其意义在于：“承周文而反之质，则化所务立矣。”（《春秋繁露・十指》）文，指外在的表现形式；质，就是最本质最质朴的核心。周代的礼乐文化是孔子借《春秋》所要弘扬的重要内容，但周代的礼乐更追求“文”即形式的外在表达,在一定程度上表现出浮华的弊病。苏舆阐曰:“承文反质,所以救弊,时若质弊,由合反文。”[①]按照苏舆的解释,董仲舒认识到过分承继周代的形式表达已经展露出了弊病,这种弊病一定要得到纠正,那就是要返璞归真、回归本质。质和文二者要达到平衡,不能有所偏颇。钟肇鹏先生对该“指”进行了解读:“化,为教化,所务,所致力者。此言承周代浮华文弊之后,而反于朴实敦厚,则所致力的教化能树立起来。”[②]苏舆注:“政化所施,得其归要。”[③]教化成为政治的重要内容。《白虎通义·三正》引《尚书大传》文:“王者一质一文,据天道之道。”[④]关于质文到底指什么的质文,历史上也有不同的解释,有的指礼乐,有的指政治,如苏舆言“文质有以礼言者,有以政言者”[⑤]。无论是政治还是礼乐,都是彰显国家管理体制的主体,质与文同属于国家治理范畴。作为国家管理者的王来说,一质一文有机结合不是人为臆测的,是源于天道,由天决定的。因为时代不同了,教化的形式与内容也都要与时俱进。我们既要继承周代礼乐的形式表达,更要返归礼乐制度的本真。一方面强调外在形式的重要性,另一方面强调内在本质的意义。文与质配合好了,才会达到文质彬彬,这才是教化的目的。

董仲舒对文质的关系及其重要意义进行了重点解读。“志为质,物为文,文著于质,质不居文,文安施质。质文两备,然后其礼成;文质偏行,不得有我尔之名;俱不能备而偏行之,宁有质而无文……”(《春秋繁露·玉杯》)董仲舒从“志”(动机)与“物”(形式附着的物品)的关系出发,对文与质的关系进行了深入剖析。二者组成一个有机体,缺一不可,质文两备方为礼成。最完美的礼节是二者形神兼备,“成者,本末质文皆以具矣”(《春秋繁露·楚庄王》)。

---

① 苏舆:《春秋繁露义证》,钟哲点校,中华书局 1992 年版,第 145 页。
② 钟肇鹏主编:《春秋繁露校释》(校补本),河北人民出版社 2005 年版,第 318 页。
③ 苏舆:《春秋繁露义证》,钟哲点校,第 146 页。
④ [清]凌曙注:《春秋繁露》,中华书局 1991 年版,第 80 页。
⑤ 苏舆:《春秋繁露义证》,钟哲点校,第 123 页。

但二者的作用又是不同的,如果要二选一,那必须是"宁有质而无文"。质的作用是大于文的价值的,这也是《春秋》所要表达的治道之序。"然则《春秋》之序道也,先质而后文,右志而左物。"(《春秋繁露·玉杯》)董仲舒又进一步举例说明:"礼者,庶于仁,文质而成体者也。今使人相食,大失其仁,安著其礼,方救其质,奚恤其文?"(《春秋繁露·竹林》)真正的礼节,是聚合仁德之事,其形式和实质内容都非常重要,二者共同构成完整的礼乐体系。但是,如果面临宋国饿到人吃人这种现象了,肯定是完全失去了仁德,哪里还能体现礼节呢!眼下需解决的是实质性的困难,哪里还顾得上什么礼节形式!

(九)九指:正天端,阴阳次

董仲舒的哲学思想源于天道,阴阳五行成为其哲学体系的根基。他认为"木生火,火为夏,天之端,一指也"。如此一来,其意义在于"木生火,火为夏,则阴阳四时之理相受而次矣"。苏舆注"火由木而生,百物皆本于春,《春秋》首书春,所以正天端也"①,"董子五行始木,木主春,故云四时相受而次"②。钟肇鹏认为:"此句疑有脱误,当作'木生火,火为夏,木为春,天之端'。"③苏舆和钟肇鹏的解读都说明:董仲舒认为五行之序说是正天端的渊源。

> 何谓天之端?曰:天有十端,十端而止已。天为一端,地为一端,阴为一端,阳为一端,火为一端,金为一端,木为一端,水为一端,土为一端,人为一端,凡十端而毕,天之数也。天数毕于十,王者受十端于天。(《春秋繁露·官制象天》)

董仲舒认为天有十端:天、地、阴、阳、火、金、木、水、土、人。这十端

---

① 苏舆:《春秋繁露义证》,钟哲点校,中华书局1992年版,第145页。
② 同上书,第146—147页。
③ 钟肇鹏主编:《春秋繁露校释》(校补本),河北人民出版社2005年版,第316页。

就是构成天的总数,除此之外再无他数。作为王进行国家管理不可忽视任何一端,而且要按照一定的顺序,从五行之木开始。董仲舒的五行——木、火、土、金、水,始于木,木主春,春主生,木为五行之始,此亦为天端之始。那么何为五行的本质?五行之序如何?它们之间是怎样的关系?我们应该持有怎样的五行观?董仲舒在回答献王刘德的问题时进行了具体的解读:

> 天有五行:木、火、土、金、水是也。木生火,火生土,土生金,金生水。水为冬,金为秋,土为季夏,火为夏,木为春。春主生,夏主长,季夏主养,秋主收,冬主藏。藏,冬之所成也。是故父之所生,其子长之;父之所长,其子养之;父之所养,其子成之。诸父所为,其子皆奉承而续行之,不敢不致如父之意,尽为人之道也。故五行者,五行也。(《春秋繁露·五行对》)

董仲舒认为五行源于上天赋予的五种品行,五行相生之序也是天意,不可违背,万物行事须遵循五行之序,其如父与子的伦常关系一般,是不可逆的。“五行者,五官也,比相生而间相胜也。故谓治,逆之则乱,顺之则治。”(《春秋繁露·五行相生》)遵循了五行相生相胜的规律即正天端,正天端则会阴阳和谐祥顺,万物秩序井然。木生火,火生土,土生金,金生水,水生木,此为五行之序,那么上天又赋予它们怎样的布局呢?“木居左,金居右,火居前,水居后,土居中央,此其父子之序,相受而布。是故木受水而火受木,土受火,金受土,水受金也。诸授之者,皆其父也。受之者,皆其子也。常因其父以使其子,天之道也。是故木已生而火养之,金已死而水藏之,火乐木而养以阳,水克金而丧以阴。土之事天竭其忠。故五行者,乃孝子忠臣之行也。”(《春秋繁露·五行之义》)五行的布局是在遵循上天赋予的父子关系的基础上进行布设的,这种布局表达了孝子忠臣应有的品行。

董仲舒认为,五行运行有其序,天端正,阴阳则有序。“五行之随,各如其序。五行之官,各致其能。……使人必以其序,官人必以其能,天之数也。”(《春秋繁露·五行之义》)五行受其天赋之序的主导并具天赋之能,人亦遵循五行之序并发挥五官之能。但五行随顺阴阳,二者紧密相连,一并用功主导万物的运行。“金木水火,各奉其主以从阴阳,相与一力而并功。其实非独阴阳也,然而阴阳因之以起,助其所主。”(《春秋繁露·天辨在人》)五行各自奉行本身的职责而随顺阴阳,相互竭尽各自的力量而合作完成共同的功业。其实阴阳也不是独立存在的,但阴阳是伴随五行而兴起的,并助力它们完成各自的职责。董仲舒在这里说明了五行天端正与阴阳序之间的逻辑关系。他对阴阳序又做了进一步的阐发,并由此推出国家管理的重要原则之一——德主刑辅,“天之任阳不任阴,好德不好刑”,“阳至其位,而大暑热;阴至其位,而大寒冻。阳至其休,而入化于地,阴至其伏,而避德于下。是故夏出长于上、冬入化于下者,阳也;夏入守虚地于下,冬出守虚位于上者,阴也。阳出实入实,阴出空入空,天之任阳不任阴,好德不好刑,如是也”。(《春秋繁露·阴阳位》)

(十)十指:考变异,天为行

《春秋公羊传》在解读《春秋》时贯穿的一条重要原则是通过对史实的解读,警告世人,尤其是君主,做事应遵循怎么的法则,人与人之间应遵循怎么的伦理规范。董仲舒作为《春秋》公羊学大师,他的解读自然也遵循这样的原则。他把这种笔法归纳为《春秋》的重要议事原则。“切刺讥之所罚,考变异之所加,天之端,一指也。”(《春秋繁露·十指》)“天之端”,董天工笺注:“三字疑衍文。”①其说是。《春秋》多讥刺,随处可见,

① [清]董天工笺注:《春秋繁露笺注》,黄江军整理,华东师范大学出版社2017年版,第85页。

其终极目的是要遵循天的意愿并能如愿展现天的行为。“切刺讥之所罚,考变异之所加,则天所欲为行矣”一句,按照董天工的笺注,认为“此言十指之效”①,即“十指”的最高价值诉求是天能按照自己的意愿行事,天行天道。苏舆注:“天之所欲,顺民而已。惕炎修行,民受其福,是天意得行。”②天与民是道存的共同体,民心即天命,民心须循天道而得以实现。《春秋》中记录了很多受到讥讽的事件,通过考察受讥讽的原因,便通晓了天命,天道便会畅行。此处表达了董仲舒的天人感应学说。受讥讽事件以及灾异现象的出现,都是天的警告或惩罚。考察了灾异产生的原因,便要纠正错误行为,进而遵循天道,实现天命。

董仲舒针对《春秋》及《春秋公羊传》对“刺讥”事件的记载与解读,表达了自己对“刺讥”的观点。例如,《春秋》经文:“公子遂如齐纳币。”《公羊传》文:“公子遂如齐纳币。纳币不书,此何以书?讥。何讥尔?讥丧娶也。娶在三年之外,则何讥乎丧娶?三年之内不图婚。”③董仲舒对此表达了自己的看法:“《春秋》之论事,莫重于志。今取必纳币,纳币之月在丧分,故谓之丧取也。且文公以秋祫祭,以冬纳币,皆失于太蚤,《春秋》不讥其前,而顾讥其后,必以三年之丧,肌肤之情也。虽从俗而不能终,犹宜未平于心,今全无悼远之志,反思念取事,是《春秋》之所甚疾也,故讥不出三年于首,而已讥以丧取也。不别先后,贱其无人心也。”(《春秋繁露·玉杯》)董仲舒在《公羊传》文的基础上进一步做了发挥,认为鲁文公娶亲的行为确为“丧取”,“纳币”是婚娶礼仪重要的组成部分,不能分割。为此,公子遂为鲁国君到齐国“纳币”是在礼法规定的三年即二十五个月之前进行的,这实为“图婚”,在父亲丧期内不仅没有慎终追远之心,反而有了娶亲之“志”,有了娶亲动机,这就等于不孝,有违礼制,这是

---

① [清]董天工笺注:《春秋繁露笺注》,黄江军整理,华东师范大学出版社 2017 年版,第 85 页。

② 苏舆:《春秋繁露义证》,钟哲点校,中华书局 1992 年版,第 147 页。

③ [汉]何休解诂,[唐]徐彦疏:《春秋公羊传注疏》,上海古籍出版社 2014 年版,第 526—527 页。

《春秋》最痛恨、讨厌的事情。

董仲舒针对"刺讥"之事进行评点比比皆是,并借此阐发了《春秋》之微言大义。如"凶年修旧则讥"(《春秋繁露·竹林》),"天王伐郑,讥亲也,会王世子,讥微也。祭公来逆王后,讥失礼也"(《春秋繁露·王道》),"不郊而祭山川,失祭之叙,逆于礼,故必讥之"(《春秋繁露·郊祀》)等等,由此出发,董仲舒阐明自己的观点,即"切刺讥之所罚,考变异之所加"为《春秋》议事一指也,其终极价值体现为"天所欲为行矣"。

董仲舒对以上"十指"的意义进行了总结,认为"统此而举之,仁往而义来,德泽广大,衍溢于四海,阴阳和调,万物靡不得其理矣。说《春秋》凡用是矣,此其法也"(《春秋繁露·十指》)。"十指"是《春秋》记载史实并论事议事坚持的基本原则,如果人们明了了这些原则并予以遵循,自然与社会将呈现美好的状态:万物和谐,阴阳和顺,四方仁爱,道义畅行,万事万物循天道以从事。他最后亦进一步强调此"十指"为释读《春秋》之大法。

参考文献

苏舆:《春秋繁露义证》,钟哲点校,中华书局 1992 年版。

钟肇鹏主编:《春秋繁露校释》(校补本),河北人民出版社 2005 年版。

(编辑 陈希丰)

《家礼》中的祠堂及其在中韩的影响

解光宇[*]

摘要：唐宋以前，祠堂的前身叫“宗庙”或“家庙”，仅有身份、有地位的人和家族才拥有。朱熹的《家礼》问世后，民间建祠才普及开来。祠堂是神权与族权的统一，对于人人恪守名分和社会秩序稳定大有益处，尤其是在朝鲜半岛，朱子《家礼》所产生的影响在许多方面还要超过中国。宗祠文化有利于社会的稳定，是我国传统文化的重要部分。

关键词：朱子《家礼》　祠堂　韩国　意义

祠堂，是中国传统文化的重要载体，在中国几千年的文明史中，祠堂在增强家族和民族的凝聚力以及维护基层社会的稳定方面发挥着重要的作用。

唐宋以前，祠堂的前身叫“宗庙”或“家庙”，仅是有身份、有地位的人和家族才允许有的。天子、诸侯的祠堂叫“宗庙”，其他有身份、有地位的人和家族的祠堂叫“家庙”。宗庙、家庙的主要功能是祭祀先祖。老百姓祭祖怎么办？“庶人祭于寝”，即一般民众祭祖只能在自己家里举行。

“庶人无庙，祭于其寝”的状况在民间持续了很长时间，但在唐宋年

---

* 解光宇，安徽大学中国哲学与安徽思想家研究中心教授、博士生导师，尼山学者。

间，也有少数家族私建祠堂的，如建于唐末的莆田方氏祠堂，建于宋代的休宁黄氏宗祠、程氏宗祠、汪氏宗祠等。这一时期民间所建的祠堂为数不多，其原因可能是受“礼不下庶人”的影响，以及古礼包括祠堂之礼非常繁杂，在民间尚未普及。

到了南宋，朱熹的《家礼》问世，民间建祠才普及开来。朱子的《家礼》不是那种传统意义上的“贵族之礼”，而是通用于整个社会的，更侧重于大众家庭的“庶民之礼”。朱子《家礼》能够普及到平民，这是有历史原因的。因为唐五代以后，特别是唐代儒释道三教鼎立，佛教和道教得到长足发展，佛老思想不仅影响到上层意识形态，也影响到平民大众。如儒家最为重视的丧礼，受到佛教和道教的冲击甚多。因此，儒家不得不放弃“礼不下庶人”的古制，将原属上层社会的儒家礼仪世俗化、平民化，推广至民间。在此之前，司马光即著有《书仪》，为家礼的平民化开了先河。然而《书仪》对古礼的改造颇为有限，故难以深入大众。朱子的《家礼》较之《书仪》，文字简洁，层次分明，易于操作，改变了原来儒家《礼经》文义古奥、仪节繁缛的贵族面孔，成为当时一部最为简明适用的说明“庶民之礼”的文献，故很快便在社会上广泛传播，以至宋元以降，《家礼》成为一般家庭和宗族的治家规范和婚丧嫁娶的行为准则。

在《家礼》中，朱熹将《祠堂》一节置于卷首，足见其重要性。朱子认为，祠堂之所以重要，是“以报本反始之心，尊祖敬宗之意，实有家名分之守，所以开业传世之本也，故特著此冠于篇端，使览者知所以先立乎其大者”①。至于祠堂的位置，朱子也作了说明，“君子将营宫室，先立祠堂于正寝之东”，“正寝谓前堂也”，“为四龛，以奉先世神主”。可见，朱子所说的祠堂还属于家祠，即家庙的民间化，而不是宗族共建的宗祠。宗祠真正的普及是在明清时期。

---

① ［宋］朱熹撰，〔日〕吾妻重二汇校：《朱子家礼宋本汇校·家礼第一》，上海古籍出版社2020年版，第1—2页。

明代,朝廷允许民间兴建祠堂,民间掀起了建造宗祠的热潮。以明代徽州为例,根据弘治《徽州府志》记载,其时徽州的宗祠有 15 座。到了嘉靖年间,根据嘉靖《徽州府志》记载,其时徽州的宗祠由弘治年间的 15 座增至 213 座。从宋明整个徽州宗祠建造发展来看,虽然有些建于宋元时期,但大部分建于明代。到了清代,宗祠已遍及全国城乡各个家族,而且宗祠建造的规模也越来越大。

那么古代的祠堂有什么功能呢?

第一,宗族祭祀祖先的场所。在宗祠里供奉祖先神主(即牌位),存放家族亡故先辈的牌位,定时举行祭祀仪式,被视为维系其血脉传承的象征。

第二,族人聚会、议事、处理宗族事务的场所。

第三,调解族内纠纷、执行族规家法的场所。有的宗族规定族人之间或族人家庭之间发生争执,都要到祠堂中裁决。所以,祠堂在一定意义上又成了调解中心,甚至相当于法院。

第四,修编宗谱、订立家训族规的场所。

第五,举行家族内各种仪式活动的场所。族人冠礼、婚礼、丧礼等基本上都在祠堂进行。

可见,祠堂是神权与族权的统一,宗子(嫡长子)不仅是祠堂的主祭,而且管理祠堂。族内公推德高望重者任族长,以管理全族事务。家族立有族规,要求宗亲共同遵守。其内容多以忠孝节义、遵纪守法、勤俭持家、和睦乡邻为主。对族中优异者,如考中举人、进士、状元者,给予奖赏,对不肖者给予处罚。宗祠还体现家国一体的特征,这不仅是儒家传统的宗法礼制和宗族本身发展的要求,而且还有国家政治的需求,故得到历代统治者的青睐。统治阶级希望建立宗法组织,强化对百姓的控制。如宋太祖以立法的手段,来纠正子孙别财异居的状况,从而恢复以宗子为核心、余子秉命于宗子的宗法组织与制度。宋太宗对宗法组织同样重视，他在出巡中常亲自接见宗族族长，以示关心。此外，宋代一批官僚士大夫热衷于宗法组织，如范仲淹创置范氏义庄，使范氏宗族组织在“天下之崩裂”与“流寇之祸乱”的动荡岁月，能够“绵延不绝、贵盛甲天下”，维护了范氏宗族的兴盛。欧阳修与苏洵分别编写《欧阳氏谱图》和《苏氏族谱》，开宗族修谱之先河。南宋时期，重建民间宗法组织，强化对百姓控制的思想更为流行。朱子顺应这种趋势作《家礼》，认为宗法制度下的家族家庭礼仪，对于人人恪守本分和社会秩序稳定大有益处，是“附于孔子从先进之遗意。诚愿得与同志之士熟讲而勉行之，庶几古人所以修身齐家之道、谨终追远之心犹可以复见，而于国家所以崇化导民之意，亦或有小补云”①。

值得一提的是，朱子《家礼》问世后不久，很快便传到东亚儒教文化圈的朝鲜半岛和日本，并产生了很大的影响。尤其是在朝鲜半岛，朱子《家礼》所产生的影响在许多方面还要超过中国，正如韩国学者卢仁淑所说：“《文公家礼》之流传，在中国所发生之影响，实未若韩国之深远。是书于韩国视若圣经，奉为圭臬。韩国李朝之士大夫始终墨守此书，根据书中之仪礼，以为日常生活之规范。由于普受韩国朝野之重视，当时学术界关于家礼之研究亦风行一时，导致礼学派之形成与发展，遂成显学。”②

韩国于高丽末期就开始设立家庙，士大夫依《文公家礼》的规定，立家庙祭祀祖先。其目的在于“以明奉先之礼，以尽报本之诚”。李朝初期(1394)，朝鲜太祖李成桂下令修建宗庙，用以供奉朝鲜王朝君主和王妃的灵位。位于首尔的宗庙，作为世界最古老的皇家儒教神社，1995 年被列入世界遗产名录。此宗庙在每年 5 月份的第一个星期天举行祭祀朝鲜王朝君主和王妃的儒教仪式——宗庙祭礼。其宗庙祭礼和宗庙祭礼

① ［宋］朱熹撰，〔日〕吾妻重二汇校：《朱子家礼宋本汇校・家礼序》，上海古籍出版社 2020 年版，第 2 页。

② 〔韩〕卢仁淑：《朱子家礼与韩国之礼学》，人民文学出版社 2000 年版，第 100 页。

乐于2001年被联合国教科文组织列入人类非物质文化遗产代表作名录。

李朝初期不仅建立宗庙，政府还以行政命令的方式强制建立家庙。如李朝太祖四年（1396）知事闵由义上《请立家庙疏》："请革蹚洞，立家庙；畜鸡豚，养老病，供祭祀，禁僧寺。"①

李朝太祖六年（1398），谏官《上书十事》中有："一、定都之初，首建宗庙以奉时祀，以荐时物，报本之诚，无所不至。然四时之享，每命大臣以摄行，愿自今除无时荐新之外，四时大享，必须亲祼，以明奉先之礼，以尽报本之诚。二、士大夫家庙之制，已有著令，而专尚浮屠、谄事鬼神，曾不立庙以奉先祀，愿自今刻日立庙，敢有违令，尚循旧弊者，令宪司纠理。"②可见，李朝初重视排佛崇儒和建家庙，其目的在于"以明奉先之礼，以尽报本之诚"，如有士大夫未立家庙，令其速立之，否则由文宪司处理。

目前，韩国的家庙保存比较完好，特别是乡村依然按照《文公家礼》所规定的祠堂和祭祀制度来发挥其功能。韩国的乡村往往是合族而居，家族中大宗的长子谓之宗子，是该族的首领，宗子永远居住在有家庙的老宅子，守护着家庙，主持着各种祭祀礼仪。居住在本村的小宗一般都参与宗子主持的各种祭礼。迁徙到较远地方的小宗，其长子为这一宗的宗子，建家庙，进行常规的祭祀活动，但每年至少回原籍一次参加准宗子的家族祭祀活动。一般小家庭虽没有家庙，但大都在大厅一侧设立一个四龛的神龛，供奉着上四代的牌位，即高祖父（母）、曾祖父（母）、祖父（母）、父母。

韩国的安东，山清水秀，宗祠与书院林立，是儒家文化保存最完好的地区之一，韩国朝鲜时代的著名儒者李滉的故居就在这里。李滉，号退溪，其故居是韩国著名的文化景点，一般称为退溪宗宅。退溪宗宅中家庙的位置即严格按照朱子《家礼》的规定设立，即"君子将营宫室，先立祠

---

①《朝鲜王朝实录·太祖实录》卷八，奎章阁藏本。

②《朝鲜王朝实录·太祖实录》卷一一，奎章阁藏本。

堂于正寝之东”。来拜访的客人，一般在家庙前的亭内，由宗子带领举行祭拜仪式。

韩国乡村家庙祭祀活动比较多，如时祭（四季的节日，现在一般是寒食节和中秋节，含吉祀、祝祭）、朔望参、茶礼、荐新、有事则告、出入必告、主人晨谒等。有几次大的祭祀活动是整个家族都要参加的，即春秋的茶礼和中秋期间的省墓和茶礼，以及重阳节的祭祀。一般小家庭都有忌日祭，即高祖父（母）、曾祖父（母）、祖父（母）、父母的忌日要举行忌日祭祀。祭祀过程需焚香、烧纸钱。烧纸钱是在家庙里和墓祭的祭祀过程中按一定程序进行的，并且是在特制的盆子里，而不是随时随地烧。

笔者还旁观了安东一大户人家的忌日礼。忌日礼是在傍晚举行的，宗子（嫡长子）带领其他次子身着丧服，神情肃穆，将母亲的神主（牌位）从家庙捧出，放到大厅正上方。供桌上摆放很多祭品，大厅四周挂满了赞颂母亲的诗句。宗子主祭，跪拜、读祝、焚祝。在仪式中间，大厅所有的人都退到厅外肃静，并关上门，家人静跪，其目的是请母亲的神灵享用祭品。约一刻钟，宗子轻咳两声，即是告诉母亲的神灵，子孙们要进来了，这就是孔子所说的“祭神如神在”。大厅的仪式毕，宗子带领其他次子将母亲的神主（牌位）从大厅捧出，放到家庙，整个仪式毕。然后宗子及其家人脱下孝衣，招待大家享用供品。

在当代韩国，最重要的节日是中秋节。在中秋节，在外工作和定居的韩国人都要带着妻子回故乡祭祖，并和族人团聚。祭祀在宗子（嫡长子）府上举行，其他兄弟和堂兄弟必须到宗子家参加祭祀。祭祀活动的整个过程由宗子主持。祭祀有家庙祭和墓祭。庙祭的一般程序为：首先，宗子和众弟及子孙们穿着祭服，由宗子带领拜家庙，请神主（牌位）；然后，神主由宗子捧至大厅，在大厅举行祭祀活动，完成一系列祭祀程序。家族的每一位后代，通过中秋节等祭祀活动，明了长子才能主持祭祀，明了自己在小家庭中作为长子的责任和义务，明了必须担负赡养父母、照顾弟妹的责任。更重要的是，通过如中秋之类的祭祀活动，使韩国的青少年受到传统文化的熏陶，让青少年知道自己的祖先、自己的文化传统、自己的精神家园，以及自己应该选择的生活方式。

可见，宗祠文化不仅存在于中国，也存在于韩国以及东南亚。

当前，随着中国经济的腾飞和中华民族的复兴，我们对自身的文化越来越自信。弘扬优秀的传统文化，对于文化建设相当重要。宗祠文化是我国传统文化的一部分，在现代社会，其价值何在呢？

第一，祭祀祖先，慎终追远，报本反始，尊祖敬宗，培养报恩与忠孝之心以及尊老爱幼之心。

第二，从培养爱家爱宗族起，推及爱我中华民族，增强中华民族的凝聚力。

第三，发扬宗族的优秀传统，建构家族的精神家园。推而广之，弘扬中华民族的优秀传统文化，建构中华民族的精神家园。

第四，祠堂还是文化传承的重要场所。

传统中国的乡村可以说是文化的蓄水池，遍布乡村的私塾和书院培养了乡村的文化人，孕育了数千年耕读传家的传统；乡村里的祠堂满足了普通村民的信仰追求，是乡下人的安身立命之地。当今城乡之间的差距，不仅存在于经济上，也有文化和教育上的差距，很多年轻人因此离开乡村，使得乡村空心化。

针对当前农村文化建设迫切需要加强的现象，中国社科院赵法生先生指出"祠堂是传统中国最为普及的信仰场所和文化场所，具有慎终追远和人生礼仪教育的功能，传统中国人的一切人生礼仪，像冠礼、婚礼、丧礼、祭礼都是以祠堂为中心来进行的，所以它非常重要。……现在的乡村儒学讲堂，可以在重建家庭伦理、组建老人互助组织等方面发挥重要作用，在一定程度上起到了传统祠堂的某些作用"，"乡村儒学和宗祠文化并行不悖，并不矛盾”。[①] 赵法生先生多年来从事乡村儒学教育，对农村的情况非常了解。笔者非常赞同他的观点，即宗祠文化与乡村儒学是共融的。从儒学和祠堂关系来看，祠堂是实现儒学功能的一个实践基地，所以二者不仅并行不悖，而且是一体的，并且儒学指导着祠堂的实践。从祠堂传承传统文化来说，有了祠堂，乡村儒学有了传播的场所；而乡村儒学以祠堂作为载体，更能体现祠堂在传承传统文化中的地位，在当代农村文化建设中更能发挥其现代价值。

总之，宗祠的设立有利于社会的稳定。

参考文献

［宋］朱熹撰，〔日〕吾妻重二汇校：《朱子家礼宋本汇校》，上海古籍出版社 2020 年版。

〔韩〕卢仁淑：《朱子家礼与韩国之礼学》，人民文学出版社 2000 年版。

（编辑　陈希丰）

① 参见赵法生：《乡村儒学的缘起与意义》，全球未来论坛微信群，2015 年 12 月 30 日。

“和”的正义根基:以《国语》为中心*

吴宝麟**

摘要:《国语》中倡导的“和”的理念,既在天人关系的超越性中展开,也寄寓在具体的宗法礼制和社会机制之上。它涵盖了天(神)与人之间的和谐,君王与百官之间的协调合作,以及民众之间的和睦等多重含义。“和”被视为宇宙的理想状态,其终极依据源自天之“明”。维护“和”是君王的首要责任,因此,“和”也蕴含了对王权合法性的深思。实现“和”的具体措施包括采纳忠言、推崇雅乐、精确执行礼仪以促进整体的协同合作、遵守农时以确保民性的敦厚和坚实的经济基础、实施公平的利益分配、反对无谓的战争,以及宽仁待民等。王官本身必须追求“精和”、保持内心纯粹,以协调外界的多样性,实现“万物丰长而归”“和乐如一”,从而让百姓产生精神上的认同和喜悦。“和”意味着王官的无限责任和全面的制度保障。同时,心和秩序并行的论证思路,也暗含“圣人天生”的预设。

关键词:《国语》 周王官 和 义 惠

---

* 本文系国家社科基金青年项目“春秋史官哲学的多元通和传统研究”(项目批准号:21CZX028)阶段性成果。

** 吴宝麟,中央民族大学哲学与宗教学学院讲师,主要从事先秦哲学、易学、出土文献研究。

引言：和同顺义

《老子》阐述了万物皆遵循“冲气以为和”(第42章)的原理，即通过不同气态间的相对作用、交流、冲击和交换，达到一种虚空而灵动的和谐状态。《论语·学而》中提到“礼之用，和为贵”，强调人伦秩序的协调，同时指出不应盲目追求和谐，而应以礼节为准则，对和谐本身设定基本的界限。这两种深具代表性的思想，与两周时期周王室及诸侯国王官的观念有着内在的联系。①

《国语·周语下》记载了周灵王二十二年(前550)谷水与洛水交汇引发的灾害。周灵王计划筑坝以阻止水患，太子晋则提出批评，认为他不应强行阻塞河流，而应顺应天地之气的流动。太子晋引用古代历史，指出历史上亡国之君往往“不帅天地之度，不顺四时之序，不度民神之义，不仪生物之则”②，即不遵循天地的法则、季节的更替、人神的伦理以及万物的规律。相反，“度于天地而顺于时动，和于民神而仪于物则”，即应顺应天地的法则和时势行动，谐和民众与神灵，并遵循万物的规律，从而获得高尚的名声和辉煌的结局，为各姓氏赋予恰当的名称，并随之带来美誉。在这里，“和”既指顺应天地四时的秩序和自然条件，也指“和民”，即实现民众之间的和谐团结。太子晋将这两方面视为治国的基本原则。

“和民”一词表示社会的和谐与非战争状态。据《周语中》记载，在鲁成公十六年(前575)，晋厉公发兵攻打郑国，楚国出兵援助郑国，晋楚两军在鄢地交战，最终晋国获胜。晋国随后派遣卿士郤至(温季)前往周王

---

① 朱伯崑曾在《儒家文化与和谐主义》一文中论述儒家自先秦至近现代关于“和谐”的讨论。载氏著：《朱伯崑论著》，沈阳出版社1998年版，第151—159页。钱耕森在《史伯论“和合”“和生”“和同”》一文中认为“‘和’是生成万物的本原”，载于《衡水学院学报》2016年第6期，第52—53、57页。本文认为史伯论“和实生物”，强调“和”是一种关系、原理或结构。本文的重点在于讨论老子、孔子之前，周王室及各诸侯国王官及精英关于“和”的思考，尤其关注天人关系、政治哲学及其制度体现、论证方法、思维方式等方面。

② 徐元诰撰，王树民、沈长云点校：《国语集解》(修订本)，中华书局2002年版，第98页。

处报告胜利的喜讯。对此，单襄公对郤至的自夸行为提出了批评，他强调君子不应独享战功，因为这会遮蔽他人的才华，并可能引起强烈的反对。人的本性中存在超越他人的欲望，正因如此，君子更应推崇礼让，以确保无人敢凌驾于他人之上。应以恩惠相待民众，绝不能以高人一等的态度对待他们。温文尔雅的君子应以礼求福，地位相等的人之间更应相互礼让。而作为君王，更应主动了解民众的意愿，安抚民心，这样才能获得庇护，并确保长期的福祉。郤至在其国家中地位仅在七人之下，却仍想超越他们，这已经引起了周围人的怨恨；若继续如此，他将无法应对可能出现的挑战。战争的胜败受多种客观因素影响，并非仅由单一因素决定。单襄公持有明确的价值观，他认为无论是在战争还是和平时期，都应遵循正义的原则：

> 佻天不祥，乘人不义。不祥则天弃之，不义则民叛之。且郤至何三伐之有？夫仁、礼、勇，皆义之为也。以义死用谓之勇，奉义顺则谓之礼，畜义丰功谓之仁。奸仁为佻，奸礼为羞，奸勇为贼。夫战，尽敌为上。守和同，顺义为上。故制戎以果毅，制朝以序成。叛战而擅舍郑君，贼也。弃毅行容，羞也。叛国即仇，佻也。有三奸以求替其上，远于得政矣。[①]

他坚信晋国之所以能战胜楚国，是因为天意厌弃楚国，而用晋国来警戒楚国。然而郤至却窃取了天意的功绩，将其归功于自己。窃取天意的功绩是不道德的，超越他人是不正当的；不道德的行为将遭到天意的抛弃，不正义的行为则会导致人民的背离。此外，郤至所提及的勇、礼、仁，都是正义的具体原则和实践行为。为了正义而舍生取义是勇，践行正义的原则是礼，积累并弘扬正义是仁。破坏仁义是偷窃，违背礼节会

① 徐元诰撰，王树民、沈长云点校：《国语集解》（修订本），中华书局2002年版，第75—76页。

招致羞耻，破坏勇与德则是背叛。在战争中，应以消灭敌人为目标；而在不战时，应维护和平并遵循正义的原则。因此，在制服敌军时应表现出果敢和坚毅，在朝廷中则应遵守爵位的次序。擅自释放郑君是背叛，无勇而向郑君行礼是羞耻，背叛国家而与敌国亲近则是偷窃。由此可见，郤至距离执掌朝政还很遥远。此处“和同”指的是非战争状态下的和平与团结。无论是战争还是和平，都应坚守正义的底线，不能屈服于强权逻辑，或随意践踏生命和尊严。

“和”既是一种共同体的价值理想，又并非绝对且无条件的。它必须受到其他价值准则的制约，或是为了实现一个被普遍认同的目标。周王官亲自履行各种政治职责，具备不同的知识背景和实践经验。本文广泛搜集了《国语》论“和”的资料，并从“和”的超越性基础，“和”在周代礼乐社会中的认识基础，“和”的经济生产基础、公平分配基础、修养论基础以及理想境界等多个方面，详细阐述了“和”的内涵、合理性依据以及现实支撑。

一、“和”，源自天之“明”

《郑语》记载，郑桓公（周宣王之弟，名友）在周宣王统治时期被封于郑。随后，在周幽王八年，他被任命为司徒。郑桓公与周宣王的臣子史伯有过一次深入的对话。在这次交流中，史伯回顾了王室经历的诸多艰难岁月。郑桓公询问史伯：“周其弊乎？”[①]史伯以“和”为论据，断言周朝“殆于必弊者也”[②]。他说道：

> 《泰誓》曰：“民之所欲，天必从之。”今王弃高明昭显，而好谗

① 徐元诰撰，王树民、沈长云点校：《国语集解》（修订本），中华书局 2002 年版，第 470 页。
② 同上。

> 慝暗昧,恶角犀丰盈,而近顽童穷固,去和而取同。夫和实生物,同则不继。以他平他谓之和,故能丰长而物归之;若以同裨同,尽乃弃矣。①

史伯先援引《尚书·泰誓》中的论述,认为“和”是民众所向往的,天意亦会顺应大众的愿望。然而,君王却逆流而行,摒弃了具有高尚德行的臣子,反而偏爱那些进献谗言、行为不端的小人;他厌恶那些外表端庄、面相饱满的贤者,却亲近那些愚昧和卑微之人;他舍弃了“和”的原则,专注于追求“同”。钱耕森认为这是“‘和’文化史上的第一个定义”,并总结史伯的论据:一是“具有多元的他”;二是“两个他、多元的他互动时不能是一方取代另一方,而应该在努力达到‘平衡’‘和谐’时,才能产生出新事物”。②

上述内容所涉及的“和”的概念,包括其多样性、互补性以及创造性,已成为学术界的普遍共识。我们接下来要探讨的几个关键点是:第一,所谓“多元的他”,具体而言,每个实体都不可避免地要与异质的“他者”共存,至少存在两种不同的状态,而这些状态的总数是无限的。第二,史伯将“和”视为王权合法性的基础,这一观点蕴含着对王权的深刻批判。他从多样性的协调是维持万物持续存在之基础的原则出发,推断出在政治领域,不同的力量之间应保持适度的张力和相互制衡,以确保社群的稳定与进步。任何个体的存在与发展,都不应建立在消除或否定他者生存与发展的基础之上。即便是王,作为万物中的一员,也不能违背这一原则,不能独断专行,否则将遭到万物(即民众)的抛弃。这正是以“和”的普遍原则来限制王权。第三,史伯不仅界定了“和”与“同”的含义,还阐明了这两种状态各自的作用与后果。他通过“生物”“丰长而归之”的

① 徐元诰撰,王树民、沈长云点校:《国语集解》(修订本),中华书局2002年版,第470页。
② 钱耕森:《史伯论“和合”“和生”“和同”》,《衡水学院学报》2016年第6期。

积极效果,来说服幽王采纳“和”的原则,“和”能够促进万物(即百姓)的生长与繁荣,并使他们归顺、认同王权。第四,史伯指出了“和”在养育人民、处理政事方面的具体应用,强调整个宇宙都应朝着“务和同”的目标前进。这些具体应用和目标,即:

> 故先王以土与金木水火杂,以成百物。是以和五味以调口,刚四支以卫体,和六律以聪耳,正七体以役心,平八索以成人,建九纪以立纯德,合十数以训百体。出千品,具万方,计亿事,材兆物,收经入,行姟极。……于是乎先王聘后于异姓,求财于有方,择臣取谏工,而讲以多物,务和同也。声一无听,色一无文,味一无果,物一不讲。王将弃是类也,而与剸同,天夺之明,欲无弊,得乎?①

古代君王通过五行相生相克的原理,创造了丰富多彩的世界。他们运用五种基本味道来调养味觉,锻炼四肢以强健身体,调和六律以达到音律的和谐悦耳,从而培养敏锐的听觉。他们还引导七窍的功能,使其听从心灵的指引,利用八卦所代表的八种身体部位的相互协调,以成就人体的完整。通过建立九种法则来处理政务,维护了纯正的德行,并通过团结各级官员,指导他们各自的职责。此外,先王还确立了官员的等级制度和下属人数,处理了无数的事务,裁决了无数的案件,征收了十分之一的税收,并推行了无数的标准,以适应万物的实际情况。

另外,先王还通过迎娶异姓王后、向四方寻求财货,并在群臣中选拔出负责进谏的官员,以协调万事万物,这都是为了追求“和谐统一”。史伯还从反面阐述了违背“和谐”原则的后果:如果音调完全相同,则无法

① 徐元诰撰,王树民、沈长云点校:《国语集解》(修订本),中华书局2002年版,第470—473页。

形成音乐的和谐;如果颜色完全一致,则无法构成美丽的图案;如果味道单一,则食物的口感不佳;如果事物完全相同,则无法进行比较和研究;违背“和谐”,事物将无法持续存在,也不会产生新的认知。

第五,史伯提出“和”不仅是一种探究事物普遍规律的思维模式和智慧的洞察力,且其哲学基础根植于“天”。维护“和”实际上是周王履行天命的关键要素之一。“和”既代表了一种理想状态,也体现了人们认识这种理想状态的“明智”,并能用以引导政治生活。君主应当遵循“和”而摒弃“同”,消除对事物认识的偏颇和盲点,通过接受建议和自我反省,对事物进行客观的衡量和比较,以此来巩固周朝的统治。若坚持独裁、忽视谏言,天命所赋予的明智将会丧失,周朝的国运也将走向衰败。

史伯从对现实政治的批判出发,上升到对宇宙普遍原则的探讨,再从普遍性回归到实现“和”与“同”的具体策略;随后又回到批判和反思的现实起点,再次向君主发出警示。这种循环往复、正反辩证的论证方式,体现了史伯对感觉经验的重视,以及外在客观现实对人的感官能力、认知和心性的塑造作用。“和”还蕴含着主体心灵的审美体验(如音乐、色彩等)。它并非简单的事物拼凑或累加,而是要形成一种真实的关系、建立一种价值秩序,并在社会机制中得到体现。这表明,在整体之中,每个部分都应遵循自身的法则,而君主首先受到“和”的约束。

二、声乐“和平”与“和”的认知基础

史伯提出“和六律以聪耳”,从音乐律制的角度阐述了“和谐”这一普遍原则。他将声音和乐音的丰富性与和谐性引申为政治原则,这体现了周代礼乐文明的显著特征之一。[①]《说文解字》载:“和,相应也。从口,

---

① 笔者另有专文论述:《“和”“平”:乐律的终极追求与生命关怀》,载陈致主编:《饶宗颐国学院院刊》第十一期,中华书局(香港)有限公司2024年版,第47—76页。

禾声。"[①]即不同声音的相互呼应，进而又引申为大众意见的协调与融合。《周语上》记载了周厉王试图"弭谤"，即通过暴力手段严厉压制批评声音。然而，邵公极力劝谏，警告厉王必须反思这种做法，以免因堵塞言路而导致矛盾激化，最终无法调和：

> 是障之也。防民之口，甚于防川。川壅而溃，伤人必多。民亦如之。是故为川者决之使导，为民者宣之使言。故天子听政，使公卿至于列士献诗，瞽献曲，史献书，师箴，瞍赋，蒙诵，百工谏，庶人传语，近臣尽规，亲戚补察，瞽史教诲，耆艾修之，而后王斟酌焉，是以事行而不悖。民之有口也，犹土之有山川也，财用于是乎出。犹其有原隰衍沃也，衣食于是乎生。口之宣言也，善败于是乎兴。行善而备败，其所以阜财用衣食者也。夫民虑之于心而宣之于口，成而行之，胡可壅也！若壅其口，其与能几何？[②]

王负有维护进言渠道畅通的责任，以便洞察民众议论中所反映的社会政治真相；确保公卿、列士、瞽史、师、瞍、蒙、百工、庶人等各阶层能够相互补充、综合上报各种情况。王则亲自审慎权衡，实现"和"人言。所谓"口之宣言"，宣即宣导，而非阻塞或拥堵，意味着合理、顺畅地表达意见，正如引导河流之水以避免堵塞和泛滥，这既是对自然现象的尊重，也能防止对众人的伤害。从深思熟虑到公开表达，人们对社会现实和自身命运感到忧虑、思考和关怀，将内心的思考转化为言语、行动，这是人类正常的认知过程和合理需求。邵公指出，《诗经》的创作与纳谏制度之间存在着紧密的联系，这也与孔子所说的"兴观群怨"中的"怨"相呼应。"怨愤"表面上是情绪的呼喊，实际上蕴含着忧患现实、哲学思考和社会

① 许慎撰，徐铉校定：《说文解字》，中华书局2013年版，第32页上。
② 徐元诰撰，王树民、沈长云点校：《国语集解》（修订本），中华书局2002年版，第11—13页。

批判的深刻内容。能够深入理解“怨”的本质,就是在实践“和”之“天明”。

在《左传》昭公二十年中,晏婴曾通过音乐来阐述“和”与“同”的差异,他用和谐、平和来导正君王的心性修养,并为纳谏制度提供了经验和类比论证:

> 和如羹焉,水火醯醢盐梅,以烹鱼肉,燀之以薪,宰夫和之,齐之以味,济其不及,以泄其过。君子食之,以平其心。君臣亦然,君所谓可,而有否焉,臣献其否,以成其可;君所谓否,而有可焉,臣献其可,以去其否,是以政平而不干,民无争心。故《诗》曰:“亦有和羹,既戒既平,鬷嘏无言,时靡有争。”先王之济五味、和五声也,以平其心、成其政也。声亦如味,一气,二体,三类,四物,五声,六律,七音,八风,九歌,以相成也。清浊、大小、短长、疾徐、哀乐、刚柔、迟速、高下、出入、周疏,以相济也。君子听之,以平其心,心平,德和。故《诗》曰:“德音不瑕。”今据不然,君所谓可,据亦曰可;君所谓否,据亦曰否。若以水济水,谁能食之?若琴瑟之专壹,谁能听之?同之不可也,如是。①

晏婴通过列举美味、人言、声乐等,分别对应味觉、思维、听觉等方面,阐释了“和”是建立在对立与差异之上的。这并非一种放弃原则的“调和论”,而是温和地强调:通过“和”与“平”可以减少单一化带来的弊端和缺陷,意见和观点的差异与对立有助于避免片面性。他援引《诗经·商颂·烈祖》和《豳风·狼跋》来阐述,调和各种元素能够避免剧烈的冲突,导向和平与宁静。晏婴认为,雅乐的平和特性与纳谏的好处可

① 杜预注,孔颖达疏:《春秋左传正义》卷四九“昭公二十年”,清嘉庆刊阮元校刻《十三经注疏》本,中华书局 2009 年版,第 4546—4549 页。

以相互比拟。君王的和平修养是纳谏的基础之一，通过雅乐的熏陶，使其身心达到协调与和平，变得广博和包容。君王以身作则，广开言路，允许不同的声音并存，从而疏导争议。这一点将在后文中进一步展开。

晏婴与史伯均重视从正反两方面进行论证，并且强调经验世界的和谐对人的内在精神安宁的培养和促进作用。例如，味道的调和能产生丰富而平衡的味觉体验，五声的协调则带来和平而互补的听觉感受。通过视觉、听觉、嗅觉和味觉等感官系统，可以塑造心灵的德性。此外，值得注意的是，第一，晏婴在对话中所展现的音乐素养之高，不仅涉及了音乐的数理机制，还包括了乐曲的结构和音乐审美体验。他使用一至十的数字来概括音乐生成的原理，[①]接着总结了十对互补的范畴来分析乐曲的特点[②]，旨在揭示自我中心和单一视角的局限性。第二，他主张和谐、平衡和全面是政治治理之“德”的核心特质。

王官不仅重视经验世界对心灵的涵养，还致力于通过礼制中某个局部规范的客观化、确定化，来促进整体和谐。《周语中》记载，晋景公獳派遣晋国正卿随会（士季武子）朝聘于周，周定王用装在俎和豆中的菜肴宴享他，随会对将食物切割的礼仪表示不解，定王解释了不同礼仪对应的具体做法。他说：宴享亲戚之菜肴，就是需要在案板上切割的，这是为了

---

① “一气”指声音、音乐皆由天地之气而发。“五声”指宫商角徵羽的用音结构。“六律”代指十二律的标准音高系统，分为阴阳两组，阳律六：黄钟、太簇、姑洗、蕤宾、夷则、亡射；阴律六：大吕、夹钟、中吕、林钟、南吕、应钟。“七音”指五音结构基础上加上变宫、变徵两音。“八风”指八方之风［王引之认为“风”即“音”，故八风即八音，参氏著：《经义述闻（三）》，虞思徵等校点，上海古籍出版社 2017 年版，第 1078—1079 页。但笔者认为《国语》的韦昭注解释了八音与八方之风在宇宙观中的联系，参拙文《“和”“平”：乐律的终极追求与生命关怀》］。根据杜预注，“二体”指文、武；“三类”指风、雅、颂；“四物”指“杂用四方之物以成器”。参杨伯峻编著：《春秋左传注》（修订本），中华书局 1990 年版，第四册，第 1420 页。“九歌”，黄翔鹏认为九声音列。参氏著：《“唯九歌、八风、七音、六律，以奉五声”——〈乐问——中国传统音乐百题〉之八》，《中央音乐学院学报》1992 年第 2 期。

② 这十对范畴对应“音律有清浊（高低）之分；音的强弱有大小之分；音值有长短之分；音的弹奏速度有疾徐之分；音乐的表现有哀乐、刚柔之分；音乐的节奏有迟速之分；音乐的立意有高下之分；音乐的表达有出入之分；音乐的节奏、结构由周疏之分”。参见范煜梅：《琴与诗书同行》，四川教育出版社 2010 年版，第 14 页。按，笔者疑“出入”指旋律的曲折变化。《韩非子·扬权》有“道不同于万物，德不同于阴阳，衡不同于轻重，绳不同于出入，和不同于燥湿，君不同于群臣。凡此六者，道之出也”。

表明周晋和好之心意。礼仪必须分寸得当——“文章比象,周旋序顺,容貌有崇,威仪有则”①,礼服上的文饰华章对应特定物象以感召之,礼仪动作有固定顺序,面容体貌要有所装饰,威仪则依循具体法则,才能真正对身心起到实际影响。“五味实气,五色精心,五声昭德,五义纪宜,饮食可飨,和同可观,财用可嘉,则顺而德建。古之善礼者,将焉用全烝?”②五味调合可充实身体之气,五色相配可使内心精纯,五声和平之乐可昭明德性,五义可成为普遍准则(父义、母慈、兄友、弟恭、子孝),菜肴饮食可供宴享,社会不同观念相互补充可使人心团结,财务盛多就能建立善德。所以善于安排具体礼则,能恰切表示心意。

《考工记》说“画缋之事,杂五色”,“青与白相次也,赤与黑相次也,玄与黄相次也。青与赤谓之文,赤与白谓之章,白与黑谓之黼,黑与青谓之黻。五采备谓之绣”③。这表明,在特定的风俗习惯和共同认知的基础上,礼制的细节可以被精心打磨,以优雅而准确的方式传达情感,避免任何混乱。同时,这也揭示了在某些特定场合,多样性需要通过明确、客观的规则和专业的技能来确保,以便精确地构建伦理关系。规则的明确性、技术的精湛以及数量的确定性,都有助于实现具体的和谐,进而促进整体的和谐。

三、协风兴农:“和”的生产基础

“和”的诉求,“是同中国古代农业社会追求风调雨顺以及家庭制度要求和睦的生活环境分不开的”,“但它提示了人类生存真理的一个方面,有其永恒的价值”。④《周语上》记载,周宣王即位后急切地寻求征

① 徐元诰撰,王树民、沈长云点校:《国语集解》(修订本),中华书局 2002 年版,第 60 页。
② 同上书,第 60—61 页。
③ 郑玄注,贾公彦疏:《周礼注疏》,中华书局 2010 年版,第 1605—1606 页。
④ 朱伯崑:《朱伯崑论著》,沈阳出版社 1998 年版,第 157—158 页。

战,意图废除立春时节的籍田礼,遭到了虢文公的劝阻和告诫。虢文公提到了古代先王的农祀仪式,强调从祭祀前的准备、有序的执行、百官的协作,到君王遵循太史的指示,都应顺应自然时序的变化,观测“阳气”“风气”“土气”。只有顺应时令务农,才能促进民众的性情和厚。《郑语》中史伯说古时“虞幕能听协风,以成物乐生者也”[①],虞幕是舜的后人虞思,他能够通过观察和风,顺应时令之气的变化,从而促进万物的化育,并确立了乐律的标准,创造了音乐。“协风”即“和风”,指的是春季自然界中融洽、和谐的风。[②] 虢文公认为保障农事是民众和谐的物质基础:

> 夫民之大事在农,上帝之粢盛于是乎出,民之蕃庶于是乎生,事之供给于是乎在,和协辑睦于是乎兴,财用蕃殖于是乎始,敦庞纯固于是乎成,是故稷为大官。[③]

农业是人民最为重要的事务,它支撑着对上帝的献祭、人民的生计以及各种供给。韦昭注:“协,合也。辑,聚也。睦,亲也。”“敦,厚也;庞,大也。”[④]农业是维系人民团结、促进友好交往的坚实基础,它不仅滋养了人们淳朴、宽厚、慷慨和稳定的性格,还保障了社区的凝聚力。因此,在古代,负责农业的官员后稷占据了极其重要的地位。同样,社会道德和谐并不仅仅源于道德本身,它还受到其他社会因素的影响。如果君王能够严格遵循农业生产的规律,并亲自参与举行籍田礼,这将极大地提升民众对农业的重视,并激励他们勤勉地从事农事活动:

① 徐元诰撰,王树民、沈长云点校:《国语集解》(修订本),中华书局 2002 年版,第 466 页。按,“乐生”应为“生乐”,即生成音律标准,从而创作音乐。

② 韦昭注:“协,和也。风气和,时候至也。立春曰融风也。”徐元诰引惠栋等人的考证:“惠栋曰:许叔重云:‘劦,同力也。’引《山海经》‘惟号之山,其风若劦’。郭本《山海经》作‘飈’,即此。和风为劦,同力为和。陈瑑曰:‘协风即调风也。条之言调也,调即融,融即和,和即协。’”参见徐元诰撰,王树民、沈长云点校:《国语集解》(修订本),第 17 页。

③ 同上书,第 15—16 页。

④ 同上书,第 16 页。

> 民用莫不震动,恪恭于农,修其疆畔,日服其镈,不解于时,财用不乏,民用和同。是时也,王事惟农是务,无有求利于其官,以干农功。三时务农,而一时讲武,故征则有威,守则有财。若是,乃能媚于神,而和于民矣,则享祀时至而布施优裕也。[①]

人民无不因此而内心震撼,充满敬畏,恪守农耕的本分,修整农田,勤勉使用锄具,对待农时不敢有丝毫懈怠。唯有如此,社会财富才得以丰盈,人民才能和谐共处。因此,王必须全心致力于稳定农业,不可随意征召民众从事繁重的兵役,以免干扰农事。在一年四季中,必须确保有三个季节专注于农事,剩余一个季节可用于必要的军事活动。这样,征战才能拥有威信,保卫国土才能拥有充足的资源。如此,神明将感到喜悦,民众将和谐相处,到了祭祀的时刻,神明的赐福将丰盛而慷慨。此处再次强调,王权亦需遵循农业的规律,社会关系的和谐依赖有序的农业和经济安排,尤其取决于王权的合理调控和对权力(特别是用兵)的适度控制。

农时的客观性依赖于“顺时覛土”[②]的原则,即通过观察土气和风气来顺应自然的天时节律变化。宇宙自然的“气”(天)遵循不变的规则,不因人的意志(王)而改变,因此人们必须遵循自然的时序。太史的工作不仅限于关注土气的变化,还必须密切监视天象:

> 农祥晨正,日月底于天庙,土乃脉发。[③]

“农祥”指的是房星,“晨正”则描述的是立春之日,晨星在正午时分位于天空中央,与此同时,太阳与月亮运行至营室的位置。这一现象被

① 徐元诰撰,王树民、沈长云点校:《国语集解》(修订本),中华书局 2002 年版,第 21 页。
② 同上书,第 16 页。
③ 同上。

视为大地之气即将活跃、农业活动即将开始的天象预兆。太史在籍田礼的前九天，便向后稷——负责农业的官员传达信息：从现在直至二月初一，“阳气俱蒸，土膏其动”①，意味着阳气上升，土地得到滋润而开始活动；反之，如果“弗震弗渝，脉其满眚，谷乃不殖”②，即土地若不经历震动和疏浚，阳气就会充满并堵塞，导致灾害发生，谷物将无法生长。因此，太史带领春官们告诫农官“王其祇祓，监农不易”③，意即君王必须心怀敬畏，进行斋戒以净化心灵，监督农业生产，不可忽视物产与土地的自然规律。在立春前五日，盲人乐官“瞽”持续进行观测，并向农官报告“有协风至”④。“协风”同样是农业时令的重要依据。直至立春当天，瞽依然在进行观察：

> 是日也，瞽帅音官以省风土。
>
> 韦昭注：音官，乐官。风土，以音律省土风，风气和则土气养也。⑤

乐官利用经过音高（长度）校准的律管，观察土地的风气是否适宜。若风气和谐，土壤之气便能滋养谷物。后稷与乐官携手合作，告诫百官农事要遵守的纪律：

> 稷则遍诫百姓，纪农协功，曰：“阴阳分布，震雷出滞。”土不备垦，辟在司寇。乃命其旅曰：“徇。”

① 王引之以“渝”为“输”，本文从之。徐元诰撰，王树民、沈长云点校：《国语集解》（修订本），中华书局2002年版，第17页。
② 徐元诰撰，王树民、沈长云点校：《国语集解》（修订本），第17页。
③ 同上。
④ 同上。
⑤ 同上书，第19页。

廪于籍东南,钟而藏之,而时布之。[1]

后稷指出:“阴阳二气平分,昼夜等同,雷电震动,蛰虫也会出动。”若此时未能开垦土地,责任将由司寇承担。因此,后稷下令众人举行籍田礼。从农师至太史、王,各级人员依次行礼。随后,在籍田礼的东南方建立粮仓。东南方象征着生长之地,在此聚集并储存祭品,以备将来陈列和使用。

籍田礼开始前九天直至立春之日,太史、太师(总乐官)、瞽(盲人乐官)、后稷以及各级农官、司徒、公卿、百吏、庶民、农大夫、牺人、膳夫、司空、太保、宗伯等官员需相互协作、监督,并引导和协助王共同完成。整个过程包括瞽史观测天时、王与百官和谐举行典礼,直至人民同心协力。农事的和谐首先取决于王官的责任感和社会机制的完善。

四、“和惠”:“和”的公平分配基础

周王官在推动社群和谐的过程中,不仅着眼于生产环节,还兼顾了社会财富的合理分配。他们通过建立公正和均衡的分配机制来调整不同群体的利益,从而促进社会关系的和谐与顺畅。这一点体现在两个主要方面:首先是反对“专利”制度,其次是强调“惠民”政策。关于前者,《周语上》记载了周厉王时期,荣夷公热衷于独占利益,导致国人(即贵族阶层)无法从中受益。芮良夫指出,这种“专利”的做法预示着王室的衰落。他说:“夫荣夷公好专利而不知大难。夫利,百物之所生也,天地之所载也,而或专之。其害多矣。天地百物,皆将取焉,胡可专也。所怒甚多,而不备大难,以是教王,王能久乎?夫王人者,将导利而布之上下者

① 徐元诰撰,王树民、沈长云点校:《国语集解》(修订本),中华书局2002年版,第20页。

也,使神人百物无不得其极,犹日怵惕,惧怨之来也。”[①]关于这一点,学界已有许多论述。刘泽华等学者曾指出芮良夫此言的政治哲学意义:“指明在自然财富面前应该是权利平等的,谁也不能垄断”,并且“把王视为一个政治范畴”,“王遂成为一个认识的对象,‘王’从一个一个的具体的王中逐渐抽象出来,成为‘王’的一般”,“给王的存在制造一个更为普遍的理论根据,但同时也为批评某个具体王开辟了道路”。[②] 芮良夫批评“专利”,一是依据抽象的“王”的责任,二是根据“和”这个抽象范畴在物质分配环节的具体展现。

我们重点论述“惠民”。《说文解字》说:“惠,仁也。”[③]《论语·公冶长》说:“其养民也惠。”[④]《孟子》说:“分人以财谓之惠。”[⑤]“惠”这一概念本身蕴含着慈爱与亲爱之意,与仁相似,都体现了对人的关怀、问候与思念;然而,“惠”更强调的是实质性的给予和恩赐。《国语》多次强调“和民”必须建立在“惠民”的基础之上,即要求王官积极地分配财物,向民众施以恩惠、带来利益。《周语上》记载了周惠王十五年(鲁庄公三十二年),莘国出现了神灵的征兆。对此,惠王向周大夫内史过(负责管理爵位俸禄的安置、册命与废除的官员)询问:“神灵是否原本就存在于莘国?”内史过回答:

> 有之。国之将兴,其君齐明衷正,精洁惠和,其德足以昭其馨香,其惠足以同其民人。神飨而民听,民神无怨,故明神降之,观其政德,而均布福焉。国之将亡,其君贪冒辟邪,淫佚荒怠,粗秽暴虐。其政腥臊,馨香不登,其刑矫诬,百姓携贰。明神不蠲,而民有

① 徐元诰撰,王树民、沈长云点校:《国语集解》(修订本),中华书局2002年版,第13—14页。
② 刘泽华:《中国政治思想通史(先秦卷)》,中国人民大学出版社2014年版,第53页。
③ 许慎撰,徐铉校定:《说文解字》,中华书局2013年版,第84页上。
④ 刘宝楠撰,高流水点校:《论语正义》,中华书局1990年版,第188页。
⑤ 李学勤主编:《孟子注疏》,北京大学出版社1999年版,第147页。

远志,民神怨痛,无所依怀,故神亦往焉,观其苛慝,而降之祸。[1]

他深信神明自古便存在于莘国。当国家繁荣昌盛时,君主光明磊落、公正无私、纯洁无瑕、仁爱和谐,其高尚的德行足以向天散发出芬芳,让神明闻之而喜悦;其慷慨的恩泽足以使人民团结一心。神明享受着君主德行的香气,人民顺从,因此无论是百姓还是神明,都无怨无悔,光辉的神灵便会降临,审视国政,广施福祉。夏、商、周三代的历史都证实了国家的兴衰与神明的启示之间存在着对应关系。相反,如果君主贪婪、邪恶、放纵、懒惰、粗鲁、污秽、暴虐,那么国家必将走向灭亡。这样的统治将散发出恶臭,无法向天上传递芬芳;刑罚和政令狡诈不公,导致百姓背离、神明不悦,民众和神明都充满怨恨和责难,无处安身。因此,神明也会离开这个国家,以混乱和灾难作为惩罚。他两次提及“惠”,强调作为最高权力象征的君王,必须实践仁爱、施惠于人。爱民如子、团结民众的口号不能只是空谈,而应体现在公平合理的利益分配上。

“惠和”在《周语》《鲁语》中不断被强调。周定王八年,定王派遣刘康公去鲁国朝聘,返回后,刘康公从为君和为臣两个角度,论证惠爱他人、俭朴收敛对于“和民”的重要性:

为臣必臣,为君必君。宽肃宣惠,君也。敬恪恭俭,臣也。宽所以保本也,肃所以济时也,宣所以施教也,惠所以和民也。本有保则必固,时动而济,则无败功,教施而宣则遍,惠以和民则阜。若本固而功成,施遍而民阜,乃可以长保民矣,其何事不彻?敬所以承命也,恪所以守业也,恭所以给事也,俭所以足用也。以敬承命则不违,以恪守业则不懈,以恭给事则宽于死,以俭足用则远于忧。

① 徐元诰撰,王树民、沈长云点校:《国语集解》(修订本),中华书局2002年版,第28—29页。

> 若承命不违,守业不懈,宽于死而远于忧,则可以上下无隙矣,其何任不堪?上任事而彻,下能堪其任,其所以为令闻长世也。今夫二子者俭,其能足用矣,用足则族可以庇。二子者侈,侈则不恤匮,匮而不恤,忧必及之,若是,则必广其身。且夫人臣而侈,国家弗堪,亡之道也。①

君臣各自肩负着必须坚守的基本原则。作为君主,应当展现出宽容、严正、广博和慈爱的品质。宽容能够赢得人心,从而巩固国家的根基;严正则有助于成功并避免失败;广博使得教化得以广泛传播;而慈爱则能促进民众之间的和谐与富足。至于臣子,他们应当保持敬重、谨慎、恭敬和节俭的态度。持之以敬可以确保任务的完成;谨慎有助于维护基业,防止懈怠;恭敬有礼则能承担职责,避免灾难;节俭则确保财用充裕,避免匮乏。如此一来,君臣之间没有隔阂,同心协力,便能享有长久的美名。季文子和孟献子都以节俭著称,因此他们的财用充足,不需过度征税于民,百姓因此感到满意,宗族也得以庇护。相反,叔孙宣子和东门子家奢侈无度、不知节制,不体恤百姓的困苦,这必将招致祸患;如此奢侈,国家将难以承受,最终导致灭亡。

另一例记载于《周语下》。晋悼公(惠伯谈之子)前往周朝侍奉单襄公,单襄公认为晋悼公具备"惠和"的品质:

> 立无跛,视无还,听无耸,言无远。言敬必及天,言忠必反意,言信必及身,言仁必及人,言义必及利,言智必及事,言勇必及制,言教必及辩,言孝必及神,言惠必及和,言让必及敌。晋国有忧,未尝不戚;有庆,未尝不怡。襄公有疾,召顷公而告之,曰:"必善晋周,周将得晋国。其行也文,能文则得天地,天地所祚,小而后国。

① 徐元诰撰,王树民、沈长云点校:《国语集解》(修订本),中华书局2002年版,第69—70页。

> 夫敬,文之恭也。忠,文之实也。信,文之孚也。仁,文之爱也。义,文之制也。智,文之舆也。勇,文之帅也。教,文之施也。孝,文之本也。惠,文之慈也。让,文之材也。象天能敬,帅意能忠,思身能信,爱人能仁,利制能义,事建能智,帅义能勇,施辩能教,昭神能孝,慈和能惠,推敌能让:此十一者,夫子皆有焉。”①

他立身无偏,目光正直而不摇摆,不听惊恐传闻,不谈虚妄之事;还能在谈论“敬”之德时必想到敬天、法天。他说到“忠”时必诚恳反思自我,说到“信”时必先求诸自身才推及他人,谈及“仁”必包含博爱他人,谈及“义”必关涉他人切实利益,谈及“智”时必包含处事得当,谈论“勇”时不脱离正义原则,谈及“教”必要求周遍无偏,谈及“孝”总是孝于鬼神,谈及“惠”必然包含使人和睦亲爱,谈及“让”德必包含礼让跟自己相匹敌的人。晋国有忧患,晋悼公无不悲戚;有福,他未尝不喜悦。襄公生重病时召告其子顷公说:“一定要善待晋悼公周,他一定会继承晋国。因为他的德性具备‘文’德,‘文’德者能获天地所赐之福,小则得国,大则得天下。‘文’德乃诸德之总称,其他的德性乃‘文’之不同方面。敬是文德恭敬的一面,忠是文之真诚实在的一面,信指文德有实据可复验,仁是文德中对他人关爱的一面,义指文德中裁断具体事宜的能力,智是文德的承载,勇是心以义为主导从而展现出文德的力量,教是将文德广泛施展的能力,孝亲是文德的基始,惠是文德之爱,让是文德的功用。”单襄公反复赞扬晋悼公具有全面、互补的品行,“惠”德是“文德”的重要组成部分。“言惠必及和”“惠文之慈也”“慈和能惠”,说明惠爱他人能促进和谐。

第三例源自《鲁语上》。曹刿将祭祀中的物质安排问题归结为经济生活中的分配问题,认为“和惠”是连接神圣与世俗的普遍原则:

---

① 徐元诰撰,王树民、沈长云点校:《国语集解》(修订本),中华书局2002年版,第88—89页。

> 夫惠大[1]而后民归之志，民和而后神降之福。若布德于民而均平其政事，君子务治而小人务力，动不违时，器不过用，财用不匮，莫不共祀。是以用民无不听，求福无不丰。今将惠以小赐，祀以独恭。小赐不咸，独恭不优。不咸，民不归也，不优，神弗福也，将何以战？夫民求不匮于财，而神求优裕于享者也，故不可以不大。[2]

广施恩泽，人民内心便会自发地归顺；当人民和睦相处，神明自然会降福于国家。若能在人民中彰显自己的德行与恩典，确保政事公正无私，就能促进管理者与执行者之间的协作与和谐。行动顺应天时，祭祀不浪费资源，便能确保物资充足，供奉神明时也不会被个人独占。如此一来，人民无不顺从，祈求神明时皆能获得丰收。相反，若仅给予人民微薄的恩惠，就难以普遍施予，必然导致偏私；若所有物产都被独占，那么在祭祀神明时，只有君王一人能向神表达敬意，神的赐福也不会丰盛，国家便无法获得神的庇护，战争亦难以取得胜利。人民期望物资充足，神明期望享受丰盛的祭品，神与民都期望君王的恩惠广泛而宏大。社会和谐与亲善的一个关键前提是公平合理的财富分配机制，正如后来《系辞传》所言："何以聚人？曰财。"[3]"和惠"理念体现了王官"和"思想的实践性。

五、"怀和"与"精和"："和"的修养论基础

《鲁语下》记载，鲁卿士叔孙穆子访问晋国，晋悼公以盛宴礼节迎接

---

① "大"本为"本"，据俞樾改。载徐元诰撰，王树民、沈长云点校：《国语集解》（修订本），中华书局 2002 年版，第 143 页。

② 同上书，第 143—144 页。

③ 李学勤主编：《周易正义》，北京大学出版社 1999 年版，第 297 页。

他。在宴会上,悼公首先为穆子演奏了《诗经》中《肆夏》和《文王》各三篇,但穆子并未表示感谢;直到悼公演奏了《鹿鸣》的三篇,穆子才起身致谢。悼公随后指派使者询问穆子为何会有这样的举动,穆子详细阐述了他致谢与不致谢的原则。在谈到《皇皇者华》时,他说道:

> 《皇皇者华》,君教使臣曰“每怀靡及”,诹、谋、度、询,必咨于周,敢不拜教!臣闻之曰:“怀和为每怀,咨才为诹,咨事为谋,咨义为度,咨亲为询,忠信为周。”君贶使臣以大礼,重之以六德,敢不重拜![1]

《皇皇者华》这首诗的主旨在于君主派遣臣子出使,这与穆子的身份相应。“皇皇”即“煌煌”,指明亮光辉。根据下文,“每怀”应理解为“怀和”。臣子奉命出使,应当荣耀地彰显君主的光辉,而不是为了自我炫耀。接受君主的命令,应当全心全意地履行公职,谦逊地观察和倾听出使国的实际情况,与人和平交往,唯恐内心和平有所不足。必须勤于咨、诹、谋、度、询。向善者访问为咨,向贤才咨询为诹,咨询难事为谋,咨询礼义为度,咨询亲戚之谋为询,同时保持忠诚。悼公教导臣子诹、谋、度、询,咨、周六德,因此他郑重地表示感谢。穆子强调,在出使过程中,向有德之人求教时,应保持“和”的状态。这里的“和”既指与人交往时要和平、顺畅,避免冲突;也指内心要谦逊无私,以求真实地理解对方的心意。

在《周语上》的记载中,周襄王(周僖王的孙子,周惠王的儿子,名郑)派遣邵公过(邵穆公的后代邵武公)与内史过在晋惠公登基为诸侯时,赐予他玉圭作为吉祥的象征。然而,晋国大夫吕甥和郄芮协助惠公进行礼仪时,却表现得轻慢无礼;当惠公手持玉圭,谦卑地俯身时,他的叩拜并

① 徐元诰撰,王树民、沈长云点校:《国语集解》(修订本),中华书局2002年版,第179—180页。

未遵循规定的“稽首”礼节(即俯首至地)。内史过目睹了这一切,并向周襄王汇报。他预言晋国的君主将不会有后嗣,而吕甥和郄芮也将无法避免灾难。襄王询问其原因,内史过首先引用《夏书》的“众非元后,何戴?后非众,无与守邦”[①],意指如果君主不善,人民不会拥戴他;如果君主失去了人民的支持,就没有人能与他共同守护国家。接着,他又引用《汤誓》中的“余一人有罪,无以万夫。万夫有罪,在余一人”[②],意味着在遭遇灾难时,君主应自我反省,请求上天不要降罪于百姓;如果百姓有罪,君主应代替他们受罚。他还引用《盘庚》中的“国之臧,则惟女众。国之不臧,则惟余一人,是有逸罚”[③],借商王盘庚的话来表达君主的自我反省:国家的善行归功于人民;国家的不善,责任在君主自身,应承担相应的责罚。基于这些古训,内史过强调了君主自身“精和”的品行对于国家的兴衰存亡负有至关重要的责任:

> 如是则长众使民,不可不慎也。民之所急在大事,先王知大事之必以众济也,是故祓除其心,以和惠民。考中度衷以莅之,昭明物则以训之,制义庶孚以行之。祓除其心,精也。考中度衷,忠也。昭明物则,礼也。制义庶孚,信也。然则长众使民之道,非精不和,非忠不立,非礼不顺,非信不行。今晋侯即位而背外内之赂。虐其处者,弃其信也。不敬王命,弃其礼也。施其所恶,弃其忠也。以恶实心,弃其精也。四者皆弃,则远不至而近不和矣,将何以守国?[④]

夏商两代的历史教训告诫人们,在管理人民时必须格外谨慎。人民

① 徐元诰撰,王树民、沈长云点校:《国语集解》(修订本),中华书局2002年版,第32页。
② 同上。
③ 同上。
④ 同上书,第32—33页。

的忧虑是国家大事,先王在完成重大事务时,必须与民众同心协力,共同考虑问题;同时,君主应以身作则,清除内心的杂念和不敬,保持心灵的纯洁,以此来护爱人民,促进人与人之间的和睦与亲爱。君主应当审视自己的内心,揣摩他人的想法,推己及人,这样才能治理民众,明确事物的法则,合理地制定原则,使民众信服并遵循。如果君主能够净化自己的内心,就达到了精神的精纯;如果能够审视人我内心的共通之处,就实现了忠诚;如果能够使事物的原则清晰可见,就确立了适当的礼节;如果能够制定出所有人都信服的法律,就做到了诚信。任用人民的根本方法在于精纯、忠诚、礼节和诚信,这样才能够实现真正的人际和谐、顺畅的社会关系和事务的成功。然而,晋惠公继位后,不仅未将土地归还秦国,还侵占了里、丕的土地,导致内外部的背离;他残酷地杀害了里、丕的同党,背弃了信用;违背了礼法,不尊重王命;将自己所厌恶的事物强加于人,背离了对己对人的忠诚;其内心被邪恶所充满,失去了精纯。失去了这四个原则,远方的人不会归附,近处的人也不会和睦,无法保护国家,因此晋国必将走向灭亡。"非精不和"揭示了和谐不仅应体现在外在关系和表象上,还必须源自内在精神的安宁和平静,必须净化心灵,涤除邪念,使心灵纯粹无杂,达到深度的修养。内在的"精纯"才能协调处理外在的"杂多"。

《周语下》中,晋国大夫叔向(羊舌肸)的言论深刻阐释了"和"的内向含义。叔向在前往周朝访问期间,向周大夫、王卿士单靖公(单襄公的孙子,顷公的儿子)赠送了币帛。在靖公设宴款待叔向时,他以朴素的饮食招待,礼节周到而谦恭,严格遵循礼仪,宴席上也不私下增加珍贵物品;在送别叔向时,靖公仅陪同至郊外便返回,没有任何拉拢感情的举动;在宴席中,他仅讨论了《诗经·周颂》中的《昊天有成命》这首诗篇。在叔向离开时,单靖公家的老臣送行,叔向赞扬靖公具备节俭、恭敬、谦让、咨询的美德,因而能够远离怨恨:

> 今周其兴乎？其有单子也。昔史佚有言曰："动莫若敬，居莫若俭，德莫若让，事莫若咨。"单子之贶我，礼也，皆有焉。夫宫室不崇，器无彤镂，俭也。身耸除洁，外内齐给，敬也。宴好享赐，不逾其上，让也。宾之礼事，放上而动，咨也。如是而加之以无私，重之以不淆，能避怨矣。居俭动敬，德让事咨，而能避怨，以为卿佐，其有不兴乎！且其语说《昊天有成命》，《颂》之盛德也。其诗曰："昊天有成命，二后受之，成王不敢康。夙夜基命宥密，於缉熙，亶厥心，肆其靖之。"是道成王之德也，成王能明文昭，能定武烈者也。夫道成命而称"昊天"，翼其上也。二后受之，让于德也。成王不敢康，敬百姓也。夙夜，恭也。基，始也。命，信也。宥，宽也。密，宁也。缉，明也。熙，广也。亶，厚也。肆，固也。靖，和也。其始也，翼上德让而敬百姓。其中也，恭俭信宽，帅归于宁。其终也，广厚其心以固和之。始于德让，中于信宽，终于固和，故曰成。单子俭敬让咨，以应成德。单若不兴，子孙必蕃，后世不忘。[①]

叔向认为，正是由于单靖公这样精通礼仪的人士的存在，周朝得以持续繁荣。他援引了周初异姓史官史佚的箴言："行为恭敬则可长久，生活简朴则易于亲近，待人以礼则免遭责怨，多听取不同意见则能减少错误。"单靖公的赠礼无不合乎礼仪；他的居所和器物不逾越标准，不施以丹漆金饰，体现了节俭的美德；他的威仪庄重，无论是居家还是朝堂上的言行都井然有序，彰显了敬重的德行；他在沟通情感、答谢宾客和下属时，都恪守本分，体现了谦让的美德。他不以私心拉拢人心，众人送行皆至郊外，唯独单靖公未越雷池一步，因此能远离怨恨。他的节俭、敬重、谦让、咨询与他在席间讨论的《昊天有成命》诗篇不谋而合。诗中盛赞伟

① 徐元诰撰，王树民、沈长云点校：《国语集解》（修订本），中华书局2002年版，第102—104页。

大的上天赋予了重大使命,文王、武王勤勉自修,能够承担天命,而成王亦不敢怠慢。文王、武王在继承天命之初,便早起晚睡,宽厚仁爱,和平宁静,光明其德,宅心仁厚,使天下安定和平,并确立了文治武功。叔向指出,这首诗虽赞颂二王,却以颂扬昊天为始,这正是表达了对天的崇敬和礼赞,不敢自居其上。诗中还提到文王、武王在受命时广泛征询"八虞"①的意见,体现了礼让的精神。而成王亦敬重百姓,不敢放纵安逸。《昊天有成命》从修德、礼让开始,强调敬天命、敬重百姓;中间部分遵循节俭、诚信、宽厚,使人民安居乐业;结尾则展现了宽广敦厚、稳固和平的愿景。从头至尾,全面展现了文王、武王承担天命、成就自身德行的过程。

叔向解读诗中"亶厥心,肆其靖之"时,认为其描述了二王如何扩展其德行、勤于自我修养。他解释说,"靖"意味着和平与安宁。例如,《诗经·小雅·小明》中提到"靖共尔位",《左传》二十五年记载:"靖以待命犹可,动必忧。"《淮南子·精神》亦有"清靖而无私虑"的表述。"亶厥心,肆其靖之"所传达的是应以敬畏天命、谨慎的态度去弘扬明德,保持宽容、节俭、恭敬的美德,从而实现人民的和睦与安宁。这里的"靖和"与前文提到的"精和",都源于深厚而持久的内在修养和超越性的敬畏之心。

六、柔和万民

"和"的社会理想深植于周代的宗法制度之中,其核心理念包括两个方面:首先,它倡导从亲近者开始,逐步向外扩展,由近及远;其次,它强调以民众的生命为根本,重视内部的安定,反对无谓的征战。正如《晋语四》所载,胥臣在列举周文王的德行时提道:

① 周代八位掌管山泽的官员。

> 文王在母不忧，在傅弗勤，处师弗烦，事王不怒，孝友二虢，而惠慈二蔡，刑于大姒，比于诸弟。《诗》云："刑于寡妻，至于兄弟，以御于家邦。"于是乎用四方之贤良。及其即位也，询于八虞，而咨于二虢，度于闳夭，而谋于南宫，诹于蔡、原，而访于辛、尹，重之以周、邵、毕、荣，亿宁百神，而柔和万民。故《诗》云："惠于宗公，神罔时恫。"是则文王非专教诲之力也。①

文王自幼便展现出非凡的德行，母亲怀他期间，他便懂得不给母亲增添忧愁。求学时，他聪明好学，从不给师傅带来麻烦。侍奉父亲王季时，他总是温和不发怒。对弟弟虢仲、虢叔，他表现出深厚的友爱之情；对儿子，他慈爱有加；对妻子，他以身作则；对同宗的兄弟，他呵护有加。因此，四方的贤人纷纷投奔于他。即位之后，文王继续发扬其和睦礼让的美德，向八位贤人求教，向二虢征询策略，聆听贤臣闳夭、南宫适的建议，并向蔡公、原公以及辛甲、尹佚等太史（他们原是殷商的旧臣，因不满纣王的统治而投奔周朝）求教。他重用周文公、邵康公、毕公、荣公等同姓公侯，使得百神得以安宁，万民生活和谐。晋文公曾两次引用《诗经·大雅·思齐》来赞美文王，从家庭到宗族，再到整个周邦，文王都是典范。文王不仅能够妥善祭祀周族的祖先，也使得鬼神无怨。胥臣认为，文王的和睦仁爱之德始于血缘宗族，贯穿于家庭，扩展至同姓族人和异姓贤人，逐渐超越了血缘和地缘的界限，直至神明，形成一个纵横交错、稳固支撑的架构。②

《周语中》记载了一个与这种由内及外的"和"相悖的案例。在周襄王十七年，郑国对滑国（姬姓的小国）发起了攻击。周襄王派遣大夫游孙

---

① 徐元诰撰，王树民、沈长云点校：《国语集解》（修订本），中华书局2002年版，第361—362页。

② 不过胥臣也认为这种能在经验世界不断扩展德行的能力来自文王先天的优越本性，而非由教育习得。

伯前往滑国进行外交,却不幸被郑文公捷所俘。郑国之所以怀恨在心,是因为周惠王曾入郑国却未赐予郑厉公相应的爵位,加之襄王与卫国、滑国的亲密往来,郑国因此决意扣押使者。这一行为激起了襄王的愤怒,他计划借助狄人的力量来征讨郑国。周大夫富辰则不赞同此举,他谏言说:

> 古人有言曰:"兄弟谗阋,侮人百里。"周文公之诗曰:"兄弟阋于墙,外御其侮。"若是则阋乃内侮,而虽阋不败亲也。郑在天子,兄弟也。郑武、庄有大勋力于平、桓,我周之东迁,晋、郑是依。子颓之乱,又郑之繇定。今以小忿弃之,是以小怨置大德也,无乃不可乎。且夫兄弟之怨,不征于他,征于他,利乃外矣。章怨外利,不义。弃亲即狄,不祥。以怨报德,不仁。夫义所以生利也,祥所以事神也,仁所以保民也。不义则利不阜,不祥则福不降,不仁则民不至。古之明王不失此三德者,故能光有天下,而和宁百姓,令闻不忘。王其不可以弃之。①

富辰援引古训及《诗经·小雅·棠棣》之言,劝诫襄王,即便兄弟间因谗言而产生嫌隙,他们仍会团结一致,抵御外姓及异族的侵犯,避免内耗。他回顾了郑公与襄王的深厚兄弟情谊,并提及郑武公滑突及其子庄公寤生对平王宜咎、平王之孙桓王林所作出的显著贡献(按:在幽王灭亡后,武公曾以卿士身份辅佐周王室;平王东迁后,庄公作为卿士曾遵从平王之命征讨不臣服的宋国)。周王室东迁之后,郑武公与晋文侯齐心协力辅助平王;当子颓(周庄王之子、周惠王之叔父)企图篡夺周惠王之位时,惠王避难至郑国,郑厉公斩杀子颓并接纳了惠王。富辰认为,如果襄王因微不足道的不满而舍弃郑国,那便是因小怨而忘却郑人

① 徐元诰撰,王树民、沈长云点校:《国语集解》(修订本),中华书局2002年版,第44—46页。

往昔的恩德。兄弟间的纷争,不应让异姓的狄人插手,否则将使外人坐收渔利。若因张扬内怨而使外人得利,这是不义之举;若让狄人出兵征讨自己的兄弟,则是不善之行;以怨报德,是不仁之态。义是利益的根本,善是侍奉神明的基石,仁是养育民众的根基。背离义、善、仁,则会失去厚道、福佑,民众也不会归顺。

富辰坚信,义、善、仁是确保国家内部和谐与安宁的关键要素,而使民众安居乐业的重要性远超过对外发动战争。他基于以下三个理由反对战争:一是宗法血缘关系是维系周朝秩序和价值认同的基础;二是郑国曾对周王室提供了实质性的援助;三是兄弟之邦的内部矛盾不应通过求助于外族来解决。特别是第二点,超越了血缘关系,具有普遍的意义,与"仁"这一概念相呼应;而第一点所体现的"义",则是从整个周族治理的视角出发,这也阐明了引言中"守和同以顺义为上"中"义"的含义。同时,"义"并不仅限于周王室的立场,它还包含了保护和安抚民众的公共利益。

《晋语六》中还记载了晋国与楚国争夺郑国时,晋国大夫范文子反对仓促出兵的情况。他指出:"为人臣者,能内睦而后图外,不睦内而图外,必有内争,盍姑谋睦乎? 考讯其阜以出,则怨靖。"①作为臣子,应当先使国内和睦,然后再考虑对外扩张。如果国内不和而急于对外用兵,必将导致内部的争斗。我们何不先谋求国内的和睦呢? 通过调查和了解百姓的实际情况,再谨慎地决定是否出兵,这样才能平息人们的怨言。范文子还强调:

> 君人者刑其内,成而后振武于外,是以内和而外威。今吾司寇之刀锯日弊,而斧钺不行,内犹有不刑,而况外乎?夫战,刑也,刑之过也。过由大,而怨由细,故以惠诛怨,以忍去过,细无怨而大无

① 徐元诰撰,王树民、沈长云点校:《国语集解》(修订本),中华书局2002年版,第193页。

过,而后可以武刑外之不服者。今吾刑惠乎大人,而忍于小民,将谁行武?①

作为君主,首要任务是运用刑法来规范社会秩序,确保内部和谐,其次才是向外界展示军事力量。目前,晋国内部的法律松散且混乱,无论是对普通百姓还是高级官员,都无法公正地执行刑罚,这同样影响了军队的战斗力。用兵之道与刑法相似,不当的刑罚会导致明显的错误,而小错就足以导致怨恨了。因此,应先以恩惠化解民众的不满,严格刑罚以使大臣们远离错误,这样才能具备动用武力的能力。武力本质上是对抗国外不服从者的刑法,而晋国已经错误地运用了刑法,更不用说进行征战了。这实际上体现了以民为本的精神,反对对民众的苛刻要求,而应采取柔和、宽容、怀柔的政策;对于有权势的官员的过失,则必须严格处理。他强调了官员权力与责任的一致性,只有这样,才能实现“内和”。

结语:和乐如一

史伯所说的“和乐如一”的理想,正是要基于上述几方面才能实现:

故王者居九畡之田,收经入以食兆民,周训而能用之,和乐如一。夫如是,和之至也。②

“畡”与“垓”同义,均指一万万,即极其庞大的数目。“九畡之田”象征着九州辽阔的疆域。“经”指什一之税。俞樾认为这句话当作“故王者

① 徐元诰撰,王树民、沈长云点校:《国语集解》(修订本),中华书局2002年版,第391—393页。

② 同上书,第472页。

居九畡之田以食兆民,收经入以食万官"①。本文采纳这一观点。君王统领广袤的领土,目的是为了养育土地上的众多百姓,而非将其据为己有;征收什一税,是为了确保百官能够正常运作。"周"代表忠诚与信任,"周训"即用忠诚与信任来指导和教化百官,以便能够任用他们。"和乐如一"可以理解为君王、百官和兆民三者之间的和谐,如一家一室那样亲密无间。只有这样,才能达到"和"的最高境界。"和乐"不仅强调了关系的协调,还突出了个体内心愉悦的重要性。"如一"描述的是关系的融洽,没有隔阂,它不是指单调的同质化,而是指在保持个体完整性基础上的"和同"或"大同"。"和"并非无条件、无规范的,而是包含了秩序性和正当性。君王不能独占社会财富,也不应专断治权,而应与百官共治;作为最大的权力主体,在塑造社会风俗、教化方面,君王承担着不可推卸的责任。"和"既要保护个体,也必须包含个体间的正当界限,从而产生精神上的认同和价值观上的共识,孕育心灵之"乐"。只有这样,长久的和谐共处才能实现。

参考文献

范煜梅:《琴与诗书同行》,四川教育出版社 2010 年版。

黄翔鹏:《"唯九歌、八风、七音、六律,以奉五声":〈乐问:中国传统音乐百题〉之八)》,《中央音乐学院学报》1992 年第 2 期。

刘泽华:《中国政治思想通史(先秦卷)》,中国人民大学出版社 2014 年版。

钱耕森:《史伯论"和合""和生""和同"》,《衡水学院学报》2016 年第 6 期。

① 徐元诰撰,王树民、沈长云点校:《国语集解》(修订本),中华书局 2002 年版,第 472 页。

仇利萍:《承继与演绎:清代〈国语〉研究成果评析》,《儒藏论坛》第14辑,中国社会科学出版社2020年版。

吴宝麟:《“和”“平”:乐律的终极追求与生命关怀》,载陈致主编:《饶宗颐国学院院刊》第十一期,中华书局(香港)有限公司2024年版。

朱伯崑:《朱伯崑论著》,沈阳出版社1998年版。

(编辑　张尚英)

孔颖达对“不朽”与“恒”的经学诠释*

张丰乾**

摘要:唐代佛教、道教成果迭出,然而,其学术思想的主干还是经学。孔颖达年少聪颖,学术功底深厚且为人耿介,他所主持的《五经正义》规模宏大而体例谨严,是中国传统经典文献与学术思想的一次极为关键的传承、整理、注疏和阐发。尤其需要注意的是,在价值观念上,孔颖达推陈出新,在左丘明、郑玄、王弼等人的基础上,对于《左传》中的“不朽”和《周易》等经典中的“恒”进行了系统深入的诠释。无论是内容,还是方法,他的工作都极具启发性。

关键词: 孔颖达　经学　不朽　恒　价值

在唐代,孔颖达不仅是一位杰出的学术领袖,更是一位天资聪颖、学识渊博、贡献卓著的学者;同时,他也是颇有建树的思想家。然而,他的思想主要通过注疏的方式呈现,而现代学者往往受限于学科的偏见,未能充分认识到他经学诠释的深远意义。此外,现代学者对孔颖达的生平

---

* 本文系国家社科基金重大项目“中国传统价值观变迁史”(项目批准号:14ZDB003)阶段性成果之一。

** 张丰乾,西安外事学院教授,兼任本原儒学院副院长、国际合作学院学术带头人,主要从事中国古典哲学、比较哲学等研究。

了解不足,导致对他描述的片面性。更有甚者,一些专注于经学研究的学者,例如马一浮先生,虽然频繁讨论董仲舒的观点,却很少正式引用孔颖达的见解。①

一、名儒畏服,年少遇刺

孔颖达(574—648),字仲达,冀州衡水(今属河北)人,孔子后裔,出生于隋唐之际。据《新唐书》本传记载,他八岁时入学,每天能背诵的文字达千余言,尤其对三《礼》的精义和宗旨很熟悉。成年之后,他学识广泛,涵盖“五经”,对服虔的《春秋传》、郑玄的《尚书》《诗经》《礼记》注释以及王弼的《周易注》均有深入研究。此外,孔颖达还擅长撰写文章,并精通历法,能够准确推算季候和节气。

在追求知识的道路上,孔颖达既表现出谦逊好学的态度,又不失自信和坚持。他曾经前往同郡的刘焯处拜访,刘焯在当时享有盛名,深受学界推崇。初次见面时,刘焯对孔颖达的态度并不友好。然而,当孔颖达提出学术上的问题并进行深入探讨时,刘焯立刻对他表示了极大的敬佩。这也印证了孔子所说的“后生可畏,焉知来者之不如今也”(《论语·子罕》)。

隋炀帝大业元年(605),孔颖达参加了科举考试,并荣获“明经高第”的称号,随后被任命为“河内郡博士”。不久,炀帝在东都洛阳召集了全国的儒学官员,发布诏令,要求国子监、秘书省和学士们共同参与讨论。在这场学术盛会上,孔颖达以其卓越的才华脱颖而出,轻松摘得桂冠,而且他还是其中最年轻的一位。这使得那些年长的教师和资深的儒学学者感到羞愧,他们甚至因地位不如孔颖达而感到耻辱,有人甚至秘密派

① 即使说到文字表达,他也认为“汉人文字如董仲舒、刘向、非后人所及,以其经术湛深也”。列举郑玄、韩愈、朱子、伊川,无一语及孔颖达。(参见吴光主编:《马一浮全集》(一),浙江古籍出版社 2013 年版,第 651 页)

遣刺客企图暗杀他。孔颖达藏匿在杨玄感的家中,才得以幸免于难。不久之后,他被增补为太学助教,正式步入了学术领导者的行列。

隋末,社会动乱,孔颖达在虎牢(今河南荥阳汜水镇)避祸。唐高祖武德四年(621),李世民率军在洛阳打败王世充的时候,孔颖达被授予文学馆学士,又升迁为国子博士。唐太宗贞观初年(627),他被封曲阜县“男”的爵位,后又转任给事中的职位。

二、屡进忠言,阐释谦德

在李世民登基之初,孔颖达多次提出忠告。以乐于接受建议闻名的李世民,并未直接反驳,而是反问:“孔子称‘以能问于不能,以多问于寡;有若无,实若虚’。何谓也?”这番话虽具学术性,却也隐含着一种居高临下的质疑——孔子确实提到过,能力出众者应向能力不足者求教,知识渊博者应向见识浅薄者学习;拥有德行、才能和地位的人,应表现得如同一无所有;真正博学多才的人,应显得谦逊无能。李世民文武兼备,在残酷的政治斗争和战争中屡屡以弱胜强,转败为胜,自然会认为自己“能”和“多”,并且能够不耻下问,这让他感到自豪。在这样的背景下,孔颖达适时地赞美李世民,也是人之常情。然而,孔颖达不卑不亢地回应,这正是圣人教导的谦逊之道——即便自己能力超群,也要亲近能力不足者,以学习自己所缺乏的;即便自己见识广博,也要向见识浅薄者学习,以丰富自己的知识。内心坚守道义,外表却显得谦逊;内心虽丰富充实,外表却保持谦虚。孔颖达特别强调,这不仅适用于普通人,君主的德行更应如此。他进一步引用《周易》中的《蒙卦》彖辞和《明夷卦》象辞,阐述君主的职责在于“蒙以养正”和“明夷以莅众”,即依据《蒙卦》“山下出泉”的意象,持续涵养正直的君子之风,以及根据《明夷卦》“明入地中”的意象,谦逊地对待臣民。反之,如果君主自恃地位尊崇,炫耀才智,凭借才华任意妄为,那么上下级之间将无法沟通,君臣间的道义也会背离。自古以来,帝王的衰败,往往源于此。李世民听后,对孔颖达的见解表示赞赏。孔颖达随后被提升为国子司业(国子监副长官,协助祭酒管理儒学教育),负责皇亲贵族的教育工作,并最终被任命为祭酒,主管教育学术,直接为唐太宗讲学。

孔颖达与当时的众多儒者就历法及明堂会商中的重要议题进行了深入讨论,他的见解得到了大多数人的认同。由于其议论深刻且著作卓有成效,他被提升为散骑常侍,加封爵位“子”。李世民曾命皇太子李承乾编纂《孝经章句》,孔颖达借此机会撰写了文章,尽可能予以劝诫和讽谏。李世民了解到孔颖达多次努力纠正太子的错误,因此赏赐了一斤黄金和一百匹绢,以示嘉许。李世民亲自前往太学观看释菜礼,并指定孔颖达讲解经书。孔颖达讲解完毕后,撰写了《释奠颂》,阐述了经典的意义,并赞扬了李世民对学术的重视,李世民随后专门下诏书予以褒扬和赞赏。后来,太子稍稍有不法行为,孔颖达总是不停地抗争。太子的乳母曾劝阻孔颖达:“太子已经长大成人,不宜频繁当面指责。”孔颖达义正词严地回答:“我承蒙国家给予的厚恩,就算被处死了,也不会有怨恨。”他越发恳切和严格,但遗憾的是,李承乾最终未能继承皇位,而是因屡次叛乱被废为庶人,流放至黔州。孔颖达晚年退休回乡,去世后享受陪葬昭陵的待遇,朝廷追赠他为太常卿,并赐予谥号“宪”。

三、义训五经,三世司业

魏晋以来的学术思想界,受重视的经典系统发生了很大变化,《老子》《庄子》在学界取得了与《周易》相同的地位,对它们的援引和解释风靡一时,被时人称为“三玄之学”。随后的南北朝时期,“儒门淡薄,收拾不住”,经典讲习也时兴时废。入隋以来,王通做《中说》,续“六经”,但影响有限。李唐王朝建立之初推重老子，随后又褒扬佛教。而孔颖达在学术思想上的最大贡献是他力主恢复“五经”的核心地位，并领导了高水准的“五经”注疏与辩难，与颜师古、司马才章、王恭、王琰等受诏撰写了《五经义训》，共计百余篇，最初名为“义赞”，唐太宗下诏改为“正义”。《五经正义》虽然广泛吸收了各家观点，内容详博，但其中难免谬误和冗长。博士马嘉运反驳纠正其中的缺失，和撰作者之间到了互相讥讽诋毁的地步，即便有诏书再次下令裁定，也没有最终完成。唐高宗在永徽二年(651)下令中书门下、国子三馆的博士与弘文馆的学士共同进行考察校正。尚书左仆射于志宁、右仆射张行成、侍中高季辅等人做了若干损益，《五经正义》之书才得以发布流传，但孔颖达的贡献无人能取代。

孔颖达的儿子孔志，也终老于司业的职位。孔志的儿子孔惠元，学业勤勉而寡言少语，同样做了司业，并兼任太子谕德。孔颖达一家三代都做了司业，一时成为美谈。以上以《新唐书·孔颖达传》为基础，对孔颖达的生平进行了概述，以彰显他的学高身正。而他在经典注疏与思想阐述方面的建树同样卓越。

四、对“三不朽”的深入阐释

古往今来，人们对“不朽”的追求由来已久，《道德经》阐述了“长生久视”之道，更提出了“死而不亡者寿”的观念。《左传》则对“三不朽”进行了系统的阐释：

> 二十四年春，穆叔如晋。范宣子逆之，问焉，曰：“古人有言曰‘死而不朽’，何谓也？”穆叔未对。宣子曰：“昔匄之祖，自虞以上为陶唐氏，在夏为御龙氏，在商为豕韦氏，在周为唐杜氏，晋主夏盟为范氏，其是之谓乎？”穆叔曰：“以豹所闻，此之谓世禄，非不朽

也。鲁有先大夫曰臧文仲，既没，其言立，其是之谓乎！豹闻之，‘大上有立德，其次有立功，其次有立言’，虽久不废，此之谓不朽。若夫保姓受氏，以守宗祊，世不绝祀，无国无之，禄之大者，不可谓不朽。”（《左传·襄公二十四年》）

鲁襄公二十四年（公元前549年，孔子三岁）春天，鲁国上大夫叔孙豹（姓姬，叔孙氏，“穆”为谥号）到了晋国，晋国的大夫范宣子（名匄）迎接他，并且提出了如何理解古人所言“死而不朽”的问题。叔孙豹估计是对范宣子比较了解，知道他的问题是有备而来，故而没有马上回答。果然，范宣子从自己的祖先世代享受高官厚禄说起，问他这算不算“死而不朽”。叔孙豹回答说，根据他所知道的，那只能说是“世禄”，不能说是“不朽”。范宣子举了鲁国著名的大夫臧文仲为例，认为他去世之后，还有一些言论能立得住，就算得上是不朽了。叔孙豹进而提出，最上等的是“立德”，其次有“立功”，其次有“立言”，经历了长久的时间而不被废弃，这可以称得上是“不朽”了。那些保留了宗族共有的姓氏，延续了各自分支的血脉，并以此维护了宗族所设立的祭祀活动，代代相传从未中断。然而，没有一个国家不渴望这样的传承。因此，那些世代享有高官厚禄、声名显赫的家族，不可以说是“不朽”。

“三不朽”无疑构成了中国传统文化的核心价值观，叔孙豹的论述产生了深远的影响。然而，在引用这一概念时，我们绝不能忽视孔颖达的注解。孔颖达同样对“三不朽”的理念赋予了极高的重视，并且他首先对“大上”与“其次”进行了具体的阐释：

“大上”、“其次”，以人之才知浅深为上、次也。“大上”，谓人之最上者，上圣之人也；“其次”，次圣者，谓大贤之人也；“其次”，又次大贤者也。

孔颖达依据人的才智程度，将最杰出者定义为“上圣”，而将那些伟大的贤人誉为“次圣”，其下则是“大贤人”及其他。

关于“立德”，孔颖达阐释为在远古时期，圣明的德行得以确立，并通过制定制度、颁布法律，以及广泛地分配和救济民众，其恩泽与德惠无处不在。他还详细指出了上古时期“立德”的圣王们，在孔颖达的叙述中，不仅包括了尧、舜、文王、武王，还扩展到了伏羲、神农、黄帝，以及周公和成王，孔子也被纳入其中：

> “立德”，谓创制垂法，博施济众，圣德立于上代，惠泽被于无穷。故服以伏羲、神农，杜以黄帝、尧、舜当之，言如此之类，乃是立德也。《礼运》称“禹、汤、文、武、成王、周公”。后代人主之选，计成王非圣，但欲言周公，不得不言成王耳。禹、汤、文、武、周公与孔子皆可谓“立德”者也。

显然，孔颖达所理解的“立德”，不是树立空洞的伦理说教，而是建立关乎全局和后世的制度和法令。而对于“立功”，孔颖达特别强调拯救灾厄、解除患难、济度民众的功劳，和“立德”相呼应，而且他也同意服虔、杜预的看法，认为大禹和后稷是“立功”的典范：

> 立功，谓拯厄除难，功济于时，故服、杜皆以禹、稷当之，言如此之类，乃是立功也。

在“三立”之中，孔颖达特别看重“立德”，他又引用《礼记·祭法》之言，突出“法施于民”而受到祭祀是“立德”的重要方面，而其他的勤于民事、安定邦国、防御灾祸、去除大的祸患等也都是“立功”：

《祭法》云:“圣王之制祭祀也,法施于民则祀之,以死勤事则祀之,以劳定国则祀之,能御大灾则祀之,能捍大患则祀之。”法施于民,乃谓上圣,当是立德之人。其余勤民定国,御灾捍患,皆是“立功”者也。

而作为思想者,孔颖达对“立言”的阐释更加丰富深刻:

“立言”,谓言得其要,理足可传。记传称“史佚有言”,《论语》称“周任有言”,及此臧文仲既没,其言存立于世,皆其身既没,其言尚存。故服、杜皆以史佚、周任、臧文仲当之,言如此之类,乃是立言也。老、庄、荀、孟、管、晏、杨、墨、孙、吴之徒,制作子书,屈原、宋玉、贾逵、扬雄、马迁、班固以后,撰集史传及制作文章,使后世学习,皆是立言者也。此三者虽经世代,当不朽腐,故穆子历言之。(孔颖达《春秋左传正义》卷三十五)

古往今来,“言之凿凿”者不计其数,但能“立言”者屈指可数。孔颖达特别强调,只有那些能够抓住要领、阐述的道理足以流传千古的言论,才称得上具有永恒价值的“立言”。值得注意的是,孔颖达所提及的立言者,不仅包括大夫、诸子和文人,而且涵盖了经、史、子、集各个领域,这表明他的立言观念并不局限于特定的道统、学派或作品题材。可见,孔颖达的阐释是深入而立体的,而不是浮泛和单薄的。

孔颖达对“不朽”的解释,并不是孤立的,也不仅仅局限于抽象的观念。通过与他之前及之后的相关文献进行比较,我们可以凸显孔颖达在继承传统和开创未来方面的独特贡献。

太和十七年(493),北魏孝文帝拓跋宏曾有诏书颁行《职员令》:

> 六职备于周经，九列炳于汉晋，务必有恒，人守其职。比百秩虽陈，事典未叙。自八元树位，躬加省览，远依往籍，近采时宜，作《职员令》二十一卷。事迫戎期，未善周悉。虽不足纲范万度，永垂不朽，且可释滞目前，厘整时务。须待军回，更论所阙，权可付外施行。（《魏书·高祖纪下》）

其中提到，《周礼》中记载了政府的六项基本职能：治、教、礼、政、刑、事；[①]行政长官九卿的职位在汉代和西晋最为显赫，[②]他们必须具备恒定的德行，并且每个人都应恪守自己的职责。拓跋宏亲自主持制定了《职员令》，尽管承认由于军事活动迫在眉睫，时间紧迫，该法令尚不完善，无法全面规范各个领域，达到“永垂不朽”的境界，但它能够为当前累积的问题和事务提供依据，进行处理和整顿。从理想的角度来看，“纲范万度，永垂不朽”可以被视为治国、兴教、明礼、理政、施刑、行事的终极目标；而在实际操作中，这一目标需要与具体礼仪活动中所体现的文化内涵相结合进行考察：

> （贞观）十一年，群臣复劝封山，始议其礼。于是国子博士刘伯庄、睦州刺史徐令言等各上封祀之事，互设疑议，所见不同，多言新礼中封禅仪注，简略未周。太宗敕秘书少监颜师古、谏议大夫朱子奢等与四方名儒博物之士参议得失。议者数十家，递相驳难，纷纭久不决。于是左仆射房玄龄、特进魏徵、中书令杨师道博采众

---

① 《周礼·天官·小宰》：“以官府之六职，辨邦治：一曰治职，以平邦国，以均万民，以节财用。二曰教职，以安邦国，以宁万民，以怀宾客。三曰礼职，以和邦国，以谐万民，以事鬼神。四曰政职，以服邦国，以正万民，以聚百物。五曰刑职，以诘邦国，以纠万民，以除盗贼。六曰事职，以富邦国，以养万民，以生百物。”

② 《汉书·韦玄成传》：“明明天子，俊德烈烈，不遂我遗，恤我九列。”颜师古注：“九列，卿之位，谓少府。”《晋书·儒林传·韦謏》：“前后四登九列，六在尚书，三为侍中，再为太子太傅，封京兆公。”

议,堪行用而与旧礼不同者奏之。其议昊天上帝坛曰:“将封先祭,义在告神。且备谒敬之仪,方展庆成之礼。固当于坛下址,预申齐洁,赞享已毕,然后登封。既表重慎之深,兼示行事有渐。今请祭于泰山下,设坛以祀上帝,以景皇帝配享。坛长一十二丈,高一丈二尺。”又议制玉牒曰:“金玉重宝,质性贞坚,宗祀郊禋,皆充器币,岂嫌华美?实贵精确。况乎三神壮观,万代鸿名,礼极殷崇,事资藻缛,玉牒玉检,式韫灵奇,传之无穷,永存不朽。”(《旧唐书·礼仪志》)

贞观十一年(637),一众大臣又劝唐太宗封禅泰山,并讨论具体礼仪。房玄龄、魏徵、杨师道广泛听取专业意见,除了提出昊天上帝坛的规制和用法以外,又提议创制玉牒,所提出的理由就是玉制的礼器可以不断传承下去,永远存在而不会腐朽。可见,法度、礼仪和相关器物的“不朽”,也为古人所关注。“不朽”无疑是深入解读和理解中国传统文化的锁钥。

五、释“恒”之象与理:对王弼之注的疏解

《周易》虽然重视变易,但也尊崇恒久。《恒卦》卦辞:“亨,无咎,利贞。”王弼注:“恒而亨,以济三事也;恒之为道,亨乃‘无咎’也;恒通无咎,乃利正也。”孔颖达并没有机械地遵守“疏不破注”的经学原则,而是做出了创造性的解释:

恒,久也。恒久之道,所贵变通。必须变通随时,方可长久。能久能通,乃“无咎”也。恒通无咎,然后利以行正,故曰“恒,亨,无咎,利贞”也。

这显然是对《易》中“穷则变,变则通,通则久”思想的援引和发挥,而孔颖达的创造性体现在他提出,恒久之道所重视的正是“变通”。他进一步强调,“变通”必须随顺时序,才能实现长久;而能够长久和通达,才是没有咎害的真正含义。恒久且通达,便可以济助“三事”。

何为“三事”?王弼并未言明,而之后的注疏者各执一词,孔颖达逐一做了引证和比较:

> 褚氏云:“三事,谓无咎、利贞、利有攸往。”庄氏云:“三事者,无咎一也,利二也,贞三也。”周氏云:“三事者,一亨也,二无咎也,三利贞也。”《注》不明数,故先儒各以意说。

“三事”被解释为《周易》中最常出现的三个卦辞,而具体的界定又各有不同:

> 无咎、利贞、利有攸往;
> 无咎、利、贞;
> 亨、无咎、利贞。

“三事”之中,都有“无咎”和“利”。但各家的注释句读不同,侧重点也不一样。孔颖达做了仔细判断:

> 窃谓注云“恒而亨以济三事”者,明用此“恒亨”,济彼“三事”,无疑“亨”字在三事之中,而此注云“恒字为道,亨乃无咎。恒通无咎,乃利正也”。又注象曰:“道得所久,则常通无咎而利贞也。”此解皆以利、正相将为一事,分以为二,恐非注旨。验此注云“恒之为道,亨乃无咎”,此以“恒亨”济“无咎”也。又云:“恒通无

咎，乃利正也。”此以“恒亨”济“利贞”也。下注“利有攸往”云：“各得所恒，修其常道，终则有始，往而无违，故‘利有攸往’。”此以“恒亨”济“利有攸往”也。观文验注，褚氏为长。

经过细致的上下文分析，孔颖达认为“亨”与“三事”之间存在济助与被济助的关系，并明确指出“亨”并非“三事”中的任何一项。既然《象传》中提到的“利正”指的是单一事项，那么“利贞”亦非指两个不同的事项。他运用“观文验注”的方法，认为梁朝褚仲都的疏解最为合理。这不仅展现了他非凡的洞察力，也反映了他宽广的胸怀。

《恒卦》的内卦为“巽”（风、柔），外卦为“震”（雷、刚），组合在一起，象征刚柔有序，互相应和，以及持续稳定的现象。王弼在注释《周易·象传》时，结合卦象，阐述了“恒久”之道的基础：“刚上而柔下，刚尊柔卑，得其序也。”孔颖达的系统注疏同样富有启发性：

> “恒”之为名，以长久为义。“刚上而柔下”者，既训“恒”为久，因名此卦得其“恒”名，所以释可久之意。此就二体以释“恒”也：《震》刚而《巽》柔，《震》则刚尊在上，《巽》则柔卑在下，得其顺序，所以为“恒”也。
>
> 《咸》明“感应”，故柔上而刚下，取二义相交也；《恒》明“长久”，故刚上而柔下，取尊卑得序也。

首先，他界定了“恒”字的含义，强调了其“长久”的意涵。（“恒”亦含有“平常”与“普通”的含义）“恒卦”的卦象不仅象征着“长久”，还暗示着“持久”。构成“恒卦”的外卦“震卦”具有刚直的特质，其位置尊贵而居上；内卦“巽卦”则性质柔顺，位置谦卑而居下。无论是在地位上还是在人格上，“恒卦”都展现了尊卑上下间的恒久秩序。他进一步将“恒卦”

与“咸卦”的卦象进行对比，两者皆呈现出刚柔相济的特点，但“咸卦”的卦象是上“兑”（柔）下“艮”（刚），与“恒卦”形成“覆”的关系（即上下卦颠倒而形成对立），分别代表了阴阳二气的交感和尊卑有序的秩序。孔颖达的精妙哲理解释，是建立在详尽具体的象数分析基础之上的，这一点对于当代的《易》学研究，依然具有重要的示范价值。

“恒卦”的卦象自外而内呈现为“雷风相与”，正如王弼所注：“长阳长阴，能相成也。”孔颖达分别从卦象、爻位、文体、哲理等方面进行了深入阐释：

> 此就二象释“恒”也。雷之与风，阴阳交感，二气相与，更互而相成，故得恒久也。
>
> 《震》为长男，故曰“长阳”；《巽》为长女，故曰“长阴”。《象》曰“雷风相与”，雷之与风，共相助成之义。
>
> 故褚氏云“雷资风而益远，风假雷而增威”是也。今言“长阳长阴，能相成”者，因《震》为长男，《巽》为长女，遂以“长阳长阴”而名之，作文之体也。
>
> 又，此卦明夫妇可久之道，故以二长相成，如雷风之义也。

“恒”并非一成不变，从“恒卦”的卦象构成来看，外（上）卦与内（下）卦象征着阴阳二气的相互作用与感应。这两种性质的气流相互依存、交替出现、彼此促进，从而达到“恒久”的境界。在八经卦中，“震”代表着长男，象征“长阳”；“巽”则代表长女，象征“长阴”。“象传”中提到的“雷风相与”，意味着“雷”与“风”这两种力量共同作用，共同促进万物的生成。因此，孔颖达认为褚仲都所阐述的雷声借助风力传播得更远，风力因雷声而更显威猛的观点是正确的。此外，孔颖达还从文句结构的角度出发，阐释了王弼“长阳长阴”的用意。同时，孔颖达也指出，“恒卦”所揭示的是夫妇间能够长久相处的法则，因此以长男、长女相互叠加构成的卦象，正如雷与风相互关系所象征的意义。

图1　恒卦

从卦体的性质而言，“恒卦”的卦象自内而外又是“巽而动（震）”，王弼注云：“动无违也。”孔颖达阐释为：“此就二卦之义，因释恒名。震动而巽顺，无有违逆，所以可恒也。”王弼注意爻位之间的呼应关系，认为“恒卦”刚柔皆应，“不孤媲也”。孔颖达解释说：“此就六爻释《恒》。此卦六爻刚柔皆相应和，无孤媲者，故可长久也。”从卦象和爻位而言，初六和九四，九二和六五，九三和上六之间，刚（阳）和柔（阴）都相呼应，没有孤立无匹的，因而可以长长久久。他以六爻的刚柔都是相应和的为依据，进一步突出了“恒”之义，可谓象数与义理结合的典范。

围绕“恒卦”卦象、卦辞、爻辞及《彖传》和《象传》，孔颖达的疏对王弼的注都做了绵密而深入的补充和发挥，对其方法，也做出了“就义释名”“就名释德”“将释先证”“举卦名以结之”“举经以结成”“总结”等精要的概括。从以下的文字中可以清楚地看出：

> 恒，皆可久之道。
>
> ［疏］正义曰：历就四义释恒名讫，故更举卦名以结之也。明上四事“皆可久之道”，故名此卦为“恒”。

“历就四义释恒名”是对王弼关于《彖传》中所述“刚上而柔下，雷风相与，巽而动，刚柔皆应”之注所做的精辟概括。孔颖达突出了王弼进一步标举“恒卦”卦名并加以总结的用意：阐明刚强居上而柔和处下、雷与风相互协作、顺应自然之理而行动以及刚与柔相互呼应,这四个层面均体现了恒久不变的关系。因此,此卦的名称是“恒”——“恒”并非死寂僵化、静止不变,而是指各种相对立的力量各得其所、相互成就,这种恒久性无疑是理想的。

对于“恒”的卦辞,《彖传》以“久于其道”来总结。王弼之注则把“久”和“道”及“道德”的特性、“常通”的效果紧密联系起来:

> “恒,亨,无咎,利贞”,久于其道也。道得所久,则常通无咎而利正也。
>
> [疏]正义曰:此就名释卦之德,言所以得“亨,无咎,利贞”者,更无别义,“正”以得其恒久之道,故言“久于其道也”。

孔颖达指出,王弼通过对“恒”这一名称的阐释来解读《恒卦》的特质,强调之所以能够达到亨通、无咎,且有利于坚守正义的成果,并无其他缘由,“贞”即意味着“正”——正当、正直、坚定不移——从而把握了恒久不变的法则,避免了任何偏差。由此可见,“久于其道”是建立在恒定而稳固的德行之上的。《彖传》接着阐述,天地之道是恒定持久而没有止息的:

> 天地之道,恒久而不已也。得其所久,故“不已”也。
>
> [疏]正义曰:将释“利有攸往”,先举天地以为证喻,言天地得其恒久之道,故久而不已也。

王弼之注突出“形而上”的终极根据,认为天地获得了恒久不已的能量和法则,因此永无休止。孔颖达则揭示了王弼“先喻后释”的方法论。

“恒久不已”并不等同于一去不复返,而是指循环往复,四季更迭,无尽无休。基于这一理解，诠释“利有攸往”时，我们才不会陷入急功近利、有去无回的误区。

> “利有攸往”，终则有始也。得其常道，故终则复始，往无穷极。
>
> ［疏］正义曰：举经以结成也。人用恒久之道，会于变通，故终则复始，往无穷极，同于天地之不已，所以为利也。

另一方面，如果困难重重，举步维艰，也很难持久和稳固，故而《彖传》对于“恒卦”经文中的“利有攸往”作出了“终则有始”的阐释。那些违背自然法则、不利于国家发展和民众福祉的行为，应当迅速淘汰。相反，那些促进社会进步的言论和行动，总能在实现一个目标后，为新的事业和贡献的开启提供契机。孔颖达揭示了获取利益的根本途径：人类应运用恒久的智慧，与变革和通达相结合，从而能够从终点启程，开始新的征程，永无止境，与天地的永恒运行相一致。

《彖传》顺理成章地阐述了日月、四季、圣人以及整个天下获得恒久之道的重要性：

> 日月得天而能久照，四时变化而能久成，圣人久于其道，而天下化成。言各得其“所恒”，故皆能长久。

《诗经·小雅·天保》：“如月之恒，如日之升。如南山之寿，不骞不崩。如松柏之茂，无不尔或承。”太阳和月亮的交替升落恒久而有规律，这是人间生活秩序最基本的保证。然而，深入思考后，我们不难发现，日月之所以能够持续地照耀大地，是因为它们得到了天空这一广阔舞台；四季之所以能够恒久地更迭，是因为它们蕴含着推动寒暑交替的动态能量；圣人之所以能够教化并成就天下，是因为他们始终把握并践行着天地、日月、四时的道德法则，而不是频繁更改决策，反复无常，偏袒或轻视某一方；他们还能够灵活应对各种变化，顺应自然的节奏。孔颖达在疏解时，特别注重上下文之间的逻辑联系：

> “日月得天而能久照”者，以下广明恒义。上言天地之道，恒久而不已也，故日月得天，所以亦能久照。“四时变化而能久成”者，四时更代，寒暑相变，所以能久生成万物。“圣人久于其道而天下化成”者，圣人应变随时，得其长久之道，所以能“光宅天下”①，使万物从化而成也。

疾风迅雷似乎转瞬即逝。然而，雷鸣与风暴这两种自然现象是持续发生的，它们相互协作，激荡天地，推动四季更迭，激发万物生长。像尧这样的圣人，深谙持久之道，因此他们的功绩能够如日月之辉般恒久照耀世间，使万物顺应变化，各得其所。这也体现了王弼对日月、四季、圣人如何获得并维持长久之道的注解，同时强调了圣人的关键作用。可以说，这为“恒久”这一概念提供了精辟的阐释。

《彖传》的论述，不仅关注于推演，也立足于观察：

> 观其所恒，而天地万物之情可见矣。天地万物之情，见于“所恒”也。
>
> ［疏］正义曰：总结“恒”义也。

观察的焦点，不在于瞬息万变、纷繁复杂的表象，而应聚焦于那些稳定且持久的原因，天地万物的情况亦由此可见。孔颖达提出，这正是对

---

①《尚书・虞书・尧典》：“昔在帝尧，聪明文思，光宅天下。”

“恒”这一概念的精辟阐释——若天地的变迁与万物的多样性缺乏恒定的基础与法则，那么它们将陷入混乱，甚至走向停滞与死亡。

《大象传》也以“恒卦”的卦象组成来解释卦名：

> 《象》曰：雷风，恒。长阳长阴，合而相与，可久之道也。
>
> ［疏］正义曰：雷风相与为“恒”，已如《彖》释。

在八经卦中，“震”（雷）为阳之长，“巽”为阴之长，二者相辅相成，共同构成了一个和谐而稳定的系统，这反映了持久稳定性的原则。孔颖达重申了《彖传》的解释，再次说明如果离开对于卦名、卦象的具体分析，对于哲理的理解就会流于单调和空疏。

《大象传》的文体特色在于通过对卦象的解析，引申出深刻的哲学道理，并提出具有指导意义和示范作用的行为规范。君子借鉴恒卦的卦象，领悟出立身处世的永恒法则：在根本的道义上面，不会改旗易帜。

> 君子以立不易方。得其所久，故“不易”也。
>
> ［疏］正义曰：君子立身得其恒久之道，故不改易其方。“方”，犹“道”也。

孔颖达显然对“方”极为重视，并将其解释为“道”。[①] 然而，“恒久之道”是绝对且持续的。君子之所以能够坚持恒久之道，并非源于偏执或顽固，而是因为其言行始终不渝地遵循这一原则，不会轻易改变方向和目标。

“恒卦”的爻辞深入分析了恒与不恒的表现及其后果。孔颖达在王弼注解的基础上，进一步结合卦象和爻位，对爻辞中蕴含的哲理进行了

① 《庄子·秋水》：“消息盈虚，终则有始。是所以语大义之方，论万物之理也。”

深入的阐释：

> 初六：浚恒，贞凶，无攸利。处恒之初，最处卦底，始求深者也。求深穷底，令物无余缊，渐以至此，物犹不堪，而况始求深者乎？以此为恒，凶正害德，无施而利也。
>
> 《象》曰："浚恒"之凶，始求深也。

王弼对初六爻辞深有感悟。他先结合《小象传》以"求深"解释了"浚"，其出发点是初六爻象征处于恒久的最初阶段，位于卦体的底部，代表开始探求深奥。探求深奥，穷尽底部，使万物没有一点点剩余的底蕴，这种极端的探求方式，万物尚且难以承受，更何况是那些初涉深奥探索的人呢？《易传》同样提倡"探赜索隐"和"穷理尽性"，但并不鼓励毫无保留地深入艰深之境，也不支持无休止的过度解读。通行本《易经》的卦序安排，在《既济》之后紧接着是《未济》，正是为了体现这一道理。如果将"求深穷底"视为一种恒久不变的状态，那么对于"正"来说，将导致凶险；对于"德"而言，亦将带来损害。正如关于"海瑞逼死女儿"的传闻所示：

> 海忠介有五岁女，方啖饵。忠介问饵从谁与，女答曰："僮某。"忠介怒曰："女子岂容漫受僮饵？非吾女也！能即饿死，方称吾女！"此女即涕泣，不饮啖。家人百计进食，卒拒之，七日而死。余谓非忠介不生。（明·姚士麟《见只编》卷上）

不管这样的传言是否属实，类似的行为都是"凶正害德"的，没有实施的益处。《二十四孝》中的故事也类似。

孔颖达的阐发，卦象与义理并重：

[疏]正义曰:浚,深也。最处卦底,故曰“深”也。“深恒”者,以深为恒是也。施之于仁义,即不厌深;施之于正,即求物之情过深,是凶正害德,无施而利,故曰“浚恒贞凶,无攸利”也。〇注“处恒之初”至“害德无施而利也”。〇正义曰:处卦之初,故言“始”也;最在于下,故言“深”也。所以致凶,谓在于始而求深者也。

他总结出了导致凶险的原因:初涉事务却贪图深奥,且以艰深为永恒;同时,他依据卦象对“始”和“深”的所指做了界定。孔颖达特别指出,在实践仁义时,不应仅满足于表面的深厚,也不应畏惧面对困难;然而,在追求周全和正确的事物时,如果过分深入探究万事万物的状态,反而会给周全的事物带来危险,损害德行。

“恒卦”的九二爻辞简洁明了:悔恨消散,但结合初六爻辞来看,可以理解为“贞凶,无攸利”的情况有所改善。《小象传》解释说,悔恨消失的原因是能够长久地处于中位。王弼认为九二爻是阳爻居于阴位,因此是“失其位”,但由于它长期处于内(下)卦的中位,所以能够消除悔恨:

九二:悔亡。虽失其位,恒位于中,可以消悔也。

[疏]正义曰:失位,故称“悔”;居中,故“悔亡”也。

《象》曰:九二“悔亡”,能久中也。

[疏]正义曰:“能久中”者,处“恒”,故能久;位在于中,所以消悔也。

孔颖达对“悔”与“悔亡”的原因进行了细致的阐释,指出“失位”是导致“悔”的根源,而“居中”则是消除“悔”的关键。《小象传》则从卦名与爻位相结合的角度出发,认为“悔亡”的根本在于持续地保持中正之位。孔颖达进一步以经传结合的方式解释,认为九二爻之所以能恒久居中，是因为它位于“恒卦”之内；而能够消解悔恨，则是因为其爻位处于内卦之中。

至于九三爻的爻辞，则是对那些不恒久保持自身德行者的警示，对此，王弼提供了更为详尽的解释：

> 九三：不恒其德，或承之羞，贞吝。处三阳之中，居下体之上，处上体之下，上不全尊，下不全卑，中不在体。体在乎恒，而分无所定，无恒者也。德行无恒，自相违错，不可致诘，故“或承之羞”也。施德于斯，物莫之纳，鄙贱甚矣，故曰“贞吝”也。

王弼的注释，并非只讲义理，而是紧密结合九三爻的爻位，指出其在三个阳爻（九二、九三、九四）的中间，在下（内）卦的上边，又是上（外）卦的下边。从上位的角度看，它尚未达到尊贵的地位；从下位的角度看，它亦非处于卑微之境。尽管它位于三阳之中，但就整个卦体而言，它处于内卦与外卦的交界处。正如《系辞下》所述：“三与五同功而异位，三多凶，五多功，贵贱之等也。”九三自身虽在“恒卦”之中，但其名分却无法确定，这反映了缺乏恒性的状态。德行若无恒定，便违背了自身的原则，经不起深入的追问和推敲，因此爻辞中提到“或许承受因此带来的羞辱”。如果对于这种状态施加德行，没有谁会接纳，这是很粗鄙的了，所以说是困难重重。

孔颖达的疏解进一步阐明了九三爻所象征的“执心不定，德行无恒”的状态，并强调了“所羞非一”以及“羞辱之深”：

> ［疏］“九三，不恒其德，或承之羞，贞吝。”〇正义曰：“不恒其德，或承之羞，贞吝”者，九三居下体之上，处上体之下，虽处三阳之中，又在不中之位，上不全尊，下不全卑，执心不定，德行无恒，故

曰“不恒其德”。德既无恒，自相违错，则为羞辱承之，所羞非一，故曰“或承之羞”也。处久如斯，正之所贱，故曰“贞吝”也。〇注“处三阳之中”至“故曰贞吝也”。〇正义曰：虽在三阳之中，非一体之中也。“不可致诘”者，诘，问也。违错处多，不足问其事理，所以明其羞辱之深，如《论语》云“于予与何诛”。

“违错处多”可能指有很多错误，也有可能指同一个错误不断重复。总之，持续的错误累积到难以追查的程度，对于指出这些错误的人来说，同样是一种侮辱。《论语・公冶长》中记载：“宰予昼寝。子曰：‘朽木不可雕也，粪土之墙不可杇也；于予与何诛？’”宰予白天睡大觉，应该是积习已久，才激起了孔子的愤怒与严厉斥责。而孔颖达引出“于予与何诛”来解释王弼所说的“不可致诘”，说明九三所遭受的羞辱是多么的可耻。

《小象传》揭示了德行不恒定的后果，即无处安身：

《象》曰：“不恒其德”，无所容也。

[疏]正义曰：“无所容”者，谓不恒之人，所往之处，皆不纳之，故“无所容”也。

孔子对于“恒”的德行及“恒卦”的九三爻辞也很重视：

子曰：南人有言曰：“人而无恒，不可以作巫医。”善夫！不恒其德，或承之羞。子曰：“不占而已矣。”（《论语・子路》）

巫师负责沟通天人，而医师则掌握着治愈疾病的关键，两者都占据着至关重要的地位。孔子曾称引南方人之言，一个人若无“恒”之德，便不足以担任巫师或医师，此观点颇具深意，把“德”放在首要位置。至于

“不恒其德，或承之羞”，孔子解释道，这意在强调若不持续保持德行的稳定，随波逐流，反复无常，终将招致羞辱，无须占卜亦可知其结果。

除了巫师与医师的职业外，狩猎在古代同样扮演着重要角色。九四爻辞提到，即便去狩猎却一无所获，乍看之下似乎与“恒”无关，但《小象传》却指出，若恒久地处于不属于自己的位置，又怎能期望有所收获呢？

> 九四：田，无禽。恒于非位，虽劳无获也。
>
> ［疏］正义曰：田者，田猎也，以譬有事也。“无禽”者，田猎不获，以喻有事无功也。“恒于非位”，故劳而无功也。
>
> 《象》曰：久非其位，安得禽也？
>
> ［疏］正义曰：在恒而失位，是“久非其位”。田猎而无所获，是“安得禽也”。

《系辞下》归纳说：“二与四同功而异位，其善不同，二多誉，四多惧，近也。柔之为道，不利远者，其要无咎，其用柔中也。”“四”为阴之位，而九四以阳爻居之，所以“多惧”。孔颖达解释《小象传》时指出，即便存在恒久的状态，但若失去了本应占据的位置，这便是“久非其位”，与王弼所注的“恒于非位”相吻合；其结果是外出狩猎却一无所获，从而质疑“如何能捕获飞禽？”这里的“位”固然可以解释为社会秩序中的地位，但若脱离了爻位，便难以具体把握其中的逻辑联系和深奥哲理。

九三与九四的爻辞从不同视角揭示了“不恒其德”与“恒于非位”在精神层面导致的羞辱感，以及在物质层面导致的无所获。孔子、王弼、孔颖达的见解进一步强调了“德”与“位”都应保持恒定且适宜的重要性。若“恒”与“不恒”建立在失德失位的基础上，那么无论怎样劳碌，都将是徒劳无功的。缺乏这样的警示，一味片面地强调“恒”，就会酿成悲剧。

与德、位相关联的，还有性别问题。六五爻辞的内容，首先肯定恒久地保持自己的德行，是坚贞的，但这对成年女性而言是吉利的，对成年男性而言则是凶险的：

> 六五：恒其德，贞。妇人吉，夫子凶。居得尊位，为恒之主，不能“制义”，而系应在二，用心专贞，从唱而已。妇人之吉，夫子之凶也。

王弼通过卦象、爻位及其相互关系的分析，阐释了六五爻处于尊贵之位，是《恒卦》的主脑，但不能裁定义理，而是和九二爻紧密相连，形成呼应。其心志专一而坚定，但其角色本质上是从属和应和。这种解释对成年女性而言是吉祥的，而对成年男性则预示着凶险。王弼的这一阐释再次展现了他对易象数理的精确理解和深刻阐释。

孔颖达亦首先对六五爻与九二爻的关系进行了探讨，指出六五爻的联系和回应应仅限于九二爻，不应涉及其他人。他认为这是恒久、稳定、忠诚和一贯德行的体现。对于成年女性来说，心志的专一和忠诚，以及从属和应和的态度是吉祥的。然而，对于成年男性而言，必须承担起决策和主导的责任，不能仅仅专注于忠诚和应和，否则将面临凶险：

> ［疏］正义曰：“恒其德，贞”者，六五系应在二，不能傍及他人，是恒常贞一其德，故曰“恒其德，贞”也。“妇人吉”者，用心专贞，从唱而已，是妇人之吉也。“夫子凶”者，夫子须制断事宜，不可专贞从唱，故曰“夫子凶”也。

这段话似乎在倡导和维护传统的性别角色，即男性主导、女性从属的观念，这无疑会遭到现代女性主义者的强烈反对。然而，任何事务的顺利进行，都离不开领导与协作的平衡。如果每个人都只争做领导者，而不愿意配合他人,那么任何目标都无法达成。男女之间的性别差异是自然赋予的,成年男性果断地多负一些责任是理所应当的。

除了性别问题,及上文所言及的卜筮活动,“恒”还和祭祀的原理息息相关:

> 子曰:“南人有言曰:‘人而无恒,不可以为卜筮。’古之遗言与?龟筮犹不能知也,而况于人乎?《诗》云:‘我龟既厌,不我告犹。’《兑命》曰:‘爵无及恶德,民立而正事,纯而祭祀,是为不敬;事烦则乱,事神则难。’《易》曰:‘不恒其德,或承之羞。’‘恒其德,侦,妇人吉,夫子凶。’”(《礼记·缁衣》)

和《论语·子路》相比,《礼记·缁衣》的记述更为详备。孔子认为“人而无恒,不可以为卜筮”可能就是上古时代的遗言,其意义在于如果离开了“恒”,龟筮也不能发挥作用,何况是人呢?孔子随即又引用《诗经·小雅·小旻》《尚书·商书·兑命》之言,把“恒卦”的“不恒其德”与“恒其德”的爻辞联系在一起,重申了男女之别。

孔颖达在《礼记正义》(卷五十五)对上述内容也有精要深入的阐释:

> 恒,常也。
>
> 犹,道也。言亵而用之,龟厌之,不告以吉凶之道也。
>
> 恶德,无恒之德。纯,犹皆也。言君祭祀,赐诸臣爵,毋与恶德之人也。民将立以为正,言放效之疾。事皆如是,而以祭祀,是不敬鬼神也。恶德之人使事烦。
>
> 羞,犹辱也。侦,问也。问正为侦。妇人,从人者也,以问正为常德则吉。男子当专行干事,而以问正为常德,是亦无恒之人也。

他深入解读“恒卦”，将“恶德”阐释为“缺乏恒心的德行”，并提出了针对“缺乏恒心之人”的防范策略。他认为“侦”应理解为“询问”，主张成年女性将咨询正道视为一种恒久的美德是吉祥的；而对成年男性而言，应坚持独立决断，引领事务，若也将咨询正道视为恒常的德行，则表明缺乏恒定的品质。

回头再看，《小象传》业已明确提出了成年女性因坚贞而吉利的原因是“从一而终”：

> 《象》曰：妇人贞吉，从一而终也。夫子制义，从妇凶也。
>
> ［疏］正义曰：“从一而终”者，谓用心贞一，从其贞一而自终也。“从妇凶”者，五与二相应：五居尊位，在震为夫；二处下体，在巽为妇。五系于二，故曰“从妇凶”也。

孔颖达基于六五爻和九二爻的特性及其相互作用，提出外（上）卦“震”代表丈夫，内（下）卦“巽”象征妻子。九二爻虽处下属之位，却能主导六五爻，因此得出“从妇凶”的结论。然而，必须强调的是，成年人之间的主导与从属关系，不能脱离具体的卦象及其语境来单独考量。

上六爻居于《恒卦》的顶端，也是《震卦》的极致，象征持续不断的振动，亦即震荡，是没有收获，乃至凶险的。王弼结合老子思想，提出安静是躁动的君上和主导，居上位者应该处于安稳之地，静守是保持长久的法则：

> 上六：振恒，凶。夫静为躁君，安为动主。故安者，上之所处也；静者，可久之道也。处卦之上，居动之极，以此为恒，无施而得也。
>
> ［疏］正义曰：“振恒凶”者，振，动也。凡处于上者，当守静以

制动。今上六居恒之上,处动之极,以振为恒,所以"凶"也。

孔颖达也强调处于上位者,应该以静制动,并认为运动达到极致,以振荡为恒久状态,就是凶险的原因所在,更加紧扣爻辞。

《小象传》把"凶"解释为"大无功":

《象》曰:"振恒"在上,大无功也。

[疏]正义曰:"大无功"者,居上而以振动为恒,无施而得,故曰"大无功也"。

孔颖达强调,长期处于高位却频繁动荡不安,将无法取得实质性的成就,因此他批评这种行为是"大无功"。这一观点恰如其分地警示了那些好大喜功、以动荡为乐的人。

"恒卦"并未直接提及"不死",而是在《豫卦》的六五爻辞中有所体现:"贞疾,恒不死。"《小象传》对此解释道:"六五贞疾,乘刚也。恒不死,中未亡也。"

六、 重审汉唐经学

字斟句酌的疏解是很考验功夫的,一方面不能背离经、注的文本及上下文,另一方面又要做出新的阐发和贡献。王弼之注言简意赅,象数、义理兼顾,又不乏新见。对王弼没有注的部分,孔颖达也做了疏解。作为读者和研究者,我们字斟句酌地去看,就不难发现,孔颖达的疏解准确、深入而通达,令人敬服。

人们对于"汉唐盛世"的概念津津乐道,但在讨论汉唐时期在中国思想史上的重要性时,常常仅限于那些"哲学家"的著作。然而,"经"之为

“经”,是因为它们承载了先哲们对“不朽”与“恒久”追求的记录,这些记录能够穿越时空的界限。在经典流传的过程中,由于无法完全摆脱时空的限制以及文化政策和文化生态的影响,导致了文字和义理上的模糊和错误,因此“经学”的地位变得无可替代。

在汉唐时期,无论是官方还是民间,经学都是主流学术。我们所熟知的“诗人”“词人”以及循吏,无不熟稔于经典。王弼和孔颖达,都被认为是擅长章句训诂的“汉学家”,与以思想见长的“宋学家”有着明显的区别。这种认识上的差异,实际上源于对古代学术中经典注疏意义的误解。清代乾嘉学派重新举起“汉学”的旗帜,正是因为他们深入研究了汉唐时期的注疏并继承了这一传统。关于这一点,胡适有着清晰的认识,这里不再赘述。我们的任务是在深入研究汉唐经学诠释成果的基础上,对其中的核心议题、价值观念、注疏方法和思想意义进行梳理和提炼,以期推陈出新,继往开来。

参考文献

[宋]欧阳修、宋祁等:《新唐书》,中华书局 1975 年版。

[东汉]郑玄注,[唐]孔颖达正义:《礼记正义》(日本足利学校藏),北京大学出版社 2021 年版。

[魏]王弼撰,[晋]韩康伯注,[唐]孔颖达疏:《周易注疏》(日本足利学校藏),北京大学出版社 2021 年版。

(编辑　李冬梅)

《考工记·凫氏》乐钟部位关系考辨*

李亚明**

摘要:《考工记》是中国现存最早的记录手工业技术的文献,其中《凫氏》篇记录了中国最早的乐钟设计与铸造规范。本文采用名物训诂学以及传世文献与考古发现相结合的二重证据法,通过比对相关考古出土文物,类聚并考辨《凫氏》乐钟部位名物的空间关系、名实关系和度量关系。其中,空间关系包括有序的区间关系和比邻关系,名实关系主要表现为名异实同和名同实异,度量关系主要包括等量关系和比照关系。总结、归纳上述关系类型,为进一步探究先秦乐钟设计和铸造史提供翔实的文献史料证据。

关键词:《考工记》 《凫氏》 乐钟 名物

---

* 本文系国家社科基金中华学术外译项目“《考工记名物图解》(英文版)”(项目批准号:22WYYB005)、西安外事学院高层次人才启动基金项目(编号:XAIU202413)阶段性成果。

** 李亚明,西安外事学院人文艺术学院教授、中国广播影视出版社编审、国家“十二五”出版规划重大项目《辞源》(第三版)修订人员,长期从事名物训诂、先秦科技史研究。

前 言

《考工记》是中国现存最早的记录手工业技术的文献。前代有关《考工记》的注释和整理文献有:汉代郑玄《周礼注》,唐代贾公彦《周礼疏》,宋代林希逸《考工记集解》,明代徐光启《考工记解》、郭正域《批点考工记》、徐昭庆《考工记通》、程明哲《考工记纂注》,清代江永《周礼疑义举要》、程瑶田《考工创物小记》、戴震《考工记图》、孙诒让《周礼正义》(卷74—86)等,《四库全书总目提要》业已辨明。《考工记·凫氏》①(以下简称《凫氏》)是中国最早记录乐钟设计与铸造规范的文献。除了上述文献,唐兰《古乐器小记》曾为程明哲订正章句,而容庚和张维持在《殷周青铜器通论》中则利用周纪侯钟的部位名称图解,对《凫氏》中的命名进行了阐释。近年来,尽管有若干论著探讨了中国古代的乐钟以及《凫氏》中的乐钟名称,但关于《凫氏》乐钟部位之间关系的系统性考证仍然不足。正如程瑶田《凫氏为钟图说》所言:"自汉迄今,由不明'凫氏为钟'诸'间'字之义,故注斯记者恒误。"②

系统地运用名物训诂以及传世文献与出土文物互证的二重证据法,通过比对相关考古出土文物,类聚并考辨《凫氏》乐钟部位名物之间的关系,对于准确理解《凫氏》文本,进而探究先秦乐钟发展沿革,具有一定的理论意义和实用意义。以下,本文将从空间关系、名实关系和度量关系三个方面阐述《凫氏》乐钟部位之间的关系类型。

---

① 《考工记》文本"凫氏"殆应作"钟氏",详参郑玄训注,吴澄考注,周梦旸批评,赵标校刊:《批点考工记》,中华书局 1991 年版;Lothar von Falkenhausen, *Suspended Music: Chime-Bells in the Culture of Bronze Age China*, Berkeley: University of California Press, 1993;闻人军:《〈考工记〉"钟氏""凫氏"错简论考》,载虞万里主编:《经学文献研究集刊》第 25 辑,上海书店出版社 2021 年版。

② [清]程瑶田:《凫氏为钟图说》,《考工创物小记·五》,清道光《皇清经解》本,卷五三八。

一、空间关系

程瑶田曾将《凫氏》的篇章结构划分为“先叙其命名次第”和“次叙其命分次第”两个层次。在第一个层次中，他阐述了乐钟部件的排列顺序：“从钟体两边通长名铣者叙起，然后从边而及中间之最在下者名于，于是自下而上曰鼓，又上曰钲，又上曰舞。舞与铣之起处齐平，而钟体之大致毕矣。自舞而上为钟柄，曰甬。甬上尽处曰衡，而止。然后复自上而下补叙之，在甬曰旋、曰斡，在钲曰篆、曰枚，在鼓曰隧，又止矣。”①（见图1）

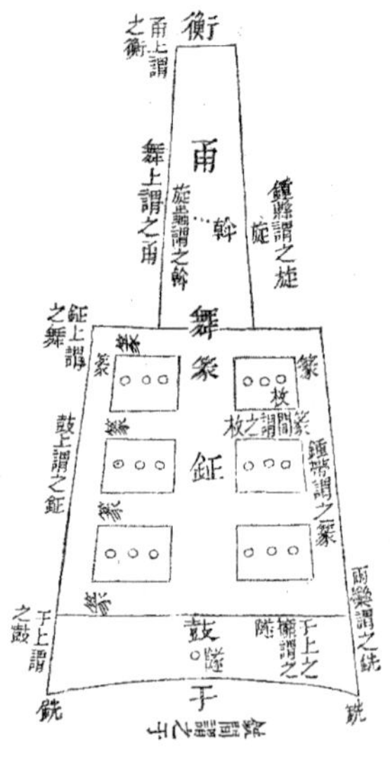

图1 程瑶田绘凫氏为钟命名图

这段记述揭示了乐钟各部位之间有序的区间和相邻等空间关系。具体而言，《凫氏》所记载的钟的部位包括钟口两侧的尖锐角（栾/铣）、钟

① [清]程瑶田：《〈凫氏〉〈磬氏〉二记属文说》，《考工创物小记·八》，清道光《皇清经解》本，卷五三九。

口边缘(于)、钟口边缘的敲击部位(鼓)、钟体中上部的直形宽条部位(钲)、钟的平顶(舞)、悬挂钟体的柄部(甬)、悬挂钟体柄部顶端的圆形平面(衡)、悬挂钟体柄部中段突出的部位(旋)、钟柄上用于悬挂钟钩的孔[斡(斡)]、乳状凸钉之间的纹饰间隔界带(篆)、钟带之间突出的乳状凸钉(枚/景)、敲击部位的内腔用于调整音律的沟状磨槽[隧(遂)]等。

(一)区间关系

【铣间—于】

《凫氏》:“凫氏为钟……铣间谓之于。”意谓,凫氏制作钟……位于钟口两侧尖锐的两铣周围一圈的迂曲形钟唇,即钟口边沿叫作“于”。程瑶田谓:“两铣下垂角处相距之间,即钟口大径,其体于然不平,故谓之于。”①孙诒让《周礼正义》引徐养原语:“于者,钟口上下之圜周也,与舞相对。”②于位于钟口两侧尖锐的两铣周围一圈(铣间)。山西绛县横水西周墓地 M2022 号墓出土的青铜甬钟(M2022:193)钟口呈凹弧形(图2),可印证《凫氏》“铣间”与“于”的区间关系。

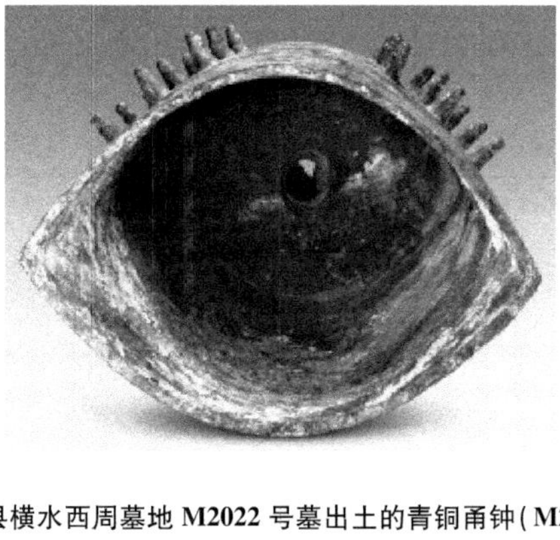

图2 山西绛县横水西周墓地 M2022 号墓出土的青铜甬钟(M2022:193)钟口

① [清]程瑶田:《凫氏为钟章句图说》,《考工创物小记·八》,清道光《皇清经解》本,卷五三九。

② [清]孙诒让:《周礼正义》,汪少华点校,中华书局 2015 年版,第 3933 页。

【篆间—枚】

《凫氏》:“篆间谓之枚。”意谓,钟带之间突出的乳状凸钉叫作“枚”(即景)。郑玄注引郑众语:“枚,钟乳也。”程瑶田谓:“枚之上下左右皆有篆,故曰‘篆间谓之枚’也。”①王引之谓:“钟之两面,带凡四处,每带一处而有九钟乳,四九而得三十六……《博古图》所图周汉古钟,凡百一十四钟,每一面篆各两处,分列左右……每篆一处,钟乳上中下三列,列三钟乳,三三而九,面有篆两处,而得十八,两面四处而得三十六……”②枚位于钟带之间(篆间)。山西绛县横水西周墓地 M2022 号墓出土的青铜甬钟(M2022:193)钟体的两面,每面有 18 个枚,各按三横三竖排列在钲部的两侧(图 3);山东沂水春秋时期纪王崮墓地 M1 出土的青铜甬钟的 36 个枚位于钟体两面钲部两侧的三层钟带之间(图 4);山西太原金胜村 251 号春秋时期大墓出土的夔龙夔凤纹编钟的篆带上下及两篆间都有螭首形乳状凸钉(图 5);曾侯乙墓出土的战国早期长枚甬钟,同样也是单面 18 个枚,两面 36 个枚,位于钲部两侧的钟带之间(图 6)。上述文物,均可印证《凫氏》“篆间”与“枚”的区间关系。

图 3　山西绛县横水西周墓地 M2022 号墓出土的青铜甬钟(M2022:193)线图

图 4　山东沂水春秋时期纪王崮墓地 M1 出土的青铜甬钟(局部)

① [清]程瑶田:《凫氏为钟图说》,《考工创物小记·五》,清道光《皇清经解》本,卷五三八。
② [清]王引之:《经义述闻》,虞思徵等校点,上海古籍出版社 2017 年版,第 535 页。

图 5　山西太原金胜村 251 号春秋时期大墓出土的夔龙夔凤纹编钟形制图

图 6　曾侯乙墓出土的战国早期长枚甬钟(局部)

(二)相邻关系

【于上—鼓】

《凫氏》:“凫氏为钟……于上谓之鼓。”意谓,凫氏制作钟……于的上面即靠近钟口边沿的叩击部位叫作“鼓”。郑玄注引郑众语:“鼓,所击处。”程瑶田谓“铣判钟体为两面,面之上体曰钲,其下体曰鼓。鼓,所以受击者”①,“于上为钟体下段击处,故谓之鼓”②。鼓是位于钟体外壁下段于上、钲下靠近钟口边沿的叩击处。叩击钟的正面鼓部,可以得到钟的第一基频,即正鼓音;叩击钟的两侧鼓部,可以得到钟的第二基频,即侧鼓音。以陕西眉县杨家村窖藏西周逨钟乙 1 钟、山西侯马铸铜遗址出土春秋晚期晋国编钟和湖北随州文峰塔墓地 M4 出土的春秋晚期甬钟的叩击部位(图 7、图 8、图 9)为例,均可印证《凫氏》“于上”与“鼓”的相邻关系。

① [清]程瑶田:《凫氏为钟图说》,《考工创物小记·五》,清道光《皇清经解》本,卷五三八。
② [清]程瑶田:《凫氏为钟章句图说》,《考工创物小记·八》,清道光《皇清经解》本,卷五三九。

图 7　陕西眉县杨家村窖藏西周逨钟乙 1 钟的鼓部

图 8　山西侯马铸铜遗址出土春秋晚期晋国编钟鼓部饕餮衔虺纹陶模

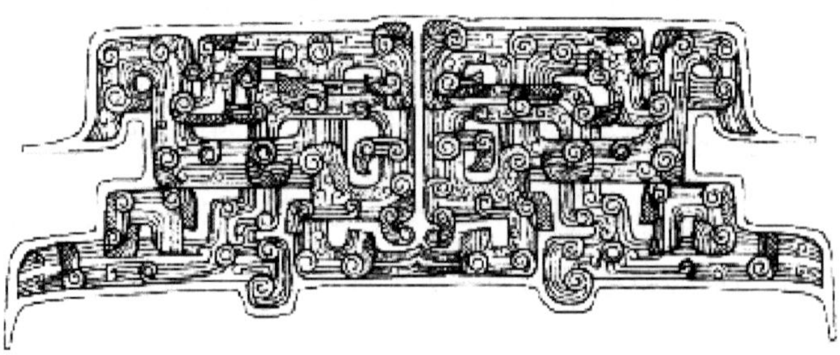

图 9　湖北随州文峰塔墓地 M4 出土春秋晚期甬钟鼓部蟠螭纹饰

【鼓上—钲】

《凫氏》:"凫氏为钟……鼓上谓之钲。"意谓,凫氏制作钟……鼓上面的直形阔条部位叫作"钲"。程瑶田谓"铣判钟体为两面,面之上体曰钲,其下体曰鼓。……钲之言正也"①,"鼓上为钟体之上段,正面也,故谓之

① [清]程瑶田:《凫氏为钟图说》,《考工创物小记·五》,清道光《皇清经解》本,卷五三八。

钲”①。钲是位于钟体中上部(鼓上、舞下)正面和背面的直形阔条。以陕西眉县杨家村窖藏西周逨钟乙1钟、上海博物馆藏西周中期克钟和西周晚期梁其钟、湖北随州文峰塔曾侯與墓出土春秋时期编钟的钲部(图10、图11、图12、图13)为例,均可印证《凫氏》“鼓上”与“钲”的相邻关系。

图10 陕西眉县杨家村窖藏西周逨钟乙1钟的钲部

图11 上海博物馆藏西周中期克钟的钲部

图12 上海博物馆藏西周晚期梁其钟的钲部

图13 湖北随州文峰塔曾侯與墓出土春秋时期编钟的钲部

(自左向右:M1:1正面钲部;M1:1背面钲部;M1:6正面钲部;M1:7正面钲部)

【钲上—舞】

《凫氏》:“凫氏为钟……钲上谓之舞。”意谓,凫氏制作钟……钲上面

① [清]程瑶田:《凫氏为钟章句图说》,《考工创物小记·八》,清道光《皇清经解》本,卷五三九。

的平顶叫作"舞"。程瑶田谓"舞,覆也,谓钟顶"①,"钲上为钟顶,覆之如庑,故谓之舞"②。舞是古钟共鸣体的平顶,位于钲部之上。以陕西眉县杨家村窖藏西周时期逨钟乙1钟、山西绛县横水西周墓地1011号墓出土的青铜甬钟、山东沂水纪王崮墓地M1出土的春秋时期青铜甬钟和河南新郑东周祭祀遗址1号坑出土的A2号钟的舞部(图14、图15、图16、图17)为例,均可印证《凫氏》"钲上"与"舞"的相邻关系。

图14　陕西眉县杨家村窖藏西周时期逨钟乙1钟的舞部

图15　山西绛县横水西周墓地1011号墓出土的青铜甬钟的舞部

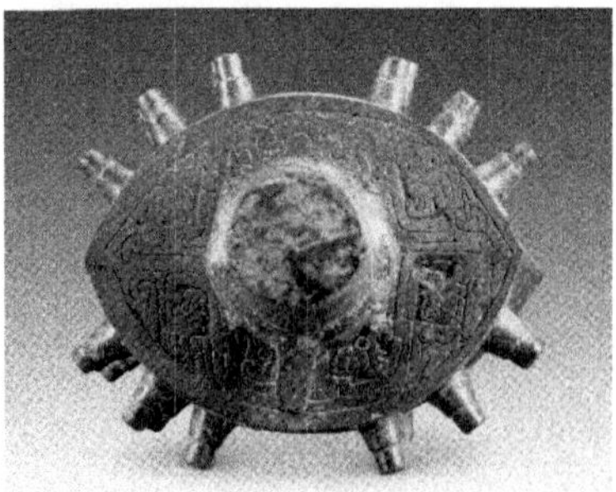

图16　山东沂水纪王崮墓地M1出土的春秋时期青铜甬钟的舞部

图17　河南新郑东周祭祀遗址1号坑出土的A2号钟的舞部

① [清]程瑶田:《凫氏为钟图说》,《考工创物小记·五》,清道光《皇清经解》本,卷五三八。
② [清]程瑶田:《凫氏为钟章句图说》,《考工创物小记·八》,清道光《皇清经解》本,卷五三九。

【舞上—甬】

《凫氏》:“凫氏为钟……舞上谓之甬。”意谓,凫氏制作钟……舞的上面悬挂钟体的柄部叫作“甬”。程瑶田谓:“舞上连钟顶而出之钟柄也为筒,故谓之甬。”①甬是悬挂钟体的柄部,位于舞上。以陕西扶风出土的西周晚期南宫乎钟的柄部(图18)为例,可印证《凫氏》“舞上”与“甬”的相邻关系。

图18 陕西扶风出土的西周晚期南宫乎钟的甬部

【甬上—衡】

《凫氏》:“凫氏为钟……甬上谓之衡。”意谓,凫氏制作钟……悬挂钟体的柄部顶端的圆形平面叫作“衡”。程瑶田谓“其端谓之衡。衡,平也”②,“甬末正平,故谓之衡”③。“衡”指悬挂钟体的柄部顶端的圆形平面,位于甬部之上。程瑶田《凫氏为钟图说》绘衡等部位图呈现了《凫氏》“甬上”与“衡”的相邻关系。④(图19)

---

① [清]程瑶田:《凫氏为钟章句图说》,《考工创物小记·八》,清道光《皇清经解》本,卷五三九。

② [清]程瑶田:《凫氏为钟图说》,《考工创物小记·五》,清道光《皇清经解》本,卷五三八。

③ [清]程瑶田:《凫氏为钟章句图说》,《考工创物小记·八》,清道光《皇清经解》本,卷五三九。

④ [清]程瑶田:《凫氏为钟图说》,《考工创物小记·五》,清道光《皇清经解》本,卷五三八。

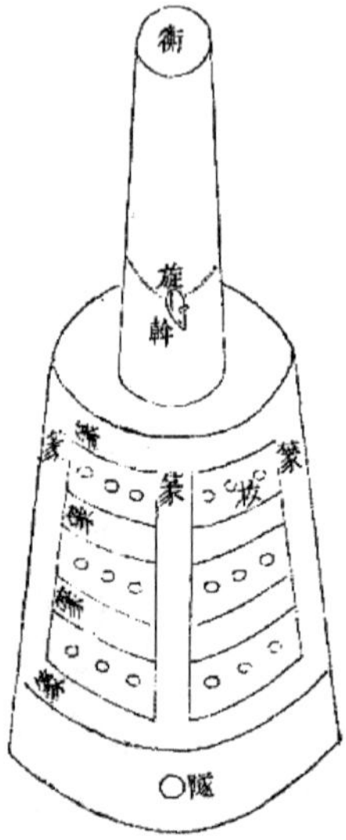

图 19　程瑶田绘衡等部位图

二、名实关系

先秦诸子中，墨子主张根据不同的“实”来确定不同的“名”，即“取实予名”；公孙龙子提出：“夫名，实谓也。”《庄子·至乐》提出：“名止于实，义设于适，是之谓条达而福持。”都认为名实当相符。然而，“名”与“实”之间尽管具有一定的对应关系，却没有必然的逻辑联系。名不一定完全不符合实，也不一定完全符合实。《凫氏》名物的名实关系主要表现为名异实同和名同实异两种类型。

（一）名异实同

【栾—铣】

《凫氏》：“凫氏为钟，两栾谓之铣。”意谓，凫氏制作钟，钟口两侧尖锐的两角（栾）叫作“铣”。贾公彦疏：“栾、铣一物，俱谓钟两角。”程瑶田谓

"古钟羡而不圜,故有两栾,在钟旁,言其有棱栾栾然"①,"其体椭而不正圜,故两边有棱为两栾,通长生光泽,故谓之铣"②。"栾""铣"都指钟口两侧尖锐而有光泽的两角,名异实同。陕西扶风出土的西周晚期南宫乎钟(图 20)、山东沂水纪王崮墓地 M1 出土的春秋时期青铜甬钟(图 21)、山西潞城潞河墓地出土的战国早期兽面纹甬钟(图 22)钟口两侧的两角,均呈现了尖锐形和青铜光泽。

图 20 陕西扶风出土的西周晚期南宫乎钟

图 21 山东沂水春秋时期纪王崮墓地 M1 出土的青铜甬钟

图 22 山西潞城潞河墓地出土的战国早期兽面纹甬钟

【钟县—旋】

《凫氏》:"钟县谓之旋。"意谓,悬挂钟体的柄部中段突出的部位叫作"旋",即钟县。郑玄注:"旋属钟柄,所以县之也。"王引之谓:"'钟县谓之旋'者,县钟之环也。环形旋转,故谓之'旋'。"③孙诒让谓:"旋属甬间,所以县于虡也。"④唐兰《古乐器小记》称:"据《记》文,三分甬长以设其旋,则知旋必着于甬。旋义为环,今目验古钟,甬中间均突起以带,周

① [清]程瑶田:《凫氏为钟图说》,《考工创物小记·五》,清道光《皇清经解》本,卷五三八。
② [清]程瑶田:《凫氏为钟章句图说》,《考工创物小记·八》,清道光《皇清经解》本,卷五三九。
③ [清]王引之:《经义述闻》,虞思徵等校点,上海古籍出版社 2017 年版,第 533 页。
④ [清]孙诒让:《周礼正义》,汪少华点校,中华书局 2015 年版,第 3934 页。

环甬围，其位置正与《考工记》合，是所谓旋也。”[①]此经“钟县”“旋”都指甬部中段突出的环部，名异实同。陕西眉县杨家村窖藏西周逨钟乙 2 钟（图 23）、陕西宝鸡太公庙窖藏春秋时期秦公编钟（图 24）甬部中段突出的环部，均显现了其悬挂钟体的功能；曾侯乙墓出土的战国早期甬钟的旋部饰有猴首龙身造型（图 25），印证了郑玄注“今时旋有……盘龙”的说法。

图 23　陕西眉县杨家村窖藏西周逨钟乙 2 钟（局部）

图 24　陕西宝鸡太公庙窖藏春秋时期秦公编钟

图 25　曾侯乙墓出土的战国早期甬钟的旋部

① 唐兰：《古乐器小记》，《燕京学报》1933 年第 14 期。

【旋虫—斡(斡)①】

《凫氏》:"旋虫谓之斡(斡)。"此"旋虫""斡(斡)"都指钟柄上用以悬挂钟钩的孔,名异实同。陕西眉县杨家村窖藏西周逑钟乙2钟(图26)、陕西宝鸡太公庙窖藏春秋时期秦公编钟(图27)、山西襄汾陶寺北墓地出土的春秋时期甬钟(图28)的斡部,均呈现了制约悬挂钟钩以使适度旋转的功能。

图26 陕西眉县杨家村窖藏西周逑钟乙2钟(局部)

---

① 各本"斡"作"幹"。程瑶田《凫氏为钟图说》谓:"余谓'幹'当为'斡',盖所以制旋者,旋贯于悬之者之凿中,其端必有物以制之。……戴东原《注》云:'斡,所以制旋转者。'钟之旋虫盖亦是物与?'斡旋'二字,后人连文,本诸此矣。"段玉裁注《说文解字》"斡,蠡柄也":"判瓠为瓢以为勺,必执其柄而后可以挹物,执其柄则运旋在我,故谓之斡。引申之,凡执柄枢转运皆谓之斡。……或假借'筦'字。……或作'幹'字。"王引之《经义述闻·周官》"钟县谓之旋旋虫谓之幹"条谓:"'旋虫谓之幹'者,衔旋之纽铸为兽形……居甬与旋之间而司管辖,故谓之'幹'。'幹'之为言犹'管'也。《楚辞·天问》'幹维焉系','幹'一作'筦','筦'与'管'同。"笔者案,以字形辨之,明代章黼撰、吴道长重订《直音篇》卷三《斗部》"斡"字作"斡";清代邢澍《金石文字辨异》言"幹":"汉武荣碑内'幹'三署。案,'幹'乃'斡'字转写之讹,始于汉时也。""斡""幹"形近易混;以字音辨之,"斡"本无管音,《集韵》《韵会》之"古缓切"音殆由"幹"音(《唐韵》"古案切")衍转而来,俱属见纽元部;以字义辨之,《凫氏》"旋虫"及《说文解字》"蠡柄"之核义素皆为旋转,是故《广雅·释诂》云:"斡,转也。"《增韵》训"斡":"旋也,运也,凡旋运者皆曰斡。"阮元《十三经注疏校勘记》:"按,凡旋者皆得云'斡'。"然则《凫氏》"旋虫"文本当厘为"斡",各本"幹"徒形近字耳,《经义述闻·周官》"钟县谓之旋旋虫谓之幹"条之"筦""管"徒"幹"之假借同源字耳,与《凫氏》"旋虫"无涉,故从程、戴、段、阮诸公之意改《凫氏》之字。

图 27　陕西宝鸡太公庙窖藏春秋时期秦公编钟

图 28　山西襄汾陶寺北墓地出土的春秋时期甬钟(局部)

【钟带—篆】

《凫氏》:“钟带谓之篆。”郑玄注:“带所以介其名也,介在于鼓、钲、舞、甬、衡之间,凡四。”程瑶田谓:“钲体正方中有界,纵三横四为钟带,篆起,故谓之篆。”[①]孙诒让谓:“古钟钲间,每面为大方围一,以带周畍其外,而内以二从带中分之,从列椭方围二。椭方围中又以三横带畍之,为横

① [清]程瑶田:《凫氏为钟章句图说》,《考工创物小记·八》,清道光《皇清经解》本,卷五三九。

列椭方围五,大小相间,三大而二小。大者各容乳三,小者为篆文回环其间,此带篆所由名也。"[①]此经"钟带""篆"都指钟体上部直形阔条部位(钲)两边乳状凸钉之间的纹饰间隔界带,名异实同。以陕西眉县杨家村窖藏西周逨钟乙 1 钟(图 29)、台北"故宫博物院"藏西周晚期宗周钟(图 30)为例,其钟带都具有阻尼和加速衰减的作用,可以避免叩击时产生轰鸣声。

图 29 陕西眉县杨家村窖藏西周逨钟乙 1 钟(局部)

图 30 台北"故宫博物院"藏西周晚期宗周钟(局部)

【枚—景】

《凫氏》:"枚谓之景。"程瑶田谓:"枚,隆起有光,故又谓之景焉。"[②]此经"枚""景"都指钟带之间突出的乳状凸钉(即钟乳),名异实同。钟乳作为钟体的振动负载,具有加速高频衰减的作用,有利于钟体的稳态振动。以湖北随州文峰塔曾侯與墓出土的春秋时期编钟(M1:1,图 31)为例,其钟乳凸起较高,钉体无纹,顶端饰有浅涡纹。

① [清]孙诒让:《周礼正义》,汪少华点校,中华书局 2015 年版,第 3935 页。
② [清]程瑶田:《凫氏为钟图说》,《考工创物小记·五》,清道光《皇清经解》本,卷五三八。

图 31 湖北随州文峰塔曾侯舆墓出土的春秋时期编钟(M1:1)

【于上之攠—隧(遂)】

《凫氏》:“于上之攠谓之隧。”①此经“于上之攠”“隧(遂)”均指钟口边沿内腔用以调整音律的沟状磨槽,名异实同。考古发现,陕西蓝田出土的西周时期应侯钟(图 32)内壁有遂,正面正鼓的一条沟形长遂和背面左侧鼓的两条长遂都经过磨错的调音处理;陕西眉县杨家村窖藏西周时期逑钟乙 1 钟(图 33)钟口边沿内腔的沟状磨槽也清晰可见。

《凫氏》上述乐钟部位名物的名异实同关系,恰如《庄子 · 知北游》概括“周”“遍”“咸”三个范围副词时所云:“异名同实,其指一也。”

① 《周礼正义》引俞樾语:“盖‘隧’即‘遂’之俗字。一简之中,正俗错见,传写异耳。”([清]孙诒让:《周礼正义》,汪少华点校,中华书局 2015 年版,第 3937 页)《凫氏》:“为遂……”《周礼正义》引阮元语:“‘遂’是古字,《说文》无‘隧’字。‘隧’,后世俗字耳。”(同上书,第 3947 页)

图 32 陕西蓝田出土的西周时期应侯钟

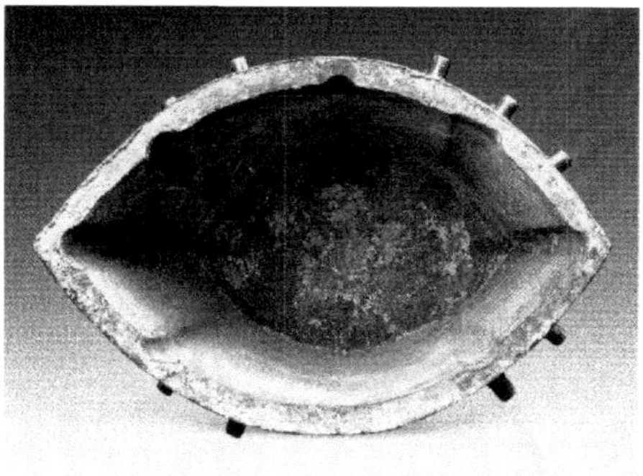

图 33 陕西眉县杨家村窖藏西周时期逨钟乙 1 钟(局部)

(二) 名同实异

【铣间】

《凫氏》:"凫氏为钟……铣间谓之于。"意谓,凫氏制作钟……位于钟口两侧尖锐的两铣周围一圈的迂曲形钟唇即钟口边沿叫作"于"。孙诒让《周礼正义》引徐养原语:"'铣间谓之于',弧背也;'以其钲为之铣间',弧弦也。《记》两言'铣间',其义不同。"①徐养原语甚是。同是"铣间",在"铣间谓之于"一句中指钟口两侧尖锐的两铣周围一圈,犹如弓的圆弧(图 34);而在"以其钲为之铣间"一句中,"铣间"则指钟口的两铣之间的长度(即椭圆形钟口的长轴)(图 35)。两者名同而实异。

① [清]孙诒让:《周礼正义》,汪少华点校,中华书局 2015 年版,第 3933 页。

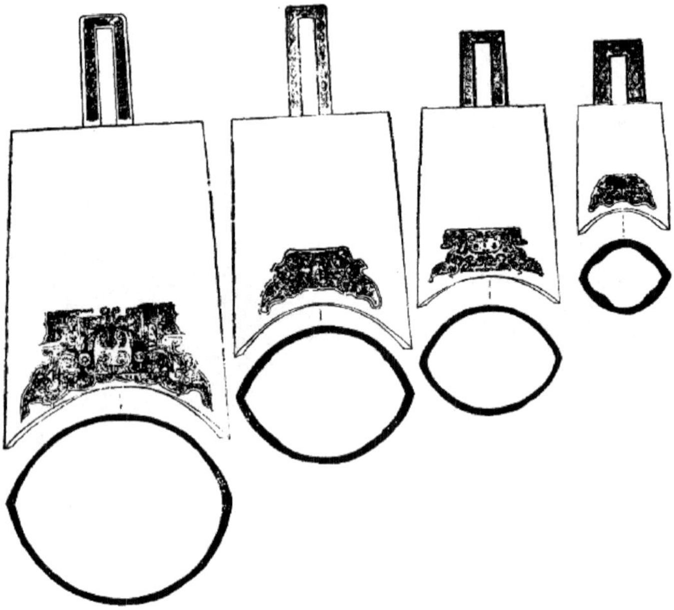

图 34 湖北江陵天星观 1 号楚墓出土的铜编钟形制图

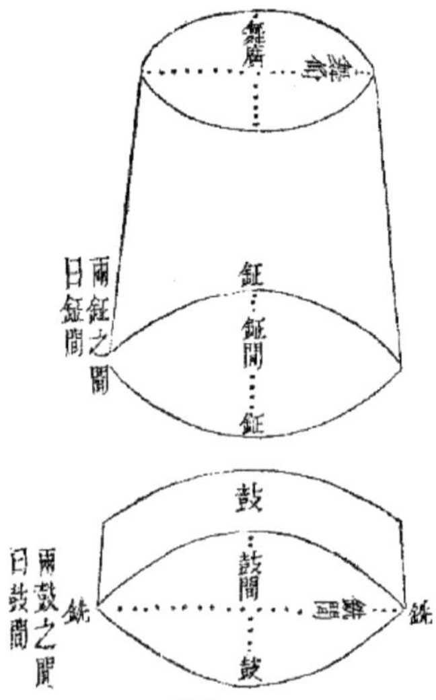

图 35 程瑶田绘凫氏为钟铣间、鼓间、钲间图

沈文倬先生阐述了学术史上对名物的名异实同关系和名同实异关系的两种偏颇理解："固执一家之说的专门之学，往往不能理解名异实同的事物是可以疏通的；反之，一些宏通的学者，又会辨别不清有些物制的实质差异，事事附会牵合，强求一致；二者都无法获致符合实际的确解的。"[①]探讨《凫氏》名物的名实关系，同样要注意避免这两种倾向。

三、度量关系

程瑶田曾概括《凫氏》篇章结构的第二个层次，是"叙其命分次第"，即记述乐钟部件之间比例关系的顺序："分铣之通长为十，以为矩度。其余所命之分皆自此矩度中出之。是故钟体通长亦十，中与边同长也。分矩度之十为两段，上段钲八，下段鼓二也。然后以钲八度其钟口。钟口椭圜，画为十字，有纵有横。横者八，铣间也；纵者去二分得六，鼓间也。然后以鼓间六度其钟顶，亦画为十字，有纵有横。横者六，舞修也；纵者去二分得四，舞广也。然后复以钲长为甬长之度。钲八，甬亦八也。甬形正圜屈，甬八，为之围，即其接舞处也。甬亦下大上小。上小者衡围，三分甬围，去一以为之也。至于钟体之厚，则有大钟小钟之分。十分其鼓间，以其一为大钟之厚；十分其钲间，以其一为小钟之厚也。遂之深，又从钟厚出之。六分其厚，以其一为之。"[②]《凫氏》名物的度量关系主要包括等量关系和比照关系两种类型。

---

① 沈文倬：《孙诒让周礼学管窥》，载杭州大学语言文学研究室：《孙诒让研究》，浙江日报社1963年版，第43页。

② ［清］程瑶田：《〈凫氏〉〈磬氏〉二记属文说》，《考工创物小记·八》，清道光《皇清经解》本，卷五三九。

（一）等量关系

【钲（长）—铣间】

《凫氏》："以其钲为之铣间。"郑玄注引杜子春语："铣，钟口两角。"他进一步解释说："此言钲之径居铣径之八，而铣间与钲之径相应。"程瑶田谓"铣间者，钟口之大径"①，"铣间八"②，"此记以钟之命名位置既定，须制矩度，以为诸命名出分之本也。其矩度，即以钟体之长所谓铣者为之。……两铣之间，即以其钲为之，钲八，铣间亦八也，是为钟口大径"③。《凫氏》意谓，将钟体上部直形阔条部位的长度设定为钟口两铣之间的长度（即椭圆形钟口的长轴）（参见图35）。两者之间的比例关系可以表述为：

> 钟体上部直形阔条部位的长度（分为8等份）与钟口两铣之间的长度（即椭圆形钟口的长轴，同样分为8等份）相等。

【鼓间—舞修】

《凫氏》："以其鼓间为之舞修。"程瑶田谓"两鼓相触，以为钟口小径，是之谓鼓间"④，"鼓间六也，是为钟口小径"⑤。鼓间指钟口的两鼓之间的长度（即椭圆形钟口的短轴）。《凫氏》意谓，应将钟口边沿的两个敲击部位之间的距离设定为与钟的平顶的长度相等（参见图35）。两者之间的比例关系可以表述为：

---

① ［清］程瑶田：《凫氏为钟图说》，《考工创物小记·五》，清道光《皇清经解》本，卷五三八。
② ［清］程瑶田：《凫氏为钟章句图说》，《考工创物小记·八》，清道光《皇清经解》本，卷五三九。
③ 同上。
④ ［清］程瑶田：《凫氏为钟图说》，《考工创物小记·五》，清道光《皇清经解》本，卷五三八。
⑤ ［清］程瑶田：《凫氏为钟章句图说》，《考工创物小记·八》，清道光《皇清经解》本，卷五三九。

钟口边沿的两个敲击部位(鼓)之间的距离(分为6等份)与钟的平顶(舞)的长轴长度(同样分为6等份)相等。

【钲长—甬长】

《凫氏》:“以其钲之长为之甬长。”程瑶田谓:“于是以其钲之长为之甬长,甬长亦八也。”①《凫氏》意谓,把钟体上部直形阔条部位的长度设置为悬挂钟体的柄部的长度(参见图1)。两者之间的比例关系可以表述为:

钟体上部两面直形阔条(钲间)的长度(分为8等份)等同于悬挂钟体的柄部(甬)的长度(同样分为8等份)。

【甬长—(甬)围】

《凫氏》:“以其甬长为之围。”意谓,将悬挂钟体的柄部(甬)的长度作为其周长的度量标准(参见图1)。两者之间的比例关系可以表述为:

悬挂钟体的柄部(甬)长度,当被划分为8等份时,恰好等于周长的8等份。

(二)比照关系

【铣(长)—钲(长)】

《凫氏》:“十分其铣,去二以为钲。”意谓,将钟的铣(即钟口两侧尖锐的角)之间的总长度分为十个等份,然后减去两个等份,剩下的八个等份即为钟体上部直形阔条部位(钲)的长度(参见图35)。郑玄注:“此言

① [清]程瑶田:《凫氏为钟章句图说》,《考工创物小记·八》,清道光《皇清经解》本,卷五三九。

钲之径居铣径之八。”程瑶田谓:“于是十分其铣,然后以十分之铣去二得八,为钟体上段之钲。”①据此推算,钟口两侧尖锐的两角之间的长度与钟体上部直形阔条部位的长度之间的比例关系可以表述为:

> 钟口两侧尖锐的两角(铣)之间的长度(分为10等份)减去2等份,等于钟体上部直形阔条部位(钲)的长度(8等份)。

【铣间—鼓间】

《凫氏》:“十分其铣,去二以为钲,以其钲为之铣间,去二分以为之鼓间。”郑玄注:“此言钲之径居铣径之八,而铣间与钲之径相应;鼓间又居铣径之六,与舞修相应。”程瑶田谓:“去铣间之二分,以为两鼓间,铣间八,鼓间六也,是为钟口小径。”②《凫氏》阐述了制作钟体的精确比例。具体而言,将钟体的全长划分为十个等份,然后减去两个等份,余下的八个等份即为钟体上部直形阔条的尺寸。接着,将这个尺寸设定为钟口两铣之间的距离,也就是椭圆形钟口的长轴。同样地,从这个长度中再减去两个等份,得到的尺寸将作为钟口边沿两个叩击部位之间的距离,即椭圆形钟口的短轴(参见图36)。据此计算,钟体上部两面直形阔条的长

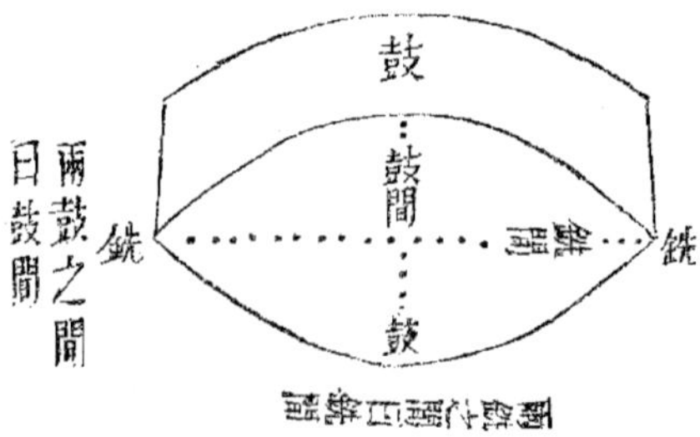

图36 程瑶田绘凫氏为钟铣间鼓间图

① [清]程瑶田:《凫氏为钟章句图说》,《考工创物小记·八》,清道光《皇清经解》本,卷五三九。

② 同上。

度与钟口边沿两个叩击部位之间的长度(即椭圆形钟口的短轴)之间的比例关系为:

钟体上部两侧直形宽阔部分(钲)的长度(分为8等份)减去2等份,等于钟口边缘两个敲击部位之间(鼓间)的长度(6等份)。

对照山西绛县横水西周墓地M2022出土的青铜甬钟(M2022:193)的钟口两铣之间(即椭圆形钟口的长轴)与两鼓之间(即"于阔",椭圆形钟口的短轴)的尺寸,结合与《凫氏》相关记载,制作表1。[①]

表1 山西绛县横水西周墓地出土甬钟(M2022:193)与《凫氏》铣间和鼓间比例关系对照表

器号	铣间(厘米)	鼓间(厘米)	铣间与鼓间的比例关系(约)	
			横水西周墓地M2022	《凫氏》
M2022:193	24.7	18.6	1:0.753	1:0.75

对照河南淅川和尚岭春秋中期楚墓M2出土的九件钮钟钟口的两铣之间(即椭圆形钟口的长轴)与两鼓之间(即"于阔",椭圆形钟口的短轴)的尺寸,结合《凫氏》相关记载,制作表2。[②]

表2 和尚岭楚墓M2出土钮钟与《凫氏》铣间和鼓间比例关系对照表

器号	铣间(厘米)	鼓间(厘米)	铣间与鼓间的比例关系(约)	
			和尚岭楚墓M2	《凫氏》
M2:37	8.7	6.8	1:0.78	1:0.75
M2:38	9	7.4	1:0.82	
M2:39	10.2	8.1	1:0.79	
M2:40	11.5	9	1:0.78	

① 本表涉及山西绛县横水西周墓地2022号墓青铜甬钟(M2022:193)铣间与鼓间(即于阔)的尺寸统计数据,源于山西省考古研究院、运城市文物工作站、绛县文物局联合考古队等:《山西绛县横水西周墓地2022号墓发掘报告》,《考古学报》2022年第4期。

② 本表涉及河南淅川和尚岭春秋中期楚墓M2出土的钮钟的铣间与鼓间的尺寸统计数据,源于河南省文物研究所等:《淅川县和尚岭春秋楚墓的发掘》,《华夏考古》1992年第3期。

（续表）

器号	铣间（厘米）	鼓间（厘米）	铣间与鼓间的比例关系（约）	
			和尚岭楚墓 M2	《凫氏》
M2:41	13	9.5	1∶0.73	1∶0.75
M2:42	14.4	11	1∶0.76	
M2:43	14.4	11.6	1∶0.81	
M2:44	16	12	1∶0.75	
M2:45	16	11.5	1∶0.72	

对照河南淅川和尚岭春秋中期楚墓 M2 出土的八件镈钟的钟口两铣之间（即椭圆形钟口的长轴）与两鼓之间（即椭圆形钟口的短轴）的尺寸，结合《凫氏》相关记载，制作表 3。①

表 3　和尚岭楚墓 M2 出土镈钟与《凫氏》铣间和鼓间比例关系对照表

器号	铣间（厘米）	鼓间（厘米）	铣间与鼓间的比例关系（约）	
			和尚岭楚墓 M2	《凫氏》
M2:46	15.5	12	1∶0.77	1∶0.75
M2:47	17.3	12.4	1∶0.72	
M2:48	18	12.6	1∶0.7	
M2:49	19.2	15	1∶0.78	
M2:50	21.3	16	1∶0.75	
M2:51	24	17	1∶0.71	
M2:52	26.5	20	1∶0.75	
M2:53	28.2	19	1∶0.67	

上述九件钮钟中，钟口的两铣（即椭圆形钟口的长轴）与两鼓（即椭圆形钟口的短轴）之间的平均尺寸比例大约为 1∶0.77，这一比例略高于《凫氏》中所记载的 1∶0.75 的比例；而在八件镈钟中，钟口的相关平均尺寸比例约为 1∶0.73，这一比例则略低于《凫氏》所记载的 1∶0.75 的比例；九件钮钟与八件镈钟钟口的相关平均尺寸比例约为 1∶0.75，恰好

① 本表涉及河南淅川和尚岭春秋中期楚墓 M2 出土的镈钟的铣间与鼓间的尺寸统计数据，源于河南省文物研究所等：《淅川县和尚岭春秋楚墓的发掘》，《华夏考古》1992 年第 3 期。

与《凫氏》记载的1：0.75的比例相吻合。

在湖北随州文峰塔M1（春秋晚期曾侯與墓）出土的八件编钟中，除两件（M1:2、M1:4）受损外，其余六件编钟的钟口两铣之间（即椭圆形钟口的长轴）与两鼓之间（即椭圆形钟口的短轴）的尺寸结合《凫氏》的相关记载，详见表4。①

表4 文峰塔M1出土编钟与《凫氏》铣间和鼓间比例关系对照表

<table>
<tr><th rowspan="2">器号</th><th rowspan="2">铣间
（厘米）</th><th rowspan="2">鼓间
（厘米）</th><th colspan="2">铣间与鼓间的比例关系（约）</th></tr>
<tr><th>文峰塔M1</th><th>《凫氏》</th></tr>
<tr><td>M1:1</td><td>49.2</td><td>38</td><td>1：0.77</td><td rowspan="6">1：0.75</td></tr>
<tr><td>M1:3</td><td>20.6</td><td>16.4</td><td>1：0.8</td></tr>
<tr><td>M1:5</td><td>14.7</td><td>11.2</td><td>1：0.76</td></tr>
<tr><td>M1:6</td><td>10</td><td>7.9</td><td>1：0.79</td></tr>
<tr><td>M1:7</td><td>7.9</td><td>6.1</td><td>1：0.77</td></tr>
<tr><td>M1:8</td><td>8.2</td><td>5.4</td><td>1：0.66</td></tr>
</table>

上述六件编钟钟口的两铣之间（即椭圆形钟口的长轴）与钟口的两鼓之间（即椭圆形钟口的短轴）的平均尺寸比例约为1：0.76，略高于《凫氏》所记载的约1：0.75的比例。

【舞修—舞广】

《凫氏》："以其鼓间为之舞修，去二分以为舞广。"意谓，钟顶的长度应等同于钟口边沿两个敲击部位间的距离，而钟顶的宽度则应为该长度减去两个等份的数值（参见图35）。据此推算，钟顶椭圆长轴与短轴的比例关系可以表述为：

> 钟顶（舞）的长度（相当于6等份）减去2等份，即为钟顶（舞）的宽度（相当于4等份）。

① 本表涉及湖北随州文峰塔M1（春秋晚期曾侯與墓）出土的六件编钟的铣间与鼓间的尺寸统计数据，源于湖北省文物考古研究所等：《随州文峰塔M1（曾侯與墓）、M2发掘简报》，《江汉考古》2014年第4期。

对照山西绛县横水西周墓地 M2022 号墓出土的青铜甬钟(M2022:193)舞部椭圆长轴与短轴的尺寸,结合《凫氏》相关记载,制作表 5。①

表 5 横水西周墓地出土甬钟(M2022:193)与《凫氏》舞修和舞广比例关系对照表

器号	长轴(厘米)	短轴(厘米)	长轴与短轴比例关系(约)	《凫氏》舞修与舞广比例关系(约)
M2022:193	20	15.7	1:0.785	1:0.67

对照河南淅川和尚岭春秋中期楚墓 M2 出土的九件钮钟舞部椭圆长轴与短轴的尺寸,结合《凫氏》相关记载,制作表 6。②

表 6 和尚岭春秋中期楚墓 M2 出土钮钟与《凫氏》舞修和舞广比例关系对照表

器号	长轴(厘米)	短轴(厘米)	长轴与短轴比例关系(约)	《凫氏》舞修与舞广比例关系(约)
M2:37	8	6	1:0.75	1:0.67
M2:38	8.6	6.5	1:0.76	
M2:39	10.3	7.2	1:0.7	
M2:40	10.5	8.6	1:0.82	
M2:41	12.1	8.7	1:0.72	
M2:42	13.2	9.2	1:0.7	
M2:43	14	10.2	1:0.73	
M2:44	14.4	10.3	1:0.72	
M2:45	13.8	10.4	1:0.75	

参照河南淅川和尚岭春秋中期楚墓 M2 出土的八件镈钟舞部椭圆长轴与短轴的尺寸,结合《凫氏》相关记载,制作表 7。③

① 本表涉及山西绛县横水西周墓地 2022 号墓青铜甬钟(M2022:193)舞部的椭圆长轴与短轴的尺寸统计数据,源于山西省考古研究院、运城市文物工作站、绛县文物局联合考古队等:《山西绛县横水西周墓地 2022 号墓发掘报告》,《考古学报》2022 年第 4 期。

② 本表涉及河南淅川和尚岭春秋中期楚墓 M2 出土的镈钟舞部的椭圆长轴与短轴尺寸统计数据,源于河南省文物研究所等:《淅川县和尚岭春秋楚墓的发掘》,《华夏考古》1992 年第 3 期。

③ 同上。

表7 和尚岭楚墓 M2 出土镈钟与《凫氏》舞修和舞广比例关系对照表

器号	长轴（厘米）	短轴（厘米）	长轴与短轴比例关系(约)	《凫氏》舞修与舞广比例关系(约)
M2:46	13.8	10.6	1∶0.77	1∶0.67
M2:47	15.2	11.6	1∶0.76	
M2:48	15.5	12.5	1∶0.81	
M2:49	17.5	13	1∶0.74	
M2:50	18.5	14.2	1∶0.77	
M2:51	21	16	1∶0.76	
M2:52	23	17.5	1∶0.76	
M2:53	24	19.6	1∶0.82	

九件钮钟的舞部椭圆长轴与短轴的平均尺寸比例约为 1∶0.74，而八件镈钟的舞部椭圆长轴与短轴的平均尺寸比例约为 1∶0.77，这两个比例均略高于《凫氏》中所记载的 1∶0.67 的比例关系。

对照湖北随州文峰塔 M1（春秋晚期曾侯與墓）出土的八件编钟舞部椭圆长轴与短轴的尺寸，结合《凫氏》相关记载，制作表 8。①

表8 文峰塔 M1 出土编钟与《凫氏》舞修和舞广比例关系对照表

器号	长轴（厘米）	短轴（厘米）	长轴与短轴比例关系(约)	《凫氏》舞修与舞广比例关系(约)
M1:1	42.8	32.6	1∶0.76	1∶0.67
M1:2	46	34.2	1∶0.74	
M1:3	18	13.6	1∶0.76	
M1:4	17.5	13.2	1∶0.75	
M1:5	13.2	10	1∶0.76	
M1:6	9.3	6.6	1∶0.71	
M1:7	7.1	5.4	1∶0.76	
M1:8	7.4	5.6	1∶0.76	

上述八件编钟的舞部椭圆长轴与短轴的平均尺寸比例约为

① 本表涉及湖北随州文峰塔 M1（春秋晚期曾侯與墓）出土的八件编钟的舞部的椭圆长轴（舞修）与短轴（舞广）的尺寸统计数据，源于湖北省文物考古研究所等：《随州文峰塔 M1（曾侯與墓）、M2 发掘简报》，《江汉考古》2014 年第 4 期。

1∶0.75,也略高于《凫氏》中记载的舞修与舞广约1∶0.67的比例。

【(甬)围—衡围】

《凫氏》中提道:“参分其围,去一以为衡围。”意谓,将悬挂钟体的柄部(甬)的周长分为三个等份,然后减去其中的一个等份,即把钟柄周长的三分之二设置为钟柄顶端圆形平面的周长(参见图1)。据此推算,钟柄长度/周长与钟柄顶端圆形平面的周长的比例关系为:

悬挂钟体的柄部(甬)的长度/周长(8等份)×2/3,等于悬挂钟体的柄部顶端的圆形平面(衡)的周长(5.333等份)。

对照山西绛县横水西周墓地M2022出土的青铜甬钟(M2022:193)的甬部的长度与衡部的长轴和短轴的尺寸,结合《凫氏》相关记载,制作表9。①

表9　横水西周墓地M2022出土甬钟(M2022:193)与《凫氏》甬长和衡围比例关系对照表

器号	甬长(厘米)	衡部长轴(厘米)	衡部短轴(厘米)	衡围(厘米)②	甬长与衡围的比例关系(约)	
					M2022:193	《凫氏》
M2022:193	13.5	3.9	3	11.22	1∶0.83	1∶0.67

在湖北随州文峰塔M1(春秋晚期曾侯舆墓)出土的八件编钟中,一件(M1:2)受损,对照其余七件编钟的甬部长度、衡部直径及周长的尺寸,结合《凫氏》相关记载,制作表10。③

① 本表涉及山西绛县横水西周墓地2022号墓青铜甬钟(M2022:193)甬部的长度与衡部的长轴和短轴的尺寸统计数据,源于山西省考古研究院、运城市文物工作站、绛县文物局联合考古队等:《山西绛县横水西周墓地2022号墓发掘报告》,《考古学报》2022年第4期。

② 《山西绛县横水西周墓地2022号墓发掘报告》未涉M2022:193衡部周长尺寸。笔者根据M2022:193衡部的长轴和短轴的尺寸以及椭圆形周长的运算公式 $L=2\pi b+4(a-b)$ 的公式,推算其周长(即衡围)的尺寸为11.22厘米,甬长与衡部周长(即衡围)的比例为1∶0.83。

③ 本表涉及湖北随州文峰塔M1(春秋晚期曾侯舆墓)出土的七件编钟的甬部的长度(甬长)与衡部的直径(衡径)的尺寸统计数据,源于湖北省文物考古研究所等:《随州文峰塔M1(曾侯舆墓)、M2发掘简报》,《江汉考古》2014年第4期。

表 10　文峰塔 M1 出土编钟与《凫氏》甬长和衡围比例关系对照

器号	甬长（厘米）	衡径（厘米）	衡围（厘米）	甬长与衡围的比例关系(约)	
				文峰塔 M1	《凫氏》
M1:1	44.4	10	31.42	1∶0.71	1∶0.67
M1:3	19.1	3.8	11.94	1∶0.63	
M1:4	18.1	3.8	11.94	1∶0.66	
M1:5	13.7	2.3	7.23	1∶0.53	
M1:6	9.6	3.2	10.05	1∶1.09	
M1:7	7.2	1.5	4.71	1∶0.65	
M1:8	7.6	1.6	5.03	1∶0.66	

在上述七件编钟中，若排除甬部长度和衡部周长的最高值（M1:6）与最低值（M1:5），剩余五件编钟的甬部长度与衡部周长的平均尺寸比例约为 1∶0.66，这与《凫氏》所记载的约 1∶0.67 的比例相近。

【甬长—旋】

《凫氏》："参分其甬长，二在上，一在下，以设其旋。"意谓，把悬挂钟体的柄部（甬）的长度分为三个等份，三分之二在上面，三分之一在下面，把柄部中段突出的部位设在这个位置（参见图 19）。

【鼓间—（壁）厚】

《凫氏》："是故大钟十分其鼓间，以其一为之厚。"意谓，将大钟钟口边沿的两个敲击部位之间的距离（即椭圆形钟口的短轴）分为十个等份，其中一个等份即为大钟钟壁的厚度。① 这种比例关系可以表述为：

> 钟口边沿的两个叩击部位之间（鼓间）的长度（6 等份）的 1/10，等于大钟钟壁的厚度（0.6 等份）。

【钲间—（壁）厚】

《凫氏》："小钟十分其钲间，以其一为之厚。" 意谓，将小钟的钟体上

① 山西太原金胜村 251 号春秋时期大墓出土的夔龙夔凤纹编钟的钟腔内唇较厚，钟体外壁下段靠近钟口边沿叩击处两旁的前后各有两处圈拱形特厚的部位，其余部位厚薄均匀。

部两面直形阔条部位之间的长度分为十个等份，然后将其中的一个等份设置为小钟钟体的厚度。这种比例关系可以表达为：

> 钟体上部两面直形阔条部位之间（钲间）的长度（8 等份）乘以 1/10 等于小钟钟壁的厚度（0.8 等份）。

【（遂）厚—（遂）深】

《凫氏》："为遂，六分其厚，以其一为之深而圜之。"这段话阐述了在制作用于调整音律的钟口边沿内腔沟状磨槽时，应将该部分的厚度分为六个等份，然后将其中的一个等份设置为磨槽的深度，并将其形状制作为圆形。根据这一描述，我们可以推导出钟口边沿内腔沟状磨槽（遂）的厚度与深度之间的比例关系如下：

> 钟口边沿内腔沟状磨槽（遂）厚度的 1/6 相当于钟口边沿内腔沟状磨槽（遂）的深度。

综上所述，《凫氏》记载的乐钟各部位之间的尺寸比例关系，如表 11 所示。

表 11 《凫氏》乐钟各部位之间的尺寸比例关系

名称	度量比照（等份）
铣（长）	10
钲（长）	8
甬长	8
铣间	8
鼓间	6
舞修	6
舞广	4

这些尺寸比例的设定旨在确保钟声的精确与协调,以实现乐钟最优的音响效果。

结 语

《凫氏》在乐钟领域的主要贡献体现在对乐钟的设计与铸造规范、影响其声音的因素以及检验方法等方面。这些详尽的记录不仅为先秦时期的音乐工匠提供了重要的参照标准,也给后代的音乐与工艺研究者留下了珍贵的文献资料。

《凫氏》有关乐钟部位的空间关系,涵盖了有序的区间关系与相邻关系;名实关系主要表现为名异实同和名同实异两种类型;度量关系则包括等量关系与比照关系两种类型。这些关系之间不仅具有紧密相连的关联性,还呈现出相互制约的有序性。通过分析《凫氏》中所描述的乐钟部位关系,我们可以洞察到先秦时期乐钟设计与铸造的理想与实际水平。对这些关系类型的总结与归纳,可为进一步研究先秦乐钟的设计与铸造历史提供翔实的文献证据。

参考文献

河南省文物研究所等:《淅川县和尚岭春秋楚墓的发掘》,《华夏考古》1992 年第 3 期。

湖北省文物考古研究所等:《随州文峰塔 M1(曾侯與墓)、M2 发掘简报》,《江汉考古》2014 年第 4 期。

山西省考古研究院、运城市文物工作站、绛县文物局联合考古队等:《山西绛县横水西周墓地 2022 号墓发掘报告》,《考古学报》2022 年第 4 期。

沈文倬:《孙诒让周礼学管窥》,载杭州大学语言文学研究室:《孙诒让研究》,浙江日报社 1963 年版。

闻人军:《〈考工记〉'钟氏''㲋氏'错简论考》,载虞万里主编:《经学文献研究集刊》第 25 辑,上海书店出版社 2021 年版。

郑玄训注,吴澄考注,周梦旸批评,赵标校刊:《批点考工记》,中华书局 1991 年版。

Lothar von Falkenhausen, *Suspended Music: Chime-Bells in the Culture of Bronze Age China*, Berkeley: University of California Press, 1993.

（编辑　李冬梅）

廖平文明史观述论

杨世文　苗泽辉[*]

摘要:廖平的文明史观主张人类历史遵循“先蛮野,后文明”的发展模式,这一理念与传统儒家对唐虞三代的理想化描绘形成鲜明对比。廖平提出,孔子在六经中已经为未来社会的伦理和制度安排了蓝图。他所阐释的文明进化过程,涵盖了从伯、王到帝、皇的政体演变,以及从人文学问向天文学问的文明进步。在这一理论框架内,历史上的政权更迭不仅仅是政治变革,更是文化演进的体现。儒家“忠、敬、文”三种政体循环交替的理论与西方的专制、民权、共和三种政体相呼应,廖平据此认为中国已经完成了一次完整的三统循环。孔子编纂新经的目的就是为了确立伦常,期望能够引导社会从蛮野状态逐步过渡到文明状态。廖平强调了文化传承与创新的必要性,以及在全球化背景下文明交流与融合的重要性;尽管中西方文明发展的程度存在差异,但未来的目标必然相同。廖平的文明史观不仅为理解中国传统文化提供了新的视角,也为现代文明的发展提供了有益的启示。

关键词: 廖平　文明史观　孔经哲学

* 杨世文,四川大学古籍整理研究所研究员、博士生导师;苗泽辉,四川大学古籍整理研究所博士研究生。

引　言

正如学者们所指出的，在当代文明史的编纂过程中，我们不可避免地面临一个长期存在的问题：定义“文明”概念、全球传播文明观以及文明史的书写话语权，这些都牢牢掌握在西方学者手中。这导致了当前（包括西方和中国的）文明史编纂中存在严重的“西方中心主义”倾向，“对东方文明，尤其是对中国文明的书写存在史实不符、歪曲贬低、盲目跟风、亦步亦趋等问题”①。针对这一问题，我们有必要重新审视和重构文明史的书写范式。近代经学大师廖平的文明史观为我们提供了一种新的视角。他提出，人类文明的历史并非单一线性的进程，而是遵循着“先蛮野，后文明”的发展规律。这一观点与儒家传统对唐虞三代的理想化描述形成了鲜明对比。廖平进一步阐释了文明进化的程序，包括从伯、王到帝、皇的政体变迁，以及从人学向天学的文明演进。

廖平文明史观不局限于中国，而是从全球视野出发，对中西文明进行对比分析，指出儒家“忠、敬、文”三种政体与西方的专制、民权、共和三种政体相对应。他认为中国自蛮野至文明始自孔子作“新经”，孔子在六经中已为未来社会的伦理准则和制度安排制定了蓝图，引导中国渐进至文明。廖平进一步预言，中国已经经历一次完整的“三统循环”，而西方世界亦将经历类似的文明进化过程。廖平承认中西文明之间的差异，指出中西方在物质文明和伦常文明方面互有领先，故孔教诸子应昌明圣教，未来应当发挥中国文明之所长，实现“同文同轨，致太平大一统之盛”的理想。本着“同情之理解”的态度，我们尝试将廖平文明史观与他的孔经哲学思想相联系，置于全球文明史视野中进行考察，注重中西文明之

① 曹顺庆、刘诗诗：《重写文明史：建构中国自主知识体系的底座》，《四川大学学报（哲学社会科学版）》2024 年第 2 期。

间的双向互动和求同释异,避免“欧洲中心主义”的影响。这不仅对理解廖平经学之全貌有所助益,也可对中西文明互鉴研究有所推进。

一、先蛮野后文明:廖平文明史观的基点

儒家多视唐虞三代为圣王治世、协和万邦的理想时代,这在六经中早有论述。孔子对尧舜时代最为推崇,他说:“大哉尧之为君也!巍巍乎!唯天为大,唯尧则之。荡荡乎!民无能名焉。巍巍乎其有成功也,焕乎其有文章!”[①]孟子“言必称尧舜”[②],并指出“欲为君,尽君道;欲为臣,尽臣道。二者皆法尧、舜而已矣”[③]。此外,郭店楚简《唐虞之道》有云:“唐虞之道,禅而不传。尧舜之王,利天下而弗利也。禅而不传,圣之盛也;利天下而弗利也,仁之至也。古昔贤仁圣者如此。身穷不困,损而弗利躬,仁矣。必正其身,然后正世,圣道备矣!”[④]因此,唐虞三代之治便成了历代儒家所推崇的理想政治。

就廖平的文明史观而论,显然不同于既往的儒家学者,廖平坚信人类文明的发展遵循“先蛮野,后文明”的发展规律:

> 凡地球开辟,中国情形不异于欧、美,欧、美不异于非、澳,盖愈古则愈蛮野,愈近则愈文明。[⑤]

既然人类历史发展规律如是,则唐虞三代绝非天下大治的理想时代。那么,廖平因何得出如此判断?这与清季民国的时代背景密切相

① 《论语·泰伯》。
② 《孟子·滕文公上》。
③ 《孟子·离娄上》。
④ 刘钊:《郭店楚简校释》,福建人民出版社2005年版,第148页。
⑤ 廖平撰,邱进之点校:《公羊春秋经传验推补证》,载舒大刚、杨世文主编:《廖平全集》第7册,上海古籍出版社2015年版,第1411页。

关。彼时中国社会正处于“三千年未有之大变局”的交汇点,西方列强的冲击和内部的变革呼声,使得中国传统文化面临前所未有的挑战,因此“古今中西”之争成为思想领域的核心议题。廖平在这样的背景下,试图通过文明史观来应对时代议题和文化困境,探寻中华文化在全球化时代的位置。随着西学东渐,中国学者逐渐认识到中西方在科技、政治、军事等方面存在客观差距,西化、欧化思潮随即兴起。

1898 年,樊锥在《湘报》刊发《开诚篇》,其文主张“一切繁礼细故,猥尊鄙贵,文武名场,恶例劣范,铨选档册,谬条乱章,大政鸿法,普宪均律,四民学校,风情土俗,一革从前,搜索无剩,唯泰西者是效”①。20 世纪初,源自日本的国粹与欧化之争波及中国,进一步推动了国内欧化思潮的盛行,持欧化论者或以中西思想、制度对比,论证中国旧制之弊:

> (中国)最与欧西之思想相反,且最有害于进取者,厥唯视君若天若父,凡民之事,无不应听其裁制之一念。斯一念者,使数千年人民,蒙昧于不作不为之中。使中国社会之演进,远落于欧人之后也。②

或以日本为例,宣扬中国欧化之必要:

> 泰西文明为之母,而孕育泰东文明为之子。……观于东邦革新,输进欧化,举国风靡。哲学也,耶教也,文物也,风俗也,盖去不尽弃其旧而倾向焉。卒归日本国家之主义。是可见欧化之实效也。③

欧化论者认为西方的科技、制度和文化是先进的,而中国的传统是

---

① 樊锥:《开诚篇三》,《湘报》1898 年第 24 期。
② 费培杰:《吾国与西欧文明演进之迟速》,《清华学报》1918 年第 3 卷第 8 期。
③ 董寿慈:《论欧化主义》,《寰球中国学生报》1907 年第 1 卷第 4 期。

落后的，需要被改革或摒弃，而中国应全面采纳西方的政治、经济、文化和教育制度。这种思潮导致了中国文化的根基和道德依托受到威胁，使得传统文化的价值被质疑，文化自信受到挑战。廖平在《尊孔篇》中指出："近之学人，崇拜欧化，不一而足，攻经无圣之作，时有发表，动云中国无一人可师，无一书可读。"[①]他担忧此种风气导致中国将失去其文化的根基和道德的依托，致使废经以后，中国文化无所依归，"将来大一统，政教何所凭借，实无术以善其后"[②]。这反映了他对于中国未来政教发展的关切，以及对中华文化断裂危机的重视。

法国历史学家布罗代尔认为："文明只能在长时段中进行研究，这样才能把握一条逐渐呈现的主线——为一群人所共同遵守的某种东西。"[③]廖平试图将中华文化的核心价值——孔学孔经，与西方文化进行比较和对话，以寻求文化的共通点和互补性。作为今文学家，廖平学术思想的一个核心观点，即认为"孔子作新经"，尤其在他"经学二变"之后，更加强化了这一立场。孔子是中国文化最具代表性的符号和象征，"中国自汉唐以来，辟雍专主尊孔，不言帝王周公也"[④]，"尊孔"是汉唐以来始终贯彻的学术与政治传统，"尊孔"不仅是对传统文化的坚守，也是对时代挑战的回应，对民族未来的关怀，以及对文明发展普遍规律的探索。

廖平认为，春秋以前，中国的文字形式有别于今日熟知的书面形式，更像一种绳纽的编织。这种文字，经过孔子整理、创制，形成了所谓"六书"。在《尊孔篇》中，廖平明确提出："凡用六书文字之书，皆出孔后。凡

① 廖平：《尊孔篇》，杨世文校点，载舒大刚、杨世文主编：《廖平全集》第 2 册，上海古籍出版社 2015 年版，第 1014 页。

② 廖平：《公羊春秋经传验推补证》，邱进之点校，载舒大刚、杨世文主编：《廖平全集》第 7 册，第 790 页。

③〔法〕费尔南·布罗代尔：《文明史：人类五千年文明的传承与交流》，常绍民等译，中信出版社 2014 年版，第 40 页。

④ 廖平：《尊孔篇》，杨世文校点，载舒大刚、杨世文主编：《廖平全集》第 2 册，上海古籍出版社 2015 年版，第 1013 页。

用经语及传记师说礼制者，皆为孔学。”[①]孔子的整理和创新影响着古代的历史文本，原先的书写方式在经过孔子的处理后逐渐停止使用，他的学问着重于“经、史”和“语、文”之间的区分。后世学人所诵读研习的六经相关典籍，都发端于孔子思想和儒家学说，这表明，廖平将经、史、子和集均纳入孔经范围，进而使“二帝、三王、周公者，皆在孔子经中”[②]，从而确立了孔子在中华文化中至高无上的地位。

在廖平看来，孔子制作六经、垂法万世是中华文明从蛮野走向文明的关键，中华文明的演进过程也体现了人类文明发展的普遍规律，即从无序到有序，从无知到有知，从蛮野到文明。廖平以孔子托古改制为万世立法的见解，旨在调和经典文本与历史事实之间的矛盾，弥合传统儒家与西方学者对唐虞三代的认识分歧，佐证自己文明发展规律的主要观点。

这又涉及另一个问题：历代儒家均主张尧舜时期是理想时代，廖平这一主张将孔子推尊至无上地位，超越古代圣王，那么，廖平又该如何解释孔子等儒家学者对唐虞三代的推崇呢？

廖平借助历史文献，从人类文明发展的宏观视角，对传说中的唐虞三代历史进行重新评估。他认为，传言所谓唐虞三代之盛世，实际上是“出于孔托”，与远古真实的情况完全是两回事。从历史真实来看，唐虞三代绝不是一个理想的黄金时代。孟子曾引宰我之言：“以予观于夫子，贤于尧、舜远矣。”[③]此处所讲的尧舜，为历史事实上的“真尧舜”。《孟子》又说“当尧之时，天下犹未平，洪水横流，泛滥于天下”[④]，以及“舜之

---

① 廖平：《孔经哲学发微》，杨世文校点，载舒大刚、杨世文主编：《廖平全集》第3册，第1110页。
② 廖平：《孔经哲学发微》，杨世文校点，载舒大刚、杨世文主编：《廖平全集》第3册，第1069页。
③ ［清］焦循：《孟子正义》，沈文倬点校，中华书局2015年版，第234页。
④ 同上书，第401页。

居深山之中,与木石居,与鹿豕游”[①]云云,与《墨子》中所谓“茅茨土阶”“大羹玄酒”诸陋野,可见尧舜时代与当今非洲、澳洲、南美土著人的生活没有多少区别。至于文明程度,如《尚书》所说“百姓不亲,五品不逊”[②],可见当时没有伦理,没有秩序,文明极为落后,远称不上黄金时代。

因此,春秋以前的中国,是一个“强凌弱,众暴寡”的时代。那时弱肉强食,灭小国以自封殖,这种情形类似于西方国家未兴公法以前,国家之间蚕食鲸吞,致使小国不能自存。据《王制》,九州共有一千七百七十三国,而《春秋》经、传中所存者不及二百国,可见小国皆为大国所吞并。春秋时代,中国仍然鄙野无文,君臣、父子、兄弟、夫妇之间关系混乱,毫无礼节等级可言。如臣弑君、子弑父、兄弟相残、僭越法度、干犯名教等事,言清行浊,文献之中彰彰可考。春秋时代尚且如此,春秋以前数千百年的情形可想而知。廖平又考经传中所载,如《礼运》说“先王未有宫室”云云,《易大传》“庖羲氏没”云云,记载上古之狉獉,不一而足。可见上古真实的情况绝不是理想的社会。如官职一门,《明堂位》说唐虞之官五十,夏官翻倍,殷二百,周三百。官少事繁,政治如何能够完备?因此,其简陋和不足是显而易见的。经传中提到的三公、九卿、二十七大夫、八十一元士,及封建一千七百七十三国,这些良法美政,都属于经说,并非历史的本然,与当时政治实情并不相符。

那么,孔子为什么把尧舜时代描述成一个黄金时代呢?廖平认为,孔子是想要“为万世立极,垂法后王”,于是托古改制,“削掩其实迹,将后来之新制,托诸皇帝之文明”。[③] 由此可知,孔子制作六经,旨在“以王伯之学拨中国之乱而反诸正,以皇帝之学拨全球之乱而反之正”,如《论语》

---

① [清]焦循:《孟子正义》,沈文倬点校,中华书局 2015 年版,第 968 页。

② [汉]孔安国传,[唐]孔颖达正义:《尚书正义》,黄怀信整理,上海古籍出版社 2007 版,第 100 页。

③ 廖平:《代廖季平答某君论学书曾上珍》,《集外文》,杨世文校点,载舒大刚、杨世文主编:《廖平全集》第 11 册,上海古籍出版社 2015 年版,第 849 页。

称“大哉尧之为君”“舜无为而治”云云，唐虞之际于斯为盛。此为“经传之尧舜”，是孔子假托尧舜以行“制作”之事，将自己的理想寄托在尧舜身上，这样可以“既无僭越之嫌，又塞轻古之口”，正是“圣人作经之妙用”。换言之，孔子之所以将尧舜时代描述为黄金时代，是为了“为万世立极，垂法后王”，通过托古改制来实现自己的理想。至于后来的禹、汤、文、武，虽然较此前尧舜时代文明程度有所进化，但真实的情况还不及当今的欧美。

概括言之，廖平认为“中国教化由孔子一人而定，先孔子而圣者，为孔子之托辞；后孔子而王者，非孔子无所法”[①]。人类文明的发展是“先蛮野，后文明”，这是“进化公式，中外所同”。[②] 我国当春秋之时，“诸侯风俗、政事犹蛮野”[③]，然渐革草昧，始可引进于文明。于是天乃笃生孔子，作经垂教，以为万世师表。纬书详述“受命制作”之事，而后儒不明就里，以为妖妄。在廖平看来，这无异于“以己相量，己既未尝受命，则孔子亦不敢受命，而不知贤于尧舜，固非后贤可比”[④]。《孟子》称孔子“生民未有”，“贤于尧舜”；《论语》云“天将以为木铎”，又云“天生德于予”，又云“如天之不可阶而升”。可见孔子前无古，后无今，他通过制作六经，为后世立法，引领文明。

综上所述，廖平的文明史观是在特定的历史背景下形成的，其核心观点是对中华文明从“蛮野”至“文明”的发展规律的阐释，这基于他对中华文化的维护、对当时社会思潮的反思以及对历史文献的重新解读。他在《尊孔篇》中提出：“中国教化由孔子一人而定，先孔子而圣者，为孔子之托辞；后孔子而王者，非孔子无所法。”[⑤]这表明，廖平认为文明的发展

① 参阅廖平：《公羊春秋经传验推补证》，邱进之点校，载舒大刚、杨世文主编：《廖平全集》第7册，上海古籍出版社2015年版，第1280页。

② 廖平：《尊孔篇》，杨世文校点，载舒大刚、杨世文主编：《廖平全集》第2册，第998页。

③ 同上书，第1004页。

④ 同上书，第998页。

⑤ 廖平：《公羊春秋经传验推补证》，邱进之点校，载舒大刚、杨世文主编：《廖平全集》第7册，第1280页。

是一个普遍的、逐步演进的过程,而孔子的教化则是这一过程中的关键转折点。

二、"由小进大"与"由人企天":人类文明的进化程序

在对人类文明这一宏大叙事的探究中,廖平将"先蛮野,后文明"作为自己文明史观的基本观点,同时,他将孔经哲学与文明演进的阶段性相结合,提出了"由小进大"与"由人企天"的理念。

廖平原先把人类社会的发展分为皇、帝、王、伯四个阶段,并分配道、德、仁、义四个等级,与《易》《诗》《尚书》《春秋》四经对应。在大统、小统说中,廖平以"大""小"分经、分代。以《春秋》《尚书》为"深切著明"的史记体,《诗》《易》为"言无方体"的辞赋体,一行一知,一小一大。故以《易》《诗》配皇、帝,《尚书》《春秋》配王、伯。《春秋》为小统王霸学,适用三千里疆域(中国);《尚书》为大统皇帝学,适用三万里疆域(地球)。六合之内以《春秋》《尚书》为标本,验小推大,可以包罗无余。

光绪二十八年壬寅(1902)以后,廖平因研读佛经,忽然悟出孔经不仅分小统、大统,还应该分人学、天学。以孔子为全球之圣,六经为世界大法,所治不过于"六合之内"。顺着尊孔宗经的思路,廖平将目光投向"六合之外";不仅讲人学,也讲天学;不仅讲圣人,也讲至人、神人、化人。从而使孔子不仅具有人间圣人的身份,也成为宇宙教主。孔子成为神圣,儒学变成儒教。同时,《灵枢》《素问》《楚辞》《山经》《列子》《庄子》《穆天子传》以及辞赋、释典这些曾经被儒生称为"诡怪不经"之书,皆可统摄于天人学之中,成为廖平构建天人思想体系的材料。

《诗》《易》二经,即是六合之外的天学,面向的是神祇与宇宙,《楚辞》与《庄子》自以为"上征下浮""乘风御云",都是与《诗》《易》相关的

天学世界。到了天学境界,就可以"周游六漠,魂梦飞身",这有些类似于幻想。但廖平相信,以今日时势言之,固然为力所不至;然而如果以发展的眼光来看,以今日之人民与草昧之初相比,不过数千万年,而道德风俗,灵魂体魄,已非昔比。如果再过数千年,经过精进改良,各种科学继以昌明,则所谓"长寿服气,不衣不食",这种进步还是可以期待的。

显然,由人学到天学,要经历一个相当漫长的过程。据廖平估计,当今离孔子去世两千五百年左右,历史按照伯、王、帝、皇四运发展,目前在四等中尚处于王运,还要经过数百年才能到帝运,再经过数千年后才到皇运,地球大一统。三皇住世,大约在万年之后,地球全都开化,人学发展到极致,人类社会文明达到很高的程度。于是人们厌弃尘土,指为蛮触,追求远游神化,天地交通,人神共贯。到此时,"学问之能事毕,孔子之行志全",孔经人学、天学得以完全实现,这就是所谓"学贯天人"。不过从现实情况来看,方今三千年内,大抵超不出《春秋》治法,目前的世局正如大春秋。《尚书》所规划的王、帝、皇三运,必须要再经过万年才能完成。所以孔子新经中的经制,到今日只不过实现了六分之一左右,万年以后才能达到天学境界。①

人类历史由蛮野向文明进步,这是廖平文明史观的基本观点。人类历史就是"人类在交往中不断跨越空间的自然障碍和政治制度、文化传统等方面的社会障碍,在全球范围内逐渐实现充分沟通和达成更多共识与共同的结果"②。廖平孔经哲学所规划的人类文明进化程序,是由小统到大统,由伯、王到帝、皇依次进化,由人学进化到天学。伯、王属于小统,帝、皇属于大统,世界进化由伯而王,由王而帝,由帝而皇。因此,廖平力主今胜于古,新胜于旧:

---

① 廖平:《孔子天学上达说》,《四益馆杂著》,邱进之、杨世文校点,载舒大刚、杨世文主编:《廖平全集》第11册,上海古籍出版社2015年版,第510—512页。

② 彭树智:《文明交往论》,陕西人民出版社2002年版,第7页。

> 言政有新旧党，言学有新旧派。《大学》“新民”，《诗》之“汚”、“浣”，《盘铭》曰“新”，皆取“维新”之义。由开辟以至今日，由今日以至千秋万岁，初蛮夷而继文明，日新不已，臻于美善。今之文明远过古人，后来又必远过今日，一定之例也。[①]

廖平门人黄镕阐发说：

> 世界开辟之通例，先野后文，毛血而火粒，皮羽而布帛，巢穴而栋宇，酋长而君主。由渐而进，程级递增，天演自然之理，中外所同也。[②]

历史发展日新月异，由低级向高级、由蛮野向文明，这是人类社会的共同规律。然而孔经将唐虞三代视为理想时代，经典中所记却愈古愈文明，历史是由皇降帝、由帝降王、由王降伯，即“经主退化，先文后野”[③]。而廖平所笃信和论证的则是由伯至皇，唐虞三代是蛮野之世，而非文明之世，更非理想时代。这就引出一个新的疑问：廖平蛮野至文明之论为何与孔经之义相抵牾？有人认为这是史官谀饰，也有人以为这是神教荒唐。如廖平所言，孔子作新经是为了立万世法，因此将唐虞三代视为理想时代，那如此一来，孔子不免有罔顾真相、篡改史实之嫌。廖平一生之学，以尊孔宗经为旨，自然不会使孔子背负恶名。因此，廖平以“倒影”为喻，对此进行解释：

> 平常以新经义考之，知孔子之意，乃是以皇降帝、帝降王、王降

---

① 廖平：《知圣续编》，舒大刚校点，载舒大刚、杨世文主编：《廖平全集》第1册，上海古籍出版社2015年版，第437页。

② 廖平：《世界哲理笺释·世界哲理进化退化演说》，黄镕笺释，邱进之校点，载舒大刚、杨世文主编：《廖平全集》第3册，第1205页。

③ 同上书，第1204页。

霸，立退化之倒影，告往知来，使人隅反。①

必须改为圣作新经，帝王周公皆属孔氏学说符号，先小后大，由退知进，数往知来，而后孔经乃可自立。②

六经之中，所谓五帝、三王、尧、舜、夏、殷、周都是孔子表示未来的符号，并非实指。因此，要严格区分“新经”与“旧史”的界限，不能把经当史。廖平门人黄镕阐发说：

须知经之文明，乃为后世立法，不为往古记事，则经、史分途，孔圣之作用以显。③

由上述两点可知，廖平认为孔子作新经，所有经典中的古代帝王都是孔子假托的符号，孔经并非为记载古史而作，其目的在于为后世立法。廖平以“倒影”为喻，指出孔经并非主退化，而是通过“倒影法”昭示人类历史的方向。未来社会的伦理、制度安排，孔子早已在六经中做了规划：

以经据衰而作，由递降可悟渐升。经言先野后文之明说具在，不能以经专主退化。大地见当进化时代，不能仍主张退化，而后经书大同之宗旨可明。④

按照历史进化的原理，治世之制，实系“由霸（伯）进王、由王进帝、由帝进皇”。初蛮野，后文明，古之由皇而帝、由帝而王、由王而伯，是为知

① 廖平：《阙里大会大成节讲义》，《四益馆杂著》，邱进之、杨世文校点，载舒大刚、杨世文主编：《廖平全集》第 11 册，上海古籍出版社 2015 年版，第 470 页。

② 廖平：《世界哲理笺释·世界哲理进化退化演说》，黄镕笺释，邱进之校点，载舒大刚、杨世文主编：《廖平全集》第 3 册，第 1203 页。

③ 同上书，第 1205 页。

④ 同上书，第 1204—1205 页。

来，非述古。事实上，初蛮野后文明，为中外历史的共相。由此来看，孔子将未来“俟圣”之美备，托始于古之皇、帝，这属于“经说”，而不是“古史”。当尧之时，天下未平，兽蹄鸟迹之道交于中国，那时疆域不过千里，茅茨土阶，太羹玄酒，死陵葬陵，死壑葬壑，桐棺三寸，服丧三月。因此，如果以史为经，实录其事，则未免草昧简略，未免开启后人轻薄古帝之心，并且，由夏、殷降及春秋，诸侯称王，断发文身，筚路蓝缕，弑杀囚执之事不绝于史。彼时诸国肆无等级典礼，诸侯僭天子，大夫僭诸侯，上烝下报，齐桓公姑姊妹不嫁者六人，晋平公同姓姬妾有六七个，世卿专政，并无学校选举，居丧不去官，不行三年丧，各种蛮野风俗不绝于世。由此观之，若《春秋》不用拨乱之法，而仅仅实录其事，就会像《黑蛮风土记》之类书一般，徒资笑柄。

正因如此，孔子作经以拨乱反正，恰如今日西人用拉丁文翻译古书，春秋以前一切蛮野淫乱不可为训之事，都消归于无迹，而特见尽美之典章制度、风俗政教，从而为天下立法，垂训后世。然而此举无疑会导致中国自有孔经而古事不传，故廖平以为，如果学者欲求尧、舜、禹、汤、文、武之历史，以研究其根底，正可借鉴于泰西。中国唐虞三代之史，由蛮野至文明，正如西人所辑古史一般，自石（器）世代、铜（器）世代、铁（器）世代，至《旧约》《新约》，罗马希腊诸古史，以及近今各国历史。①

考中西文明发展的实情，中国在孔子以前为蛮野之世，男女无别，父子平等，载于《春秋》者不一而足。而时代愈古，愈不足以示后人，故孔子有意摒绝不予记录，“所垂经典，皆开化后来”。孔子特拨而正之，旨在制定伦常，使其自蛮野渐进于文明。而这一切都是孔经的规划：

先进野人，后进君子，即海外先野后文之师说。如《尚书》四

① 参阅廖平：《公羊春秋经传验推补证》，邱进之点校，载舒大刚、杨世文主编：《廖平全集》第7册，上海古籍出版社2015年版，第1411页。

> 表三万里版图，《禹贡》九州已极文明。至春秋二千余年，乃版图仅三千里。且荆、徐、梁、扬，三《传》皆以为夷狄，所称中国者不过五州。泰伯断发文身，以避水族之害。以进化言之，地方既已文明，断无复返蛮野之理。夫妇父子既已进化，不能更变夷俗。①

廖平对文明演进规律的探索，不仅从中国传统文化的角度出发，更将目光投向了整个世界，试图揭示人类文明演进的普遍规律。他借“庶人、士、大夫、天子”比喻文明进化程度，指出：今日中国蒙孔教开化已达二千年，全球最早，可以说已经由庶人进于士；而海外世界未蒙孔教，进化程度虽远低于中国，但也必然要经历此等文明进化过程。以时局而言，当今世界相当于一大战国，所谓处士横议、诸侯放恣之世界。等到千百年后，地球共推数个大国为主，然后进入帝局阶段，全球人民进化到人、士之程度。又经过千百年，而后地球大一统，如秦始皇之并吞六合，而后才进入皇局，人民程度由士、大夫进到天子。但这个过程十分漫长，非经过数万年不可。虽然如此，以上还仅仅停留在“人皇”地步，《尚书》之学至此而始圆满，达到人学的最高境界。然后再“由人而企天”，发展到天学，达到最高阶段，人人都有“至人”的资格，即佛教所谓“众生皆佛”，《诗》之“众维鱼矣，兆维旐矣”。这时人人可以上天入地，同行同归。到达这个境界，即所谓西方天堂，人人成仙成佛。但盛极而衰，进化到了极点，然后历史退化，由天降为人，又由皇帝降为王伯，又由士人降为禽兽，地球也随之消亡。这就是《列子》“杞人忧天”之说。所以六经都有顺、逆两读之法，顺读为进化，逆读为退化，这是进化、退化之大例。②

廖平的六经顺逆两读之法，以及文明演进倒影之论，在今天看来，仍

---

① 廖平：《尊孔篇》，杨世文校点，载舒大刚、杨世文主编：《廖平全集》第2册，上海古籍出版社2015年版，第1016页。

② 廖平：《庄子经说叙意》，邱进之校点，载舒大刚、杨世文主编：《廖平全集》第10册，第306页。

不免荒诞，且难以论证，然而，此论却在一定程度上化解了文明演进顺序与孔经之义的矛盾，更将孔子推向了一个新的高度，进一步为孔子垂法后世加以佐证。进化至天学，然后退化，如此奇想也使廖平招致诸多非议，如章太炎谓之“智虑过锐，流于谲奇，以是与朴学异趣”①。

如今，我们将视野转回清季民国，在中西古今之争的背景下，廖平为何要提出这般奇论？他尊孔宗经，以应对西学冲击。孔子被视为中华文化的象征，若孔子的学说不敌西方学术，那么这将意味着中华文化在中西文化的较量中败下阵来，其后果将是灾难性的，政治、教育和民族认同都将失去支撑。因此，尽管廖平因此背负了恶名，面临众多争议，他仍然坚持认为孔子的教义能够垂范万世，预见未来，并规划全球的蓝图。不仅清末民国的学者很少赞同他的理论，即便是当代的学者也难以对此进行验证，廖平因此获得了荒诞不经的名声。然而，如果我们以同情和理解的态度审视他的理论，就不难发现，廖平关于文明演进的观点虽然看似荒谬，实际上却是出于对中华文化根基的捍卫，以及对西方学术冲击的无奈回应。

三、“文质迭变”与“三世进化”：文明演进的全球视野

在廖平的文明史观中，文明演进不仅是一个地域性的过程，更是一个全球性的、普遍存在的现象。其文明史观的视野并不局限于中国，而是扩展至全球范围，并将孔经哲学应用于全球视野下的文明演进。他认为，中国通过孔子的教化，文明程度领先西方。彼时西方之物质技术领先中华乃是不争事实，廖平却始终笃信中华文明优于西方，那么，廖平是

① 章太炎：《清故龙安府学教授廖君墓志铭》，黄耀先、饶钦农、贺庸校点：《太炎文录续编》，《章太炎全集》第9册，上海人民出版社2018年版，第299页。

如何对此进行论证与解释的?

廖平对文明的评价标准是以伦理道德为主,而以物质为次。他论及文明的进步与退化,首先提及"孔子以前为蛮野之世"①,男女无别,长幼无序,孔子作六经以拨乱反正,使得华夏文明"渐而进之",他指出:"至论文野进退,主在伦常,不纯在物质。物质文明者,伦常反多蛮野;伦常文明者,物质亦不尽文明。不得专以物质为进化标准。"②

物质文明和伦常文明的发展并非总是同步,有时甚至相反。因此,物质进步并不能单独作为衡量文明的尺度。文明的演进与退化,就像登山一样,从山脚攀登至山顶,随后又从山顶下降至山脚,循环往复,升降交替。西方学者倾向于强调文明的进化,但也不可避免地会经历退化阶段;而孔子的经典著作虽提及退化,实际上却蕴含着进化的意义。因此廖平寄语西人,不要只是夸耀物质文化以自豪;同时,我们这些信奉孔子教义的人,更应致力于弘扬圣教,使其遍布世界,最终实现"同文同轨,致太平大一统之盛"③的伟大目标。

廖平虽主张中华文明优于西方文明,但他也承认西方在物质方面领先中国。在中西文明对比中,廖平认为"夫工械算计,本为泰西专长;形上之道,维我独有"④,"此吾伦礼之至善,虽不能一时推行于海外,相形见绌,兴利除弊,借助友邦,皈依至圣"⑤。可见,他并非一味贬低西方,盲目抬高孔教。

他指出,西人好思想,是其所长,但也由此造成西人好师心自用的弊端,致使西人的政教缺乏一个赖以建立的基础(无标准),故往往将"私议"奉为国家大法,并据以进行制度变革:

---

① 廖平:《阙里大会大成节讲义》,《四益馆杂著》,邱进之、杨世文校点,载舒大刚、杨世文主编:《廖平全集》第11册,上海古籍出版社2015年版,第470页。

② 同上。

③ 同上。

④ 廖平:《孔经哲学发微》,杨世文校点,载舒大刚、杨世文主编:《廖平全集》第3册,第1092页。

⑤ 同上书,第1091页。

> 泰西政教失所依据，每以私议奉为国典，如果鲁士西亚虎歌等公法，百国通行；如宪法、政治、法律、财政出于卢梭、倍根、笛卡儿、康德、达尔文、斯宾塞尔。私议时会所趋，遂据以革旧行新，致今日文明，不能不谓诸氏改制、诸国行之。①

今日西方文明，正是在这些思想家"私议"基础上建立起来的。廖平断言，建立在"私议"基础上的西方政教，"精神范围不过数年数十百年，数国数十国"，并不能传之久远，放之四海。如果要"通古今、括地球，详世界分合之局度，为性情向背之转输"，则"独归生知安行"的孔子。孔子"至诚前知，先天后天，迥非一材一艺所及"②。

如以地球而论，《书纬考灵耀》说："地有四游，冬至地上北而西三万里，夏至地下南而东复三万里，春秋二分则其中矣。地恒动不止而人不知，譬如人在大舟中，闭牖而坐，舟行而人不觉也。"纬书"四游说"已经预示了地球的运动规律。而《周礼》所谓土圭尺五寸，体国经野，辨方正位，九畿大九州之法度，则意味着远在数千年前，关于地球的理论知识已经非常完美。尽管西方地理学是一门专门的学问，但与孔子的经传相比，仍显得简略粗疏。在历法方面，中国古代的浑天、盖天、宣夜说以及六历，根据季节变化使用不同的方法和历法，这种精细程度非再历千年不能达到。公历虽然被认为精确，但其设置闰日以调整季节与月相不符，远不如闰月制度更贴合天体运行。综上所述：

> 经传简略，古法沉废，已精美如此，西人专心讲习，学堂林立，合众力日新月异，文献不过如此。由天地以推，法律、政治犹为草

① 廖平：《公羊春秋经传验推补证》，邱进之点校，载舒大刚、杨世文主编：《廖平全集》第7册，上海古籍出版社2015年版，第863页。

② 同上。

> 昧；非不合时局，然别有新理，不能保其不改更，何能与地球相终始？①

圣人经传所载，已然是精妙绝伦；而西方人专注于科学，不断讲习，其文献却仍显粗陋。从天文地理到法律政治，西方文明似乎仍处于初级和粗浅的阶段，未来无疑还会经历变革。西方人擅长思考，若能"遗貌取神"，他们的思想或许能与《诗经》《易经》中的智慧、占卜的宗旨相契合。但由于"无标准"，他们往往固执己见，因此他们所取得的成就，最终仅限于思想领域，缺乏实际应用价值。这是廖平对西方文明的总体评价。

廖平将中西文明放在全球视野下进行对比，不难看出，廖平始终认为中华文明领先西方，就中西文明发展历程而论，廖平预见到西方文明将经历与中国历史上相似的政体循环："中外开辟情形大抵相同，中国至春秋，文明略同今西国。"②换言之，西方目前在物质上虽然比中国先进，但文明程度只与中国春秋之时相似，即中国已经经历了一次完整的政体循环，而西方尚处于这一循环的初期阶段。从以上陈述中得来的疑问是：中西文明的政体循环具体是什么？廖平为何提出西方之文明程度略同于中国春秋时期？

我们从廖平文明史观出发，来分析廖平关于中西文明政体循环的看法。

廖平对人类文明演进的基本观点，是人类历史先蛮野后文明，由低级向高级发展，其间有因革损益。以中国上古之官制为例：虞官五十，夏百，殷二百，周三百；从丧制来看：夏丧三月，殷五月，周九月；虞瓦棺，夏堲周，殷涂次，周墙翣。西方学者对人类文明演进也有类似论述，意大利

---

① 廖平：《公羊春秋经传验推补证》，邱进之点校，载舒大刚、杨世文主编：《廖平全集》第7册，上海古籍出版社2015年版，第863页。

② 同上书，第737页。

哲学家维柯认为各民族历史普遍经历了“神的时代”“英雄时代”和“人的时代”[①],“各民族三个时代的历史过程也依同样次序互相递代,各个时代各有适应它的法律”[②],并按诸异教人类心灵从地球上升到天空的次第,分为三种世界:“在地面上看得见的全部象征图形都表示民族世界,这是人们比对其他一切都更劳心焦思的。处在中部的那个地球代表自然的世界,这是在后来由物理学家加以考察的。处在上部的那些象征图形表示心灵和天神的世界,这是最后由玄学家们加以观照和思索的。”[③]此外,法国实证哲学家孔德也将人类文明分为三个阶段,即神学阶段、形而上学阶段和实证阶段[④],德国哥廷根学派的代表人物伽特勒则提出“古代”“中世纪”和“近代”三个断代概念。[⑤] 而中国历史上,除了进化以外,还有“文质迭变”与“三统循环”二说。《礼记》说:“虞夏不胜其质,殷周不胜其文。”夏二庙终三,殷四终五,周六终七。廖平认为,有些制度不能循环,为“进化例”;能循环者,则为“三统例”。[⑥]

“文质迭变”的历史观,在中国渊源有自。《逸周书·周月解》云:

> 夏数得天,百王所同。其在商汤,用师于夏,除民之灾,顺天革命。改正朔,变服殊号,一文一质,示不相沿。以建丑之月为正,易民之视,若天时达变,亦一代之事。[⑦]

历史上的改朝换代,不仅仅变易政权,更重要的是革故鼎新,建立一种新的政治文化,使新朝与旧朝相区别。因此商朝取代夏朝,要改正朔,

---

① 〔意〕维柯:《新科学》,朱光潜译,商务印书馆2017年版,第29页。
② 同上书,第32—33页。
③ 同上书,第37页。
④ 〔法〕奥古斯特·孔德:《论实证精神》,黄建华译,商务印书馆2009年版,第2页。
⑤ 于沛主编:《西方史学思想史》,湖南教育出版社2015年版,第7页。
⑥ 廖平:《尊孔篇》,杨世文校点,载舒大刚、杨世文主编:《廖平全集》第2册,上海古籍出版社2015年版,第1004页。
⑦ 黄怀信:《逸周书校补注译》,三秦出版社2006年版,第251页。

易服色,以示顺天革命。《礼记·表记》又提出“忠、敬、文”三种政体循环互变说:

夏道尊命,事鬼敬神而远之,近人而忠焉,先禄而后威,先赏而后罚,亲而不尊;其民之敝,蠢而愚,乔而野,朴而不文。殷人尊神,率民以事神,先鬼而后礼,先罚而后赏,尊而不亲;其民之敝,荡而不静,胜而无耻。周人尊礼尚施,事鬼敬神而远之,近人而忠焉,其赏罚用爵列,亲而不尊;其民之敝,利而巧,文而不惭,贼而蔽。①

儒家认为夏、商、周三代文化开创了三种不同的政体,因而治国理民的方法、手段是有明显差异的,进而各有利弊。故三统循环,以救其弊。司马迁说:

夏之政忠。忠之敝,小人以野,故殷人承之以敬。敬之敝,小人以鬼,故周人承之以文。文之敝,小人以僿,故救僿莫若以忠。三王之道若循环,终而复始。②

“忠、敬、文”又被称为“三教”。《白虎通德论》说:

王者设三教何?承衰救弊,欲民反正道也。三王之有失,故立三教,以相指受。夏人之王教以忠,其失野,救野之失莫如敬。殷人之王教以敬,其失鬼,救鬼之失莫如文。周人之王教以文,其失薄,救薄之失莫如忠。③

---

① 郑玄注:《礼记注》,王锷点校,中华书局2021年版,第712—713页。

② [汉]司马迁撰:《史记·高祖本纪》,[南朝宋]裴骃集解,[唐]司马贞索隐,[唐]张守节正义,中华书局2013年版,第489—490页。

③ [清]陈立:《白虎通疏证》,吴则虞点校,中华书局1994年版,第369页。

“三教”代表了三种治理模式。此外，董仲舒根据“天之道终而复始”的历史循环论，提出黑、白、赤三统交替循环的历史哲学。[①] 以夏为黑统，商为白统，周为赤统，完成一个历史循环。此后继周而起的王朝，又为黑统，如此循环往复，周而复始。

戊戌前后，廖平围绕中西问题撰写了一系列论著。当时正值制度变革与转型的关键时期，许多有识之士开始意识到，中西方之间的差异远不止于物质、技术和工艺层面，更深层次地体现在制度和文化上。因此，改革政体的呼声日益强烈。在此情况下，廖平也对政体问题发表了自己的看法。在《忠敬文三代循环为三等政体》一文中，他借助儒家传统的忠、敬、文“三统”政治循环演化理论，深入分析了专制、民权、共和这三种政体的优劣。他认为：

> 礼说夏尚忠，其弊也野，则救之以敬；殷尚敬，其弊也鬼，则救之以文；周尚文，其弊也史，则更循环用忠。古有是说，三尚殊难实指。[②]

所谓夏、殷、周“三尚”，廖平以为“殊难实指”，这与他的大统经学思想有关。在廖平的大统学说中，经典中的夏、殷、周都是孔子为后世制法的符号，并非实指历史上的三代。他主张经典中所提到的历史、人名、地名，要用“翻译”的眼光去看，而不能拘泥于中国历史。因此，他认为：

> 窃以世界时局考之，则所谓忠、敬、文者，即西人所谓专制、民权、共和也。[③]

---

① ［清］苏舆：《春秋繁露义证》，钟哲点校，中华书局 1992 年版，第 331 页。

② 廖平：《群经总义讲义 · 忠敬文三代循环为三等政体》，杨世文校点，载舒大刚、杨世文主编：《廖平全集》第 2 册，上海古籍出版社 2015 年版，第 781 页。

③ 同上。

孔子为后世制法，我们通过"验小推大"，将经说指向后世，则所谓忠、敬、文三统，不是指古代的夏、商、周，而是面向后世。他的这个说法，前无古人，可以说是一个大胆的创新。廖平在戊戌前后广泛涉猎了西方的历史、政治学说，认识到不同国家政体的多样性，包括专制、民权、共和三种不同的政治体制。然而，他借鉴了中国传统政治理论的资源，将经典中提到的"忠、敬、文"三种政体与之相对应。因此，"忠、敬、文"三统的循环，也预示着"专制、民权、共和"三种政体将经历交替循环。

廖平认为，"专制、民权、共和"三种政体（三统）已经完成一次循环，并开始进入二次循环。第一次循环为"蛮野之三统"，现在已经进入"文明之三统"循环阶段。从中西方的文明程度来看，西方尚处于第一次循环"蛮野之三统"之中，而中国则已经进入了第二次循环。

"蛮野之三统"，最初为专制。《周易·革卦·彖辞》中有曰："汤武革命，顺乎天而应乎人。"汤武革命是以臣伐君，为诛独夫民贼，廖平以为这与法国大革命、美国独立战争相似。而汤、武世局，也正与当今西方相同，所以古代的汤、武，可以看成是今日之法国、美国。

20世纪初，部分宣传革命的报纸，往往以我国为专制，鼓动自下而上的革命。在廖平看来，从西方历史上观察，那些发生革命的国家的所谓专制，是君主独裁，君命即为法律，比中国的土司、部落的酋长有过之而无不及，人民无以聊生，故而会发生自下而上的革命，这与我国目前的情形有天壤之别。中国古代汤、武之时，情形正与当今海外相似。当时是所谓"蛮野之君权"，必须尊君，故谓之"忠"。君权的产生，本身是历史发展的必然。人类是群体性的动物，必然要组织起来才能与禽兽、与大自然抗争，所以需要一个权威，这就是"立君"。"君者群也，初藉君以合群，战胜禽兽，非君不能存立，故奉君以为圣神不可犯。"①但君主制积久弊

① 廖平：《群经总义讲义·忠敬文三代循环为三等政体》，杨世文校点，载舒大刚、杨世文主编：《廖平全集》第2册，上海古籍出版社2015年版，第781页。

生，君主暴厉于上，苛政至猛于虎，民不堪命，就会发生自下而上的革命。专制政体被民权取代之后，要制定“精进之法度”，使“上下皆无所偏”，这样才能持久。要照顾“民之隐情”，使其“尽情发泄，使无余蕴”，而后才有公理。这才谈得上所谓民权、平等、自由。但是，民权发展到极端，就如虚无党（即无政府主义者）不要政府，“必欲尽去政府而后快”。当今之西方，正如古代的汤、武之时，孟子所有“贵民轻君”之说，都是为此时代而言。在民权体制下，“论公理不分贵贱，君民交战，正如水火阴阳”，因此物极必反，变本加厉，像海外之路索（卢梭）、孟德斯鸠等人所提倡的“民为主人、君为奴隶”各种学说，是为时势所造，彼此是非，不能说其偏颇。

忠、敬、文代表三种政体。廖平说，夏尚忠，主文；殷尚敬，主质。夏相当于所谓“专制”政体，殷则相当于“民权”政体。我国汤、武以后，则降为二伯之“共和”，这就相当于西方“共和”政体。由于民权积久弊生，弑君杀相，国无宁岁，所以人心厌乱，而天意随之，视听虽取于民权，又不得不参用君权，“合夏、殷打为一治，故谓之文物相参杂，谓之文”。《论语》所谓“周监于二代，郁郁乎文哉”，这就是“蛮野之共和”。可见在孔子之前，中国已经经历了一次三统循环，也就是专制、民权、共和三种政体已经实现了一轮交替。不过，第一次三统那只是“蛮野之三统”，程度不高。天生孔子，拨乱反正，为后世制法，故自孔子之后，三统周而更始，再用夏忠。孔子修《春秋》，强调尊君，专明王法。这是“二次之三统”，与之前的“三统”有天渊之别：

> 盖蛮野之三统，为三者特异之原质，二次之君统，早已合三质而混化之，自其外貌观，君不似君，民不似民。[1]

① 廖平：《群经总义讲义·忠敬文三代循环为三等政体》，杨世文校点，载舒大刚、杨世文主编：《廖平全集》第2册，上海古籍出版社2015年版，第782页。

中国已经进入“二次之三统”,在这个“三统”循环之中,早已把专制、民权、共和三种特质合而为一,化为一体,因此君非原来之君,民也非原来之民。由春秋至今,细为分划,以千年为一局,则吾国现在正当“二次共和”之时代,故不能谓之为民权,也不能谓之为君权,实际上已经变蛮野为文明了。

欧美现今所实行的民权共和体制,在廖平看来,还停留在“初次民权”时代。西人“自以为新理,自以为曝献”,却不知在吾国,所谓“革命”“民权”,早在三千年前就已经实施过了,可谓“据全球上游之势”。所以说吾国占全球“文明之先步”,为五洲之“伯兄仲叔”,是当之无愧的老大哥,其他各国文明程度都赶不上。等到数百年之后,二次三统完成,“共和”之局结束,全球大一统,中国则当与全球合并而为“大三统”,进入“三次之三统”时代:

> 从周而大夏,从大夏而大殷,从大殷而大周,三次之三统当更文明,则固非吾辈所及见矣。①

人类进入“三次之三统”之后,也就进入了“大统”时代,故称为“大夏”“大殷”“大周”,这是一种更高层次的文明。

廖平对人类社会的发展持进化的观点,他认为文明发展程度会越来越高,未来会超越过去。不过,“三次之三统”也不是短时间内可以达到的,“则固非吾辈所及见矣”,要等许多年后才能实现。

文明的发展是逐渐变化的,后来的发展要吸收、融合以往的文明成果。所以廖平认为,在“初次三统”之后,后来的演变往往“其形迹皆隐晦,其原质皆揉杂”,亦如《春秋》之“三世”例,事文隐微,积久乃觉其变

① 廖平:《群经总义讲义·忠敬文三代循环为三等政体》,杨世文校点,载舒大刚、杨世文主编:《廖平全集》第2册,上海古籍出版社2015年版,第782页。

象，故不能沾沾以文辞求之。

总之，西方的政体“由革命而出”，他们“食芹而甘”，想将这种“革命”模式推之世界。国人对西方的“革命”学说，有的倡言攻之，有的极为推崇，在廖平看来都不可取。因此他“推阐三统之宗旨，以明进化之步骤”，目的是要说明“中外各得其主义”，不必“随人俯仰”①，照搬照套。

结　语

在近代中国社会转型的历史交汇点上，廖平致力于维护中国文化的主体性，并积极吸纳西方学术的精髓，逐步构建起了他的文明史观。这不仅是对传统儒学的创新性发展，更是对中西文化碰撞与交融的深刻回应。廖平的文明史观遵循“先蛮野，后文明”的历史规律，涉及从伯、王到帝、皇的政体变迁，以及从人学向天学的文化演进。该史观涵盖政体变迁与文化演进两个层面，指出历史上的政权更迭不仅是政治变革的体现，更是文化演进的标志，突破了传统儒家对历史的理想化解释，揭示了文明演进的复杂性和阶段性。

面对西方文化的冲击，廖平并未盲目排斥，而是尝试将其纳入儒家经典的范畴进行解读。廖平认为泰西学制应当“统以六艺统之，归入孔前，伦礼立坊，为拨乱反正之成法”②，实际上是将西学纳入孔经的范围之内。他认为，西方学制虽然与中国传统有所不同，但同样可以通过儒家的伦理道德进行引导与规范。这种开放包容的态度，显示出廖平在坚守本土文化的同时，也愿意吸收外来文化的有益成分。廖平还指出“瀛土之士，未离质野”③，外族仍未彻底摆脱原始的、蛮野的思维习俗，他们急

---

① 廖平：《群经总义讲义·忠敬文三代循环为三等政体》，杨世文校点，载舒大刚、杨世文主编：《廖平全集》第2册，上海古籍出版社2015年版，第782—783页。

② 廖平：《孔经哲学发微》，杨世文校点，载舒大刚、杨世文主编：《廖平全集》第3册，第1063页。

③ 同上书，第1060页。

需通过孔子的伦理教化和道德约束走向正确的道路,因此,“当广孔氏之教,有以正之”①。

儒家“忠、敬、文”三种政体循环互变理论与西方专制、民权、共和三种政体相对应,“所谓忠、敬、文者,即西人所谓专制、民权、共和也”②。由此而言,西方民主政治等先进学说,在孔经中其实早有反映,而“泰西虎哥、卢索、孟德斯鸠等所创学说,不过发明虚理”③。廖平据此认为中国已经历了一次完整的三统循环,并预言西方世界将经历相似的文明进化过程。孔子在六经中为未来社会构建了伦理秩序和制度体系,未来不同文明之间的交流与融合成为必然。中西方文明发展的程度虽然有别,但未来的目标必然一致。廖平的文明史观对当今文明交流互鉴也可提供些许有益的启示。

参考文献

曹顺庆、刘诗诗:《重写文明史:建构中国自主知识体系的底座》,《四川大学学报(哲学社会科学版)》2024 年第 2 期。

刘钊:《郭店楚简校释》,福建人民出版社 2005 年版。

樊锥:《开诚篇》,《湘报》1898 年第 24 期。

费培杰:《吾国与西欧文明演进之迟速》,《清华学报》1918 年第 3 卷第 8 期。

彭树智:《文明交往论》,陕西人民出版社 2002 年版。

章太炎:《章太炎全集》,上海人民出版社 2018 年版。

---

① 廖平:《孔经哲学发微》,杨世文校点,载舒大刚、杨世文主编:《廖平全集》第 3 册,上海古籍出版社 2015 年版,第 1060 页。

② 廖平:《群经总义讲义》,杨世文校点,载舒大刚、杨世文主编:《廖平全集》第 2 册,第 781 页。

③ 廖平:《孔经哲学发微》,杨世文校点,载舒大刚、杨世文主编:《廖平全集》第 3 册,第 1117 页。

于沛主编:《西方史学思想史》,湖南教育出版社 2015 年版。

〔意〕维柯:《新科学》,朱光潜译,商务印书馆 2017 年版。

〔法〕奥古斯特·孔德:《论实证精神》,黄建华译,商务印书馆 2009 年版。

(编辑　李冬梅)

《老子》写本歧变与老子思想的发展*

路永照**

摘要:《老子》一书由于存在众多传世版本和出土版本的差异,使得其思想随着版本的更迭而演变,成为学术界研究的热点之一。这也导致了学界对《老子》文本是否经过重大修改和加工的质疑。通过分析竹简本的《老子》,并将其与《老子》的古本和今本进行对比,我们可以看出,其祖本可能出自同一人之手,而其核心概念随着抄本的流传而逐渐被强调。在不同学派相互竞争的时代背景下,后来的《老子》抄本越来越突显出学派的特色,同时由于抄写者的个人理解和思想的发挥,导致某些章节的《老子》抄本与老子原本的思想有所偏离。通过比较《老子》的不同版本,我们不仅可以部分地恢复老子的哲学思想,也有助于揭示道家思想史的发展脉络。

关键词:《老子》 竹简本 帛书本 传世本 歧变

与其他作为中国哲学思想源头式著作不同的是,《老子》不仅存在多种写本,而且写本之间表现出了显在差异。《老子》写本的这种差异影响

* 本文系浙江省哲学社会科学规划课题"《老子》道论的思维范式研究"(项目批准号:21NDJC143YB)阶段性成果之一。

** 路永照,温州大学哲学与社会发展研究所副教授,主要从事中国哲学研究。

着老子思想的表述,乃至影响了中国哲学史上部分概念的阐释与走向。

在研究《老子》的版本时,学者们主要通过比较传世本和出土本来进行。在传世本中,王弼本和河上公本的影响最为显著。至于出土本,重要的有长沙马王堆汉墓出土的帛书甲、乙本,以及湖北荆门郭店楚简中的甲、乙、丙三组。此外,傅奕本这一经过古代加工的传世本也值得注意。通过比较《老子》的不同版本,我们可以发现它们之间既有差异也有共性。所谓"异",指的是相似中的差异,即不同抄本中相对应章节的句子表达或用词上的不同;而"同"则指的是在差异中的共性,即《老子》各版本之间存在明显的趋同现象,尤其是在汉代之后,各抄本相互参照,使得流行的版本越来越相似。版本趋同是《老子》版本存在的普遍现象,刘笑敢先生在其著作《老子古今》的"导论——版本歧变与文本趋同"一章中对此有详尽的探讨,①值得参考。本文不打算深入研究这一点。本文仅想强调,在《老子》文本趋同的过程中,一些理解上的偏差也被固化,形成了与传统老子学说有所区别的新学派内容,这一点是值得我们关注的。

从现有的《老子》抄本看,以抄出时期而言,肯定是以竹简本到帛书本和以王弼本为代表的传世本为序的。本文研究的重点问题是抄本衍生过程中,老子的思想随之受到了哪些影响?这首先要解决一个问题,那就是荆门郭店楚简本《老子》是不是完本?众所周知,竹简本三组互补不到两千字,只对应传世本共三十一章文字,如果竹简本《老子》原就是抄写的足本《老子》,那就代表后世多出三分之二内容的《老子》是被扩写出来的,由此需要分析的是两个老子思想的问题,而不是老子思想在抄写过程中被改易的问题。我们的结论是竹简本《老子》必为摘抄本。其一,楚简《老子》一共是甲、乙、丙三部分,这三部分是不同笔迹写在三种形制简上的,说明是不同时间抄出的,且甲本和丙本都有与传世本第六

① 刘笑敢:《老子古今》(上卷),中国社会科学出版社 2006 年版,第 28—69 页。

十四章相当的内容,字句却明显不同(丙本与今本更接近),这也说明竹简本也是来自对不同母本的摘抄。其二,竹简本无,而传世本有的文字,有被先秦《论语》《韩非子》《庄子》等文献引用,如《论语·宪问》:"或曰:'以德报怨,何如?'子曰:'何以报德?以直报怨,以德报德。'"此句不见于竹简本,但见于传世本第六十三章。其三,对比竹简本、帛书本、传世本可见,三者有明显的语言风格差异,这种差异应是抄写者自行加工的结果,也表明了它们之间不存在彼此继承关系。刘笑敢先生分析了第三十七章不同写本的特色,指出:"从这一节来看,竹简本用字最简,帛书本用字最繁,传世本介乎二者之间。竹简本似乎思想最简洁明快。帛书本则不厌重复,喜欢加重回环往复的效果。看起来,竹简本、帛书本、传世本之间都没有直接的继承关系。"[①]其四,竹简本个别章节有明显的抄写错误,如对应传世本第六十三章的"大小之多易必多难",读起来不知所云,对照传世本可以看出,竹简本应是在"大小多少"和"多易必多难"两个"多"字这个地方抄串了行。这种情况很少见,但也表明了帛书本、传世本非自竹简本基础继承而来。其五,郭沂先生对比了王弼本、帛书本、竹简本主要差异之处,发现王本、帛本一致而与简本相异者有 26 条,简本、帛本一致而与王本不同者有 17 条,简本、王本一致而与帛本相异者有 2 条。[②] 传世本、帛书本、竹简本这种互相同异的关系更进一步表明它们来自不同母本,且战国时期《老子》写本已有多种流行,郭店竹简本亦只是其中一种。其六,虽然造成竹简本较今本文字缺失较多的原因可能来自"部分竹简被盗"[③],但更可能是竹简本身就是选编本。竹简本文字少、章节次序不同且内容实用性强、形上特色的道范畴讨论少,不是早期

① 刘笑敢:《老子古今》(上卷),中国社会科学出版社 2006 年版,第 413 页。

② 郭沂:《从郭店楚简〈老子〉看老子其人其书》,《哲学研究》1998 年第 7 期。该文中,郭沂先生根据帛书本、王弼本共同处多,而与竹简本相异处多,得出帛书本与传世本是一个传本系统的观点,并且认为竹简本原就为全本,后抄本是在其基础上增加内容而有的。笔者并不同意该观点,因为这忽视了《老子》传本在抄写中文本趋同的现象,也没有充分注意到竹简本的摘抄性质。

③ 湖北省荆门市博物馆:《荆门郭店一号楚墓》,《文物》1997 年第 7 期。

老子思想的完整表现，而恰恰是被从特定角度摘抄造成的。陈来先生亦认为竹简文献为教授太子及国子的教本，并认为其中的儒家文献是选编而成。① 根据考古分析，郭店楚墓的墓主为楚国太子的师傅，这位太子便是后来的楚顷襄王，那竹简本抄出时间基本在公元前 324 年至前 229 年之间，其时已有多种《老子》抄本流行，由先秦古籍的引述便可证明。

如果考虑竹简本作为摘编本的性质，我们应当从现存的对应文字入手，探究其在抄本发展过程中对思想演变的影响，而非固执于简本所缺失的文字。

一、《老子》抄本的改写聚焦了老学范畴

相比竹简本，帛书本、传世本都突出了作为无为治国理论依据的“道”的形而上性质，竹简本则重实践训诫层面。传世本第一章论“道可道非常道”与“玄之又玄，众妙之门”的超越性，第四章“道冲而用之或不盈，渊兮似万物之宗”论道作为事物依据的根本性，第六章以神秘性色彩的比类“谷神不死，是谓玄牝”论道体无用有的特殊性，第十章“载营魄抱一，能无离乎？专气致柔，能婴儿乎？涤除玄览，能无疵乎？爱民治国，能无知乎？天门开阖，能无雌乎”论对道体认与常态认知相反的途径问题，第十四章“其上不皦，其下不昧。绳绳不可名，复归于无物，是谓无状之状，无物之象是谓无状之状，无物之象”论述道不属于人的经验范围所有，第二十一章“道之为物，惟恍惟惚。惚兮恍兮，其中有象；恍兮惚兮，其中有物”论道似无实有的属性，第二十八章“复归于朴，朴散则为器”论述道与器的对应关系，第三十九章“昔之得一者，天得一以清，地得一以宁，神得一以灵，谷得一以盈，万物得一以生，侯王得一以为天下贞”论道的整体性表现，第四十二章“道生一，一生二，二生三，三生万物”论道对

① 陈来：《郭店楚简之〈性自命出〉篇初探》，《孔子研究》1998 年第 3 期。

于事物的决定性，第四十七章“不出户，知天下；不窥牖，见天道”论道属于体证认识的对象，第五十一章“道生之，德畜之，物形之，势成之”论道德的体用关系，第六十二章“道者，万物之奥”论道本身所有的价值性，第六十五章“常知稽式，是谓玄德”论得道为德的玄妙特点。以上各章均为竹简本所无，这可能由于作为太子师出于其儒家学派身份或考虑太子理解能力而特意没有选进的。这并不能代表之后的《老子》写本是发展了老子思想的，因为楚简本仍有“天道员员，各复其根”的对于道既超越又实在的论述，但由于它是帛书本前的唯一古本，仍可以估计未被选中的章节的写法存在更偏于实践原则而非过重理论依据的可能，因为从现存部分是能够看出这一点的。即使得不到竹简本更大范围的支持，我们依然可以从竹简本、帛书本、传世本传抄过程中道、无为、圣人等范畴被有意识聚焦析出老子哲学走向玄理特色的线索。

（一）“道”

“道”一词本意指代道路，后引申出“所由”即规律性的含义，在春秋时期已具备普遍法则的内涵。在老子的哲学中，“道”不仅指自然之道，更指治世之道，尤其是作为治世之道的根本，即事物内在合理性的综合体现。“道”在老子的哲学体系中无疑是一个基础性概念，但老子的学说更着重于为社会治理提供“常道”，即实用性的原则，这是不可或缺的。“道”作为理论支持，虽须铺排，但亦非刻意聚焦的重心。在《老子》文本的流传过程中，对“道”作为哲学概念的关注逐渐增加，这一点从抄本中文字的更替中可见一斑。

相当于传世本第十五章的文字各写本之间同异关系很特殊，章文第一句王弼本、河上公本同，为“古之善为士者”，竹简本作“长古之善为士者”，这表明他们属于同一类别，而帛书乙本则作“古之善为道者”，与傅奕本同。传世本与帛书本不同而与竹简本相同的情况虽很少见，但这进一步表明各本无直接源出关系,所抄母本不同。本章描述理想的为“士”修养的状态——“微妙玄通,深不可识”,是因为“保此道者,不欲盈”,“士”得体认“道”的支撑,是“为士”的过人之处,但不能说是“为道”。所以“为士”的写法应合祖本,而有写本改为“为道”显然是为了突出“道”的中心地位。

传世本第二十四章最后一句作“物或恶之,故有道者不处”,河上公本、王弼本等皆然,本章无竹简本对应文字,但在帛书甲、乙本“有道者”均作“有欲者”,第三十一章重出类似句子,帛书本依然“有欲者”,则非误写。帛书本“有欲者”的写法与传世本“有道者”意思相悖,释读者有解为“裕”者,有解为“大欲”者,有解为虽有贪欲不贮积者,所说皆有所绕迂。或此“有欲”非指贪欲,乃指有理想、有意志之类。不管怎样,“有欲”表面上意思与老子基本思想的冲突还是给今人的理解制造了困难。而传世本“有欲者”改为“有道者”似更能符合老子思想,这也是传世本改写(假设之前祖本即为“有欲”的话)较为成功的一处。“有道”者不仅读起来顺,而且也进一步聚焦了老子道的范畴。李息斋注说:“故食之余与行之,此二者物或恶之。有道者常行其所自然,故食不余、行不赘。”①

《老子》传世本第二十五章有关于“域中有四大”的论述,王弼本、河上公本、傅奕本次序皆为“道大,天大,地大,王亦大”,但竹简本顺序则为“天大,地大,道大,王亦大”。此种安排有竹简本抄者为儒家学者身份,而突出天作为信仰支撑的绝对性以教授太子的可能,但更大的可能是“四大”在《老子》原本就是竹简本的排列次序,老子并没有刻意把“道”排在前面以突出这个核心概念。天地是自然存在,大;道是贯彻其中的规律,大;人有主观能动性,也大,这个序列本来没什么问题。传世本之所以把“道”排在首位且为诸本所接受,还是越来越有意识聚焦了“道”这个范畴的结果。

---

① [明]焦竑:《老子翼》,黄曙辉点校,华东师范大学出版社 2011 年版,第 62 页。

《老子》第六十二章强调“道”的重要价值，帛书本写本有：“故立天子，置三卿，虽有共之璧以先四马，不若坐而进此。古之所以贵此者何?”这里的两个“此”字应该就是指“道”（本篇开头一句为“道者，万物之注也”），但文本上以“此”代指了。这样写本来没什么问题，但傅奕本、王弼本、河上公本都补了“道”字为“此道”。以王弼本计，“道”字出现76次，而帛书本为71次，竹简本虽非全本，由现存文字可以推论“道”在其母本出现次数更少，《老子》写本随着被释读者聚焦了“道”的概念而有意识在文本中突出出来的现象十分明显。增加“道”字，在传世本写本中也有个别为之，并未在文本趋同的过程中得到它本认可的，如王弼本第六十七章开篇为“天下皆谓我道大，似不屑”，这一句不仅帛书本无“道”字，且傅奕本、河上公本、帛书本亦无。考察文义，这里应该指的是治世者位居上而自甘处下，“大”是人，不是道，王本的改法恐失其义。林希逸认为此句为老子引俗语为论，“此二句乃老子以当时俗语如此发明也。一本于谓我下添道字，其细下添也夫字，皆误也”①。

（二）“无为”与“无”

“无为”本属于《老子》中“无事”“无欲”“无执”或“不争”“不言”“不有”等否定意义的组词中的一个，但因为“为”有代指一般行动的功能，遂也逐渐被特别关注，而标为老子哲学的基本范畴。“无为”的被范畴化，在《老子》文本的加工过程也表现了出来。

《老子》第十章帛书本对应文字有“爱民活国，能毋以知乎？天门启阖，能为雌乎？明白四达，能毋以知乎”，这里有两个“毋以知”，或为误抄，或本无意回避重复强调。相应文句傅奕本作“爱民活国，能无以知乎？天门开阖，能为雌乎？明白四达，能无以为乎”，第二个“毋以知”，改

① ［宋］林希逸：《道德经真经口义》，《道藏》第12册，文物出版社、上海书店、天津古籍出版社1988年版，第720页。

为了“无以为”。河上公本“爱民治国,能无为。天门开阖,能为雌。明白四达,能无知”,第一个“毋以知”改为“能无为”,以肯定语气表述。王弼本作“爱民治国,能无知乎?天门开阖,能无雌乎?明白四达,能无为乎”,第二个“毋以知”改为“能无为”,以反问语气表述。传世本对于“无为”本身的敏感,明显表现了出来。值得注意的是王本把本章排比句统一为“无离”“无疵”“无知”“无雌”,最后落在“无为”,以达句式整饬并突出“无为”的思想,看起来对于文本加工最理想。其实,其他本的“为雌”是指以雌柔处下的态度对待天下事物的自然发展,但“无雌”刻意突出“无”的重要,却弄巧成拙不知所云了。但查王弼的注作“雌,应而不倡,因而不为,言天门开阖能为雌乎,则物自宾而处自安矣”①,则王本原亦作“为雌”,改为“无雌”实为王本后整理者不能识得文义之所为。

王弼本、河上公本第四十章最后一句皆为“天下万物生于有,有生于无”。该句一般解释即为“天下万物生于看得见的具体事物(有),而具体事物(有)由看不见的‘道’产生”②,把这句话处理为老子关于事物衍生发展的基本秩序的描述。但事实上,“道”作为价值本体的设计才是老子思想展开的基础。此句,竹简本作“天下之物生于有,生于无”,有学者认为是竹简本漏掉了一个“有”字,其实未必。根据竹简本的表述,世间万物源于有与无的相互依存,这与第二章中“有无相生,难易相成”的观点完全一致。需注意的是,传世本的“天下万物”,傅奕本、帛书本、竹简本都作“天下之物”,“万物”方便往演化发展说,“之物”却是指事物的性质的。此句传世本的加工,无疑受到“贵无”思潮的影响。把“无”作为老子哲学的重要范畴对待,其实只是老子后学的一厢情愿,老子强调了“道”体的“无”的性质,但也强调它实有用的特点,是“有之以为利,无之以为用”(第十一章)的。

---

① [魏]王弼著,楼宇烈校释:《王弼集校释》,中华书局1980年版,第23页。
② 任继愈译:《老子今译》,古籍出版社1956年版,第80页。

（三）"圣人"

"圣人"是能实践无为的理想治世者，在《老子》中有区分自然之道与社会之道的"人道"，有表居上位置的"侯王""上"，这些都与"圣人"有联系，但所指又有所区别。传世本抄出过程中，"圣人"一词作为"道""无为"的承担者，也得到了比较多的"照顾"。第七十三章王弼本、河上公本、傅奕本"天之所恶，孰知其故"与"天之道，不争而善胜"之间有"是以圣人犹难之"一句，帛书本并没有，是否属于漏抄无从可知。从本章文字看，"天之恶""天之道"到"天网"，似标举天道的基本特色为治世提供对照，"圣人"一句于文意无发展，或仅为抄本加工者以己意增入。

传世本《老子》第八十一章最后一句也是全书的篇末一句，王弼本、河上公本、傅奕本皆作"圣人之道，为而不争"，而帛书本作"人之道，为而弗争"。从文意看，"人之道，为而弗争"是效法"天之道，利而不害"的，强调人道与天道的一致，帛书本的写法没有问题。传世本把"人"改为"圣人"，句意也顺，不过却未能表达出"天道"感召"人道"的这层意思。

道、无为、圣人作为治世的理论基础、基本原则与承担者都是《老子》的基本范畴，是老子哲学架构的支撑要点，老子以之为中心展开论说，却并非在字句上刻意使之反复出现。随着《老子》各种抄本的产出，尤其是与传世本文本趋同的过程中，"道""无为""圣人"等基本概念通过文本嵌入的方式不断被聚焦，反映了老子后学已经确定了老子哲学的基本框架与特色。

二、《老子》抄本的改写凸显了学派意识

道家与儒家，作为诸子学派中影响较大的两家，在社会治理的基本手段和政治设计理念上有一定分歧，简单说，这种分歧的关键点在于秩

序和自然何者优先的问题。两家学派各自有不同的考量,而后世学者亦从多元视角出发,提出了各自不同的认识与解读。更为显著的是,这种分歧在中国古代哲学史的发展进程中,逐渐呈现出被日益强调的趋势。司马迁的《老子列传》评述道:“世之学老子者则绌儒学,儒学亦绌老子。‘道不同不相为谋’,岂谓是邪?”①

儒,本是作为职业身份的称谓,承载着春秋时期传统文化的精髓。随着其核心观念“礼”由祭祀仪式向伦理道德的演变,儒家作为革新了的学派登上历史舞台。然而,关于道家在先秦时期是否构成一个独立的学派,这一问题实则颇为复杂。首先,先秦时期的道家并未自我标榜为“道家”学派,其之所以能位列“六家”之中,主要归功于《论六家要旨》及刘向、刘歆等学者的学术归类与认可。其次,道家学派内部所探讨的主题广泛而多元,涵盖了治国方略、修身养性乃至精神自由的追求;同时,这些议题并未汇聚成统一的学说体系,而是各自秉持着贵柔、贵自然、贵清、贵虚等不同的理念与主张。总而言之,“道家”这一称谓虽有其合理性,但实质上更多反映了后世学者对先秦时期相关思想流派的归纳与诠释,而非该时期存在一个自觉凝聚、具有明确边界的“道家”学派群体。

由上述分析可知,在先秦时期,以道家立场攻击儒家主张是不太可能的,但这并不排除道家人物出于个人观念,对儒家所代表的道德绑架生命观念的批判。因为儒学在当时传播的是传统观念的更新换代版,这一变革性质正是倡导颠覆性“革命”的老子所必须指出并批评的。然而,这种批评主要聚焦于观念层面,而非直接针对儒家学派,更非学派自觉层面上的对抗。然而,自战国至汉代,随着学派自觉意识的日益增强,《老子》的抄本也不可避免地卷入了学派间的观念之争中。

《老子》第八章有关于水的性质的“水德七善”,其中王弼本、河上公本的“与善仁,言善信”,傅奕本作“与善人,言善信”,帛书乙本作“予善

---

① [汉]司马迁:《史记》卷六三,中华书局1999年版,第1703页。

天,言善信”,甲本则只有“予善信”(以甲本计,则为六善)。“七善”承担的是水的自然之性向人治世选择方向横通的功能,“善”既指水,又指人。傅奕本选择“与善人”既不易读通,而传世本“与善仁”则借用了儒家“仁”的观念,是儒家思想向《老子》的渗透。帛书乙本“予善天”,是说施为顺应自然天道,是一种儒道思想结合的论调。而甲本“予善信”往往被解为漏抄“天,言善”几字,其实,“信”与“地”“渊”“治”“能”“时”都表述了一种自然达成有序的状态,未必便是漏抄。该处帛书甲本文字表达最为自然,而“天”或“仁”则是从学派观念出发的评价。

传世本《老子》第十八章、第十九章常被作为儒道互绌的一般例证引述。第十八章王弼本作“大道废,有仁义;慧智出,有大伪;六亲不和,有孝慈;国家昏乱,有忠臣”,河上公本除个别文字外大致相同,帛书本为“故大道废,安有仁义。六亲不和,安有孝慈。国家昏乱,安有贞臣”,傅奕本的加工介乎传世本、帛书本之间。帛书本用“安”(训为“于是乃”)连接原因和结果,指出正面的要求其实来自负面现象。这有一个例外,就是“慧智出,有大伪”不与其他三组处于一个序列。“慧智出”是正,“有大伪”是反,正好与其他组相反。查竹简本本章对应文字为“故大道废,安有仁义。智慧出,安有大伪。六亲不和,安有孝慈。邦家昏□,安有正臣”,正好没有“慧智出,有大伪”一组,佐证该组为传抄者未解文意而加入是肯定的。但此外最古的帛书甲本亦有此组,则说明该章被改写久矣。老子本陈述:凡社会标榜某种正向价值,其实是自然秩序遭到破坏的结果。传抄者删字(“安”)、加句,使得章文成了抨击儒家观念的一节。

王弼本、河上公本第十九章有“绝圣弃智,民利百倍;绝仁弃义,民复孝慈;绝巧弃利,盗贼无有”句,傅奕本、帛书本除个别用字不同外,基本一致。而该章竹简本对应文字为“绝知弃辩,民利百倍。绝巧弃利,盗贼亡有。绝伪弃虑,民复季子”,用字与文义非常不一样。“圣”“智”“仁”

“义”都是儒家价值要求的(“巧”“利”不在一个序列),按照帛书本、传世本等写法,那就是放弃儒家治国观念,社会将恢复生机与秩序。但按照竹简本的写法,“知”“辩”“巧”“利”“伪”“利”(“巧”“利”处于同一序列,也佐证了竹简本写法的合理),都属于主观人为的社会建设要求,不符合社会发展的客观自然状况,将会引起反作用。从本章看,老子道学对于儒家价值的批评是随着儒家越来越富有社会影响力而来,这也是引起抄本改写的原因。作为学派的统一与拒斥意识,在《老子》抄本的发展中越来越成为自觉意识。

传世本中明显抨击儒家道德观的几章不见于简本,即第三章“不尚贤,使民不争”,第五章“天地不仁,以万物为刍狗;圣人不仁,以百姓为刍狗”,第三十八章“失道而后德,失德而后仁,失仁而后义,失义而后礼。夫礼者,忠信之薄而乱之首”。这有两种可能,一是原竹简本就没有这些文字,二是恰这部分带有相应文字的简被盗。不管是哪种情况,根据上述文字之差异,竹简本所据之祖本仍存在写法不同的可能。

学派的自觉是学术发展的必然结果,但“后世之学者,不幸不见天地之纯,古人之大体。道术将为天下裂”①,学派的狭隘必有害于正常学术的开展。《老子》关于政治建设原则及理论依据的深刻关切在汉代后陷入儒道互绌的泥沼。至宋明理学家,其更以拒老为己任,这种历史悲剧的出现与《老子》抄本的改编者不无关系。

三、《老子》抄本的改写偏离了老子思想

早期《老子》抄本的产出过程,正伴随着诸子学兴盛之潮流,对于这么一部简明的治世法则的读本的细微加工,成了传抄者出于自身学术立场和解读能力的个别做法。然而,《老子》本身在中国哲学史上产生了无

① 陈鼓应注译:《庄子今注今译》,中华书局2009年版,第909页。

可替代的影响,这种影响也裹挟进了传抄者的部分观念,如果说聚焦老子基本观念是无害的,体现儒道互绌是有害的,那么因为传抄而使得老子思想被扭曲理解则为害之大者。这一点,老子的基本观念道、无为、圣人等都有涉及。

(一)道的性质

《老子》第十四章章末一句河上公本作"执古之道,以御今之有,以知古始,是谓道纪",王弼本、傅奕本有个别字眼不同,都是"古之道""今之有",但帛书甲、乙本均作"执今之道,以御今之有。以之古始,是谓道纪"。到底是"古之道",还是"今之道"呢?古人有一种想象古代圣王之治的情结,也有把"道"归为不易之道的论调,依此看,用"古道"去指导今天的现实是可以说得通的。但既然两种帛书均作"今之道",应该不属于误抄。老子的"道"具有事物本身的完整性、自然性,它因事物的不同而有不同的性质,本章上文"迎之不见其首,随之不见其后"就是描述它超越人的主观判断之外的特点。从这个意义上来说,适合"今之有"的只能是"今之道",若以"古道"为之,便是人主观选择之道,而非自然之道了。所以帛书本的写法不但可以读得通,而且可能就是正确的写法。一把钥匙开一把锁,今天的问题还是需要依据事物所处当下现实合理地解决它。

《老子》第二十五章前两句河上公本为"有物混成,先天地生。寂兮廖兮,独立而不改,周行而不殆,可以为天下母",傅奕本同,王弼本仅少用一"而"字。本章帛书本、竹简本有重要不同,一是"有物混成",帛书本作"有物昆成",竹简本作"有状虫成";二是帛书本、竹简本都没有"周行而不殆"。这两句话显然是描述"道"的,道有物性,但不能说道就是一种物,竹简本用"状"表明是一种存在的状态,比"物"更理想。"混成"不好理解,一般只好翻译为"有一个浑然一体的东西"[①]。帛书本作"昆成",

① 陈鼓应:《老子注译及评介》(修订增补本),中华书局 2009 年版,第 164 页。

竹简本作"虫成",则提示有另种解释的可能。《说文》:"昆,同也。""虫"也是众虫之集。无论"昆成"还是"虫成",都可理解为从具体事物抽象出共同性,这正是道的超越性质的特色所在。至于"周行而不殆"则把道设想为一种独立在事物之外的运动,显然完全不合老子道论的基本设定,必为后抄者以己意增入。这一章的前两句,论述道的决定性、超越性,然而却并非为一般治老之学者所能准确把握,他们以自己的理解改写文本以图使之明晰,却实质造成了对于老子道论的歪曲。

《老子》第三十五章后半段王弼本作"道之出口,淡乎其无味,视之不足见,听之不足闻,用之不足既",这部分文字河上公本、傅奕本、帛书本都差不多,用以表现道的存在超乎人的经验认知范围,但它却是作用没有穷尽的实在。这里有一个问题,道用是自然作用,可以说道用不尽,人只能循道性而为,是无所谓"用道"的。所以,"用之不足既"实不可通,而竹简本正作"而不可既也",看起来句式没有传世本那么整齐了,但却是合理文意的承担者。

帛书本《老子》第五十五章有"和曰常,知常曰明"一句,竹简本亦同,意思很清楚,承上文"终日号而不嗄,和之至也","和"是常道的表现,认识到这种常道便是明白人。但在王弼本、河上公本、傅奕本中,为了追求句式的整饬,该句改作"知和曰常,知常曰明",导致"知和曰常"完全读不通。几种写本统一改写,表明文本互相对照修改而出现趋同的现象,但始作俑者未能仔细推敲文意,致使此种改写有过无功。

(二)无为的特点

谈到老子的基本思想,人们习惯以"无为而无不为"概括,实质上"无为"是老子的基本思想自不必言,但"无不为"却未必能算得上。因为,"无不为"不是一种要求或设计,而是"无为"之后的结果。简言之,在上者"无为",使得在下者便有可能"无不为"。从"无不为"出现的次数看,王弼本、河上公本为两次，一是第三十七章“道常无为而无不为”，一是第四十八章“损之又损，以至于无为，无为而无不为”。从这两处文字看，第四十八章的写法没问题，是要求施政者限制自己的主观意志，使得百姓自然而为，但第三十七章则与下文连接不畅，这里强调的是“道”虽无以名状，但若能守之，“万物将自化”，而不是守这种“无不为”。本句帛书本作“道恒无名”，竹简本作“道恒无为也”，则文义顺畅无碍。可见，该句在“无为”后添加“无不为”三字还是由于老子的后学者不解“无为”“无不为”之适用范围，总怕“无为”落空，执意“无为而无不为”是老子思想的重点。傅奕本“无为而无不为”出现次数最多，达三次，较王弼本多出的一处是改写了第三十八章的“上德无为而无以为”为“上德无为而无不为”。此句本来意思是，上德之人之所以无为，是因为认识到事物都存在发展的自洽，主观之“为”没有意义。但傅奕本一改之下，把上德之人的做法落在“无不为”上，直接拉低了老子道论的高度。可见，后世治学者对于“无不为”的有意关注，甚至不惜改写文本，实质是未能把握“无为”之真意，便拉来“无不为”作注脚。

《老子》第六十四章王弼本、河上公本最后一句作“学不学，复众人之所过，以辅万物之自然，而不敢为”，傅奕本、帛书甲乙本除个别虚词外基本相同。该句对应的竹简本有甲组、丙组两种写本，丙组基本与传世本写法相同，而甲组作“教不教，复众人之所过。是故圣人能辅万物之自然，而弗能为”。从写本看，竹简甲组最古，丙组则接近传世本。甲组写法与它本有“教不教”“学不学”和“弗能”“弗敢”的区别。“教”“学”古通，“教不教”“学不学”的写法对文意没有影响，关键在于“弗能”与“弗敢”一字之差，涵义即不同。“弗能”表明“为”的范围是有限的，圣人之治是辅助事物的自然发展，明白治国非能为之事。“弗敢”是有所畏惧不敢去做，但没有否定“为”本身能够产生成效。对比下来，竹简甲组文义最胜，但丙组之下乃至传世诸本均选择了“弗敢”或“不敢”，或许该处文本的抄改由来已久。

在老学的延伸中,有一个与“无为”相关联的“清静”。司马迁《老子列传》以“李耳无为自化,清静自正”[①]归结全篇,概括出老学的“无为”与“清静”两个要点,后世人们也多以“清静无为”联称,标志道家的基本思想特色。“清静”在《老子》文本中只有一处,即第四十五章“清静为天下正”。老子治世的要求很简单,就是在上者“无为”,不让限制性的措施成为社会发展的阻力,虽然在上者“清静”肯定是有助于“无为”的,但这却并不是老子关心的问题,亦可以说,清静不清静都行,只要能无为就行。本句竹简本文字虽被整理者读为“清静为天下正”,但查原简,“清静”二字本为“清清”,结合上文“燥胜沧,清胜热”看,“清静”不应是指人,而是说自然事物寒来暑往,“清清”自然的状态是其要回归的常态。之所以“清静”广为接受,是因为老子的道学被后世用以治身解读,“清静”成为宝贵资源而不被质疑了。此句傅奕本独不同众本作“知清靖,以为天下正”,句意胜出一筹,这在傅本中较为少见,或原本的写法使得傅奕本加工者充分意识到了处理为“清静”的草率,即使傅奕身为道教学者。

同样为道教所认可的《老子》写本,也存在很低级的添改。《老子》第五十七章河上公本有:“我无为而民自化,我好静而民自正,我无事而民自富,我无欲而民自朴。”该章道藏版的河上公本章末多出一句“我无情而民自清”,不知何时何人所为。在《老子》文本形制大致完成情况下,这种不伦不类的添足之句是无法形成干扰了,但也反映了对于《老子》文本的加工是一个长期持续的过程。

(三)有关圣人之治的理解

《老子》第二章从对事物的超越性论述,过渡到对圣人治理之道的描绘,王弼本作“是以圣人处无为之事,行不言之教,万物作焉而不辞,生而

① [汉]司马迁:《史记》卷六三,中华书局 1999 年版,第 1703 页。

不有，为而不恃，功成而弗居”，河上公本基本同。这里需要注意“不辞”和“功成”，“不辞”有不停劳作之意，用在此处十分怪异，不合老子思想；“功成”也不合适，既“无为”不施功，又何言功成？对比几种古本，傅奕本“不辞”作“不始”，“功成”仍之。帛书本“不辞”作“弗始”，“功成”仍作“成功”。竹简本“不辞”作“不为始”，“功成而弗居”作“成而弗居”。由此看，该句只有竹简本文意最胜。“万物作而弗始也”即事物自行发展，不以己意规定方向，“成而弗居”即事物自然取得成就不以己有功可居。从这一句看，傅奕本、帛书本都已有加工，而传世本加工最多。《老子》写本对于母本的加工，除了一些虚词之外，往往改字增词都会使文意乖离，这也反映了老子哲学虽简但深，即使这些治老学的专业人士亦未能完全准确把握，同时也进一步可以佐证《老子》非集体创作之产物。

与第二章情况类似，《老子》第九章对应的竹简本、帛书本文字有“功遂身退，天之道也”，这里指天道作用之下事物自然发展出结果，“功遂”也是事物自身毕其功而已。然而该句河上公本作“功成、名遂、身退，天之道”，把“功遂”拆加为“功成名遂”，王本除语气词外亦同，傅奕本则作“成名功遂身退，天之道”。这几种写本生生拉出个“成名”的问题，完全偏离了老子思想，好像是无为之治的目标是为了成就某种名声一样。再如竹简本对应第十七章的文字有“成事遂功，而百姓曰我自然也”意思和上文文句差不多。“成事遂功”，帛书本作“成功遂事”，河上公本、王弼本、傅奕本皆作“功成事遂”，这三种写法虽差别细微，但却造成意思不同。竹简本“成事遂功”是辅助事物发展的角色，传世本“功成事遂”是主观作为的角色，帛书本“成功遂事”则介乎二者之间，可以往辅助角色解释，但不如“成事遂功”更明了。几字语序之别，来自抄写时失察，也来自抄写者未能深刻理解圣人之治的特点。

《老子》第二十三章河上公本有“同于失者，失亦乐失之”，该句诸本写法非常不一致，且造成文义晦涩难通。王弼本为“同于失者，失亦乐得之”,傅奕本作“于失者,失亦得之”。“失”不管是“乐失”还是“失亦得之”都很别扭,无法读通。帛书本(该章无竹简本对应文字)该句作“同于失者,道亦失之”,结合上句“同于得者,道亦得之”,就是说,以得失的角度看问题,道也就被限制在得失的范围之内。该句过简,可能传抄者并未明白所讲为何,遂加工一气,致使章文全然杂乱拗口。

《老子》第六十一章开头一句王弼本、河上公本作“大国者下流。天下之交,天下之牝。牝常以静胜牡,以静为下”,其中“天下之交,天下之牝”拗口难通,“以静为下”也与上文不太好衔接。而帛书本该句作“大国者,下流也。天下之牝也。天下之交也,牝恒以静胜牡,为其静也,故宜为下也”,意思就明确多了,大国要学习“牝”的雌柔特点,因为凡事物相交,柔性多凭静胜刚性,因为它的静性,所以以处下的姿态对待事物。传世本难以读通的原因一是“天下之交,天下之牝”换了顺序,使本来分别从上下二句读的两组合为一组;二是对“为其静也,故宜为下也”做了删减,使句子逻辑关系不清。该句傅奕本作“大国者,天下之下流。天下之交。天下之牝,牝常以靖胜牡,以其靖,故为下也”,恰是介于帛书本、传世本之间的一个版本,既得古本支持,又照传世本修改的痕迹十分明显。

《老子》第六十六章王弼本为“是以欲上民,必以言下之;欲先民,必以身后之”,河上公本、傅奕本、帛书本基本同之。照此写法,圣人“言下”“身后”只是为了取得“上民”“先民”的目的,当代注家也往往围绕“向统治阶级献言”①进行论争,而为老子辩白者所论也十分迂阔,如苏辙道:“圣人非欲上人,非欲先人也,盖下之后之,其道不得不上且先耳。”②其实,造成该句解读困惑的原因只是被篡改了。竹简本对应文句作“圣人之在民前也,以身后之。其在民上也,以言下之”,处于前、上的治国者要以后、下的方式要求自己,文义明确晓畅,却被抄本的改编者夹带了私

① 张松如:《老子说解》,齐鲁书社 1998 年版,第 357 页。
② [宋]苏辙:《道德真经注》,《道藏》第 12 册,文物出版社、上海书店、天津古籍出版社 1988 年版,第 317 页。

货，致使老子蒙千年不白之冤。

今本中那些内含可能“权术”解说方向的章节恰巧不见于简本，这包括“不尚贤，使民不争”的第三章，“非以其无私邪？故能成其私”的第七章，“天下神器，不可为也”的第二十九章，“将欲歙之，必固张之”“国之利器不可以示人”的第三十六章，“古之善为道者，非以明民，将以愚之”的第六十五章等，这些章节的《老子》祖本写法如何，仍不可知。不管怎样，老子的圣人之道是以民为本、为先之道，以其为维护皇权的君王南面之术的看法还是狭隘了。这种历史的狭隘，低估了一位哲学家的高度。

《老子》的文本极简，有些地方理解起来必须在整体把握全篇宗旨的前提下仔细推敲，这在一般知识分子本身就很难做到。加之，《老子》产出的时代传播手段有限，被个别文人加工过的文本遂成为读者们被动接受的文本。这种加工虽没有整体改变老子哲学的基本内容与思想特色，但对《老子》部分章文意思的把握还是形成了不小的干扰。

参考文献

陈鼓应：《老子注译及评介》，中华书局 2009 年版。

陈鼓应注译：《庄子今注今译》，中华书局 2009 年版。

刘笑敢：《老子古今》，中国社会科学出版社 2006 年版。

任继愈译：《老子今译》，古籍出版社 1956 年版。

（编辑　朱展炎）

《列子·杨朱篇》“人肖天地之类”章考论*

刘　震**

摘要：在以杨伯峻《列子集释》为代表的《列子》当代通行注本中，“人肖天地之类”一章存在章句与释义不甚符合篇章文意的问题。杨伯峻未能察觉敦煌残卷本《列子》与宋本等《列子》相关章句的各有可取与不可兼容，并疏于考虑《杨朱篇》中对“圣人”的批判态度，本着“圣人无过”的固有思维对相关章句进行了牵强地结合与释义，造成了以“不横私天下之身，不横私天下物者，其唯圣人乎”为代表的部分问题章句，实应更正。

关键词：列子　杨朱　至人　圣人　横私

《列子》作为重要的道家典籍之一，保存了大量的道家文献与思想，有很高的学术价值。由于学界多认为《列子》为伪书，所以截至目前，对《列子》的研究相对于其他古籍而言可以说并不甚充分。已有的《列子》研究多集中于辨伪、词汇、思想等方面，而对其文本内容的详细考察相对较少。例如当代通行注本（以下简称“通行注本”）《列子·杨朱篇》的

* 本文系国家社科基金后期资助项目“杨朱古今中外文献集成译注”（项目批准号：22FZXB032）阶段性成果之一。

** 刘震，江西省社会科学院文学与文化研究所助理研究员，主要从事道家哲学与国际汉学研究。

"人肖天地之类"一章中就有一些较为明显的问题。通行注本《列子》的版本很多,其中以中华书局杨伯峻的《列子集释》、上海古籍出版社严北溟与严捷译注的《列子译注》、中华书局叶蓓卿译注的三全本《列子》传播最广、影响最大,其他影响较大的还有贵州人民出版社王强模译注的《列子全译》、上海古籍出版社陈明校点的《列子》等。但根据笔者考察,通行注本《列子·杨朱篇》的"人肖天地之类"一章中依据敦煌残卷本《列子》增补或修改的几个部分,似乎存在一些章句与释义的问题①,而这又与《列子·杨朱篇》的圣人观有密切的关联。因此笔者将结合敦煌残卷本《列子》与宋本等《列子》以及《列子·杨朱篇》的思想倾向,对通行注本《列子》相关章节的章句与释义进行分析与更正,并对《列子·杨朱篇》的圣人观进行一番考察。

一、"不横私天下之身,不横私天下物者,其唯圣人乎"与《杨朱篇》之圣人观

首先,最值得探讨的第一个问题是敦煌残卷本《列子》之外,历代各本《列子》的"人肖天地之类"一章中均有"有其物,有其身,是横私天下之身,横私天下之物,其唯圣人乎"②,在"其唯圣人乎"之前并无"不横私

① 此外,英、日、韩等海外通行译注本亦受影响,出现了相应问题。如 Rosemary Brant(ed.), *Yang Chu's Garden of Pleasure: The Philosophy of Individuality*, Astrolog Publishing House, 2005, pp. 80-81;〔日〕土方賀陽:《楊朱を読む》,自刊 2023 年版,第 48—51 頁;〔韩〕김학주,《열자(하)》,명문당 2023 年版,第 191—193 页等。

② 宋、金、元、明、清本(以下简称"宋本等")《列子》原文均为"有其物,有其身,是横私天下之身,横私天下之物,其唯圣人乎"。例如[宋]林希逸著,张京华点校:《列子鬳斋口义》,华东师范大学出版社 2016 年版,第 174 页;[周]列子撰,[晋]张湛注,[唐]卢重玄、[宋]范致虚解,[宋]赵佶训,[宋]高守元集,孔德凌点校:《冲虚至德真经四解》,凤凰出版社 2016 年版,第 273 页;[战国]列子撰,[宋]林希逸注:《元刻本列子》,国家图书馆出版社 2017 年版,第 255—256 页;[明]顾春编:《六子全书之列子》,吉林出版集团有限责任公司 2010 年版,第 309 页;[战国]列御寇撰,[清]纪昀等编纂:《四库全书·道家类·列子》,中国书店出版社 2018 年版,第 243 页;[战国]列御寇撰,[唐]卢重元注:《列子》,中国书店出版社 2019 年版,第 193 页;等等。

天下之身,不横私天下物者"两句。而杨伯峻的《列子集释》中第一次将"不横私天下之身,不横私天下物者"两句加入原文,成为"有其物,有其身,是横私天下之身,横私天下之物。不横私天下之身,不横私天下物者,其唯圣人乎!"

杨伯峻《列子集释》"人肖天地之类"一章的原文如下:

> 杨朱曰:"人肖天地之类,怀五常之性,有生之最灵者也。人者,爪牙不足以供守卫,肌肤不足以自捍御,趋走不足以从利逃害,无毛羽以御寒暑,必将资物以为养,任智而不恃力。故智之所贵,存我为贵;力之所贱,侵物为贱。然身非我有也,既生,不得不全之;物非我有也,既有,不得而去之。身固生之主,物亦养之主。虽全生,不可有其身;虽不去物,不可有其物。有其物,有其身,是横私天下之身,横私天下之物。不横私天下之身,不横私天下物者,其唯圣人乎!公天下之身,公天下之物,其唯至人矣!此之谓至至者也。"①

杨伯峻在加入"不横私天下之身,不横私天下物者"两句之后注:"各本无此十四字,今从敦煌残卷增。"②此后,主要通行注本《列子》多以杨伯峻《列子集释》为依据,加入了"不横私天下之身,不横私天下物者"两句。

当代较为流行的主要通行注本《列子》"人肖天地之类"一章相关章句分别如下:

1. 杨伯峻《列子集释》

章句:有其物,有其身,是横私天下之身,横私天下之物。不横私天下之身,不横私天下物者,其唯圣人乎!③

---

① 杨伯峻:《列子集释》,中华书局2012年版,第224—225页。
② 同上书,第225页。
③ 同上书,第224—225页。

无译文，注释如下：[注]知身不可私物不可有者，唯圣人可也。○陶鸿庆曰：张《注》云云失其读。“其唯圣人乎”当连下读之，乃倒句也。“其唯圣人乎，公天下之身，公天下之物，其唯至人矣！”盖既叹其圣，又许以至也。《易·乾卦·文言》“其唯圣人乎！知进退存亡而不失其正者，其唯圣人乎！”句法正同。伯峻案：陶所据本脱“不横私”等十四字，故云云。今补此十四字，则陶说不足信矣。○《释文》云：从此句下其唯至人矣连为一段。①

2. 严北溟、严捷《列子译注》

章句：有其，物有其身，是横私天下之身，横私天下之物。不横私天下之身，不横私天下物者，其唯圣人乎！②

译文：据有外物，据有身体，便是将属于天下的身体不合理地占为己有，将属于天下的物不合理地占为已有。不无理地占有属于天下的身体，不无理地占有属于天下的物资，只有圣人才能做到吧！③

3. 叶蓓卿三全本《列子》

章句：有其物，有其身，是横私天下之身，横私天下之物。不横私天下之身，不横私天下物者，其唯圣人乎！④

译文：占有外物，占有身体，是强行独占本属于天下的身体，是强行独占本属于天下的外物。不强行独占本属于天下的身体，不强行独占本属于天下的外物，大概只有圣人才能做到吧！⑤

4. 王强模《列子全译》（修订版）

章句：有其物有其身，是横私天下之身，横私天下之物。其唯圣人乎！⑥

---

① 杨伯峻：《列子集释》，中华书局2012年版，第225页。
② 严北溟、严捷：《列子译注》，上海古籍出版社2012年版，第150页。
③ 同上书，第150—151页。
④ 叶蓓卿译注：《列子》，中华书局2011年版，第201页。
⑤ 同上书，第202页。
⑥ 王强模译注：《列子全译》（修订版），贵州人民出版社2009年版，第176页。

译文:个人占有外物,个人占有身体,是个人蛮横地占有天下之人的身体,个人蛮横地占有天下之人的事物。这只有圣人才了解!①

5. 陈明《列子》

章句:有其物,有其身,是横私天下之身,横私天下之物,其唯圣人乎!②

无译文,仅标明:"[张注]知身不可私,物不可有者,唯圣人可也"及"[释文]从此句下'其唯至人矣'连为一段"。③

据上可知,通行注本中传播最广、影响最大的杨伯峻的《列子集释》、严北溟与严捷的《列子译注》、叶蓓卿的三全本《列子》均已加入"不横私天下之身,不横私天下物者",组成"不横私天下之身,不横私天下物者,其唯圣人乎",并翻译为"不无理地占有属于天下的身体,不无理地占有属于天下的物资,只有圣人才能做到吧"或"不强行独占本属于天下的身体,不强行独占本属于天下的外物,大概只有圣人才能做到吧",将"圣人"作为"不横私"的范例给予褒扬。而影响较大的王强模的《列子全译》中虽然没有加入"不横私天下之身,不横私天下物者",但将"其唯圣人乎"翻译为"这只有圣人才了解",依然将"圣人"作为"能了解"的范例置于"横私"的行为主体之外。最后陈明的《列子》仅只收录了原文与《张注》及《释文》,相当于宋本等《列子》的横排简体整理本,没有对"圣人"进行释义,因此可以不论。

那么,下面我们来看一下杨伯峻"今从敦煌残卷增"的敦煌残卷本《列子》的相关原文。敦煌残卷编号斯七七七《列子张湛注(杨朱)》:

(前阙)有生之(中阙)不足以供守卫,肌肤不足以自(中阙)

① 王强模译注:《列子全译》(修订版),贵州人民出版社2009年版,第177页。

② [晋]张湛注,[唐]卢重玄解,[唐]殷敬顺、[宋]陈景元释文,陈明校点:《列子》,上海古籍出版社2014年版,第208页。

③ 同上。

> 不足以从利逃害,无毛羽以御寒暑,必将资物以为养。任智而不恃(中阙)之所贵,存我为贵;力之所贱,侵物为贱。然则身非我有,既生,不得不全之;物非我有,既有,不得去之。身因生之主,物(中阙)养之主。虽全生,不可有其身;虽不去物,不可有其物。有其物,有其身,是横私天下之身,横私天下之物。不横私天下之身,不横私天下物者,其唯至人矣。公天下之身,公天下之物,其唯至人矣。此之谓至至者也。[①]

由上可知,敦煌残卷本《列子·杨朱篇》"人肖天地之类"一章中相关部分原文为"有其物,有其身,是横私天下之身,横私天下之物。不横私天下之身,不横私天下物者,其唯至人矣",并没有"圣人"一词。而"其唯圣人乎"其实是宋本等《列子》"有其物,有其身,是横私天下之身,横私天下之物,其唯圣人乎"原文中的一部分。因此,杨伯峻《列子集释》中的"不横私天下之身,不横私天下物者,其唯圣人乎"其实是选取了敦煌残卷本《列子》的"不横私天下之身,不横私天下物者"与宋本等《列子》的"其唯圣人乎",断以己意,拼凑而成的。其修改并无确凿的凭据。但是这一拼凑却带来了一个严重的问题,那就是拼凑章句的文意与其他版本章句的文意相比发生了极大的变化。

现将三种版本的章句与译文以及对"圣人"的态度对比如下:

1. 敦煌残卷本《列子》

章句:有其物,有其身,是横私天下之身,横私天下之物。不横私天下之身,不横私天下物者,其唯至人矣。[②]

笔者译文:占有外物,占有身体,是强行独占本属于天下的身体,是

---

① 中国社会科学院历史研究所、中国敦煌吐鲁番学会敦煌古文献编辑委员会、英国国家图书馆、伦敦大学亚非学院编:《英藏敦煌文献(汉文佛经以外部分)》第2卷(斯五二五——三八〇),四川人民出版社1990年版,第148页。

② 同上。

强行独占本属于天下的外物。不强行独占本属于天下的身体，不强行独占本属于天下的外物，只有至人才能做到。

上文没有“圣人”这一表述。

2. 宋本等《列子》

章句：有其物，有其身，是横私天下之身，横私天下之物，其唯圣人乎！[①]

笔者译文：占有外物，占有身体，是强行独占本属于天下的身体，是强行独占本属于天下的外物，只有圣人这样做吗？

笔者认为上文对“圣人”的态度：认为“圣人”是“横私”的最大主体（但却并不是唯一主体，还有其他“横私”的主体存在）。

3. 杨伯峻《列子集释》

章句：有其物，有其身，是横私天下之身，横私天下之物。不横私天下之身，不横私天下物者，其唯圣人乎！[②]

笔者译文：占有外物，占有身体，是强行独占本属于天下的身体，是强行独占本属于天下的外物。不强行独占本属于天下的身体，不强行独占本属于天下的外物，只有圣人这样做吗？

笔者认为上文对“圣人”的态度：认为“圣人”是“不横私”的最大主体（但却并不是唯一主体，还有其他“不横私”的主体存在）。

对比三种版本可知，敦煌残卷本《列子》的“人肖天地之类”一章中并没有“圣人”这一表述。而最先将敦煌残卷本《列子》的“其唯至人矣”改为“其唯圣人乎”的是王重民的《敦煌古籍叙录》，他认为“‘其为至人矣’宋本作：‘其唯圣人乎’，按作圣人是也”[③]，而孔德凌点校的《冲虚至德真经四解》中也采用了王重民的观点，其注释中指出“‘其唯圣人乎’，敦煌六朝写本残卷斯七七七作‘其唯至人矣’，王重民曰：宋本作‘其唯圣人

① ［宋］林希逸：《列子鬳斋口义》，张京华点校，华东师范大学出版社2016年版，第174页。
② 杨伯峻：《列子集释》，中华书局2012年版，第224—225页。
③ 王重民：《敦煌古籍叙录》，中华书局2010年版，第258页。

乎'，按作'圣人'是也"[1]。由此可见，杨伯峻《列子集释》中虽未明示，但其极有可能也是参考了王重民《敦煌古籍叙录》中的观点，才将敦煌残卷本《列子》中的"不横私天下之身，不横私天下物者"与宋本等《列子》中的"其唯圣人乎"相缀合，在其《列子集释》中将此章句重新编为了"不横私天下之身，不横私天下物者，其唯圣人乎"。

当代通行注本《列子》中的相关章节多数采用了王重民、杨伯峻的"不横私天下之身，不横私天下物者，其唯圣人乎"。例如严北溟、严捷的《列子译注》与叶蓓卿的三全本《列子》，将"圣人"置于"不横私"的最高主体地位。

同时，也有些通行注本《列子》中保留了宋本等《列子》的"是横私天下之身，横私天下之物，其唯圣人乎"，但今译时依然将"圣人"置于"不横私"的主体地位。例如王强模《列子全译》（修订版）中的原文虽为"有其物有其身，是横私天下之身，横私天下之物。其唯圣人乎"[2]，但却将此章句翻译为了"个人占有外物，个人占有身体，是个人蛮横地占有天下之人的身体，个人蛮横地占有天下之人的事物。这只有圣人才了解"[3]；再有萧登福《列子古注今译》中的原文虽为"有其物，有其身，是横私天下之身，横私天下之物，其唯圣人乎"[4]，但却将此章句翻译为了"想要独自据有外物，据有身体，就像是把属于天下的身体、外物蛮横的据为已有一样。大概也只有（舜禹周孔）等圣人才会把自己的身体当作天下人所共有的"[5]。

在笔者看来，这些译文均没有忠实原文本意，并对"圣人"一词做了先入为主的主观判断。究其原因，很可能与中国两千年以来"独尊儒术"影响下"圣人无过"的固有思维密切相关。而且译注者们很可能惧怕挑战权威，

---

① ［周］列子撰，［晋］张湛注，［唐］卢重玄、［宋］范致虚解，［宋］赵佶训，［宋］高守元集，孔德凌点校：《冲虚至德真经四解》，凤凰出版社 2016 年版，第 273 页，注释 6。

② 王强模译注：《列子全译》（修订版），贵州人民出版社 2009 年版，第 176 页。

③ 同上书，第 177 页。

④ 萧登福：《列子古注今译》，文津出版社 1990 年版，第 661 页。

⑤ 同上书，第 665 页。

惧怕挑战“圣人”与“大家”的权威,以致产生了不分情境对“圣人”进行正面评价的惯性行为。其实这一现象在历代各家对《列子》的注解中也可稍见端倪。例如在“是横私天下之身,横私天下之物,其唯圣人乎”之后,《张湛注》曰“知身不可私,物不可有者,唯圣人可也”[①];《释文》曰“‘其唯圣人乎’,从此句下,其唯至人矣,连为一段”[②];陶鸿庆曰“张《注》云:‘知身不可私,物不可有者,唯圣人可也。’此失其读。‘其唯圣人乎’当连下读之,乃倒句也。‘其唯圣人乎,公天下之身,公天下之物,其唯至人矣!’盖既叹其圣,又许以至也”[③];而杨伯峻认为“陶所据本脱‘不横私’等十四字,故云云。今补此十四字,则陶说不足信矣”[④],虽然对陶鸿庆的说法提出了质疑与更正,但是依然没有质疑“圣人”作为“不横私”主体适当与否的想法。如此种种,可见一斑。

那么,《杨朱篇》中到底有没有“圣人”这一词汇或概念呢?遍搜整篇《杨朱篇》可知,《杨朱篇》全文“圣”字仅出现了 4 次,而其中“圣人”只出现了 1 次,即“其唯圣人乎”,详文如下:

1. “万物所异者生也”章

章句:十年亦死,百年亦死。仁圣亦死,凶愚亦死。[⑤]

笔者译文:活十年会死,活一百年也会死,仁人圣贤会死,凶徒愚人也会死。

笔者认为文中对“圣人”的态度:认为“圣人”也是一定会死亡的普通人,圣人也只是凡人而已,除去神化色彩。

2. “天下之美归之舜、禹、周、孔”章

章句:凡彼四圣者,生无一日之欢,死有万世之名。[⑥]

---

① [明]顾春编:《六子全书之列子》,吉林出版集团有限责任公司 2010 年版,第 309 页。

② [晋]张湛注,[唐]卢重玄解,[唐]殷敬顺、[宋]陈景元释文,陈明校点:《列子》,上海古籍出版社 2014 年版,第 208 页。

③ 陈引驰编校:《陶鸿庆学术论著·读诸子札记》,浙江人民出版社 1998 年版,第 57 页。

④ 杨伯峻:《列子集释》,中华书局 2012 年版,第 225 页。

⑤ 同上书,第 211 页。

⑥ 同上书,第 222 页。

笔者译文:所有这四位圣贤,活着的时候没有过一天的欢乐,死后却获得了万世的美名。

笔者认为文中对“圣人”的态度:认为“圣人”在生活中没有获得丝毫的欢乐,而死后只是留下了实际上与己无关的虚名,对圣人的人生表示同情与惋惜。

3. “天下之美归之舜、禹、周、孔”章

章句:彼四圣虽美之所归,苦以至终,同归于死矣。①

笔者译文:那四位圣贤虽然获得了美名,但却艰苦地生活到最后,一样是归于死亡。

笔者认为文中对“圣人”的态度:认为“圣人”虽然获得了美名,但却一生艰苦,最后也免不了死亡,对圣人的人生表示同情与惋惜的同时除去神化色彩。

4. “人肖天地之类”章

章句:有其物,有其身,是横私天下之身,横私天下之物,其唯圣人乎!②

笔者译文:占有外物,占有身体,是强行独占本属于天下的身体,是强行独占本属于天下的外物,只有圣人这样做吗?

笔者认为文中对“圣人”的态度:认为“圣人”是“横私”的最大主体,指责圣人“横私天下”,对圣人表示彻底的否定,圣人成为负面形象。

通过以上对“万物所异者生也”章与“天下之美归之舜、禹、周、孔”章中“圣”的分析可知,《杨朱篇》中的“圣人”只不过是一个艰辛地度过一生并且无法免除死亡的悲苦的凡人形象。而之所以如此,是因为他们的人生实况正与杨朱所提倡的人生准则背道而驰。《孟子》《吕氏春秋》《韩非子》《淮南子》等对杨朱思想的描述如下:

---

① 杨伯峻:《列子集释》,中华书局2012年版,第222页。

② [明]顾春编:《六子全书之列子》,吉林出版集团有限责任公司2010年版,第309页。

杨朱、墨翟之言盈天下。天下之言不归杨则归墨。杨氏为我，是无君也；墨氏兼爱，是无父也。[①]（《孟子·滕文公下》）

阳生贵己。[②]（《吕氏春秋·审分览·不二》）

今有人于此，义不入危城，不处军旅，不以天下大利易其胫一毛，世主必从而礼之，贵其智而高其行，以为轻物重生之士也。夫上所以陈良田大宅，设爵禄，所以易民死命也。今上尊贵轻物重生之士，而索民之出死而重殉上事，不可得也。[③]（《韩非子·显学》）

全性保真，不以物累形，杨子之所立也，而孟子非之。[④]（《淮南子·氾论训》）

根据以上古籍记载可知，杨朱思想的核心主张是“为我”“贵己”“轻物重生”“全性保真，不以物累形”，而《杨朱篇》中的“圣人”正好是“重物轻生”“以物累形”的典型代表。因此，在“人肖天地之类”章中指责圣人“横私天下”，认为他们是“横私”的最大主体，对“圣人”表示彻底的否定，才应该是《杨朱篇》的本意，而不应该是与前文自相矛盾地为“圣人”唱响赞歌。

笔者认为，敦煌残卷本《列子》的“不横私天下之身，不横私天下物者，其唯至人矣”中没有“圣人”这一表述，与后面的“公天下之身，公天下之物，其唯至人矣”衔接紧密，文意通畅，很符合《杨朱篇》的思想倾向。因为“不横私天下”即是“公天下”，如果“不横私天下”的是“圣人”，而“公天下”却是“至人”，那么“不横私天下”与“公天下”的到底是“圣人”还是“至人”呢？如果“圣人”与“至人”都是“不横私天下”与“公天下”的主体，那么作者又为什么要用两个不同的名词来进行表述呢？显然这是说不通的。因此，笔者认为敦煌残卷本《列子》的章句是没有问题的。

---

① 方勇译注：《孟子》，中华书局2010年版，第121页。

② 陆玖译注：《吕氏春秋》，中华书局2011年版，第617页。

③ 高华平、王齐洲、张三夕译注：《韩非子》，中华书局2010年版，第729页。

④ 陈广忠译注：《淮南子》，中华书局2012年版，第738页。

同时,笔者认为宋本等《列子》的"有其物,有其身,是横私天下之身,横私天下之物,其唯圣人乎"应该翻译为:"占有外物,占有身体,是强行独占本属于天下的身体,是强行独占本属于天下的外物,只有圣人这样做吗?"这里认为"圣人"是"横私"的最大主体,指责圣人"横私天下"。这样的释义与前文指出的《杨朱篇》中的"圣人"是"重物轻生""以物累形"的典型代表甚相符合,而且进一步对圣人进行了否定,甚至可以说对圣人进行了彻底否定。由此,《杨朱篇》中的"圣人"成为与其文中最为推崇的"至人"的对立面。因此笔者认为宋本等《列子》的章句也是没有问题的。

在探讨这一问题的过程中笔者检索了历代《列子》注解本中的相关内容,发现宋代的林希逸在其《列子鬳斋口义》中指出"若以物为有,以身为有,皆逆天理而自私者,故曰'横私'。世之圣人则如此。此语自尧、舜以下皆有讥侮之意"①。他认为圣人"以物为有,以身为有",是"逆天理的自私者",是"横私"的代表。这与笔者的观点不谋而合,笔者对此深以为然。

此外,卢重玄《列子》注本中"惟杨朱一篇注佚其半,惜无别本可补耳"②,而"人肖天地之类"一章正处于"注佚其半"的部分,因此无法参考卢重玄对此章句的注解与评价,可谓甚是遗憾。

综上可知,杨伯峻《列子集释》"人肖天地之类"一章中既没有完全采用敦煌残卷本《列子》的"不横私天下之身,不横私天下物者,其唯至人矣",也没有完全采用宋本等《列子》的"有其物,有其身,是横私天下之身,横私天下之物,其唯圣人乎",而可能是在王重民《敦煌古籍叙录》的判断与历代"圣人无过"固有思维的影响下,断以己意,将敦煌残卷本《列子》的"不横私天下之身,不横私天下物者"与宋本等《列子》的"其唯圣人乎"相结合,拼凑成了不符合《杨朱篇》原文本意的"有其物,有其身,是横私天下之身,横私天下之物。不横私天下之身,不横私天下物者,其唯圣人乎"。

---

① [宋]林希逸著,张京华点校:《列子鬳斋口义》,华东师范大学出版社2016年版,第174页。
② [清]阮元辑:《宛委别藏·列子注》,江苏古籍出版社1988年版,卷首。

通行注本《列子》"人肖天地之类"章中的"有其物,有其身,是横私天下之身,横私天下之物。不横私天下之身,不横私天下物者,其唯圣人乎"的问题在于,盲目地采用了以王重民《敦煌古籍叙录》与杨伯峻《列子集释》的判断为标准的章句,并以历代"独尊儒术"影响下"圣人无过"的固有思维进行思考,可能又兼有避免挑战"圣人"与"大家"之权威的考量,才会做出不顾《杨朱篇》原文本意选取章句并对圣人进行正面释义的牵强之举。

当然,通行注本《列子》中也有相关原文及译文与笔者所见略同的版本。例如中信出版社出版的梁万如导读及译注的《列子》中的"人肖天地之类"章中就保留了宋本等《列子》的原文"有其物,有其身,是横私天下之身,横私天下之物。其唯圣人乎"①,而且将其翻译为"拥有外物,拥有身体,是把天下的身体任意据为己有,把天下的外物任意据为己有的,就只有圣人吧"②,并且在其相应的"赏析与点评"部分还指出"杨朱以身体和外物的公和私来评价圣人与至人,也就是评价儒家和道家的分别。杨朱自然把至人说成是大公无私的支持者"③。其说甚是,笔者深表认同。④ 但是由于其版本较为小众,并未产生太大影响。

二、《列子·杨朱篇》"人肖天地之类"章中的其他问题

以上考察了通行注本《列子·杨朱篇》"人肖天地之类"章中最为关

---

① 梁万如导读及译注:《列子》,中信出版社 2015 年版,第 213 页。

② 同上。

③ 同上书,第 214 页。

④ 此外持相同观点的还有陶光的《列子校释》,"(其唯圣人乎)此句仍当上属,谓世所谓圣人,有其身,有其物,是横私天下之身,横私天下之物,盖讥弹之也。与上文言舜禹周孔之旨相承,道家于儒之所谓圣人多如此,而贵真人至人"(陶光:《列子校释》,河洛图书出版社 1975 年版,第 240 页);庄万寿的《道家史论》,"上章所说的'四圣'追求的是'有其物,有其身',是杨朱所唾弃的人物,何况就句法看,此句绝应上属"(庄万寿:《道家史论》,万卷楼 2000 年版,第 188 页)等。

键的章句“不横私天下之身,不横私天下物者,其唯圣人乎”的问题与《杨朱篇》的圣人观,下面将继续探讨“人肖天地之类”章中的其他几个问题。

(一)“有生之最灵者也”与“有生之最灵者,人也”

此章句在杨伯峻的《列子集释》、严北溟与严捷的《列子译注》、叶蓓卿的三全本《列子》中均为“有生之最灵者也”。杨伯峻的《列子集释》在“有生之最灵者也”之后指出“北宋本、汪本、吉府本、世德堂本‘者’下俱衍‘人’字,今依《藏》本、《四解》本删”[1]。“人肖天地之类”章中相关章句原文为“人肖天地之类,怀五常之性,有生之最灵者(人)也。人者……”[2],上文的“肖天地之类,怀五常之性”是对“人”特性的介绍,“有生之最灵者”是对“人”的定义。而根据下文的“人者”亦可知,上句必定有对“人”的定义,即“什么什么者,人也”,下句才能以“人者”开头来再次强调并进一步展开后面的描述。杨伯峻的《列子集释》之所以采用《藏》本与《四解》本,应该是将“肖天地之类,怀五常之性,有生之最灵者”均划为了对开头“人肖天地之类”中第一个“人”字的介绍,而忽略了“有生之最灵者”的“者”后面需要一个“什么也”来连缀,就像下文的“人者”后面会有大段的描述一样。因此,笔者认为此章句原文应为“人肖天地之类,怀五常之性。有生之最灵者,人也”。

(二)“趋走不足以从利逃害”与“趋走不足以逃利害”

此章句在杨伯峻的《列子集释》、严北溟与严捷的《列子译注》、叶蓓卿的三全本《列子》中均为“趋走不足以从利逃害”。杨伯峻的《列子集释》在“趋走不足以从利逃害”之后指出“本作‘逃利害’,今从敦煌斯七七七六朝写本订正”[3]。“人肖天地之类”章中相关章句原文为“人者,爪

---

① 杨伯峻:《列子集释》,中华书局2012年版,第224页。
② 同上。
③ 同上。

牙不足以供守卫,肌肤不足以自捍御,趋走不足以从利逃害,无毛羽以御寒暑,必将资物以为养,任智而不恃力"[①],根据前面的"爪牙不足以供守卫,肌肤不足以自捍御"句式判断,后文应为"趋走不足以逃利害"。同时,《列子·说符篇》中有如下记载:

> 杨朱曰:"行善不以为名而名从之,名不与利期而利归之,利不与争期而争及之:故君子必慎为善。"[②]

由此可知,《列子》中杨朱认为"利不与争期而争及之",所以对"利"也要采取慎重的态度。因此,笔者认为比起敦煌残卷本《列子》的"趋走不足以从利逃害",其他版本的"趋走不足以逃利害"不论是从句式方面还是从思想倾向方面都更为符合原文本意。

(三)"任智而不恃力"与"性任智而不恃力"

此章句在杨伯峻的《列子集释》、严北溟与严捷的《列子译注》、叶蓓卿的三全本《列子》中均为"任智而不恃力"。杨伯峻的《列子集释》在"任智而不恃力"之前指出"各本'养'下有'性'字,今从敦煌斯七七七六朝写本残卷删"[③]。"人肖天地之类"章中相关章句原文为"人者,爪牙不足以供守卫,肌肤不足以自捍御,趋走不足以从利逃害(逃利害),无毛羽以御寒暑,必将资物以为养,(性)任智而不恃力。故智之所贵,存我为贵;力之所贱,侵物为贱"[④]。杨伯峻的《列子集释》之所以根据敦煌残卷本《列子》删去"性"字,明显是将"性"字划归到了"必将资物以为养"之后[⑤],认为

① 杨伯峻:《列子集释》,中华书局2012年版,第224页。
② [明]顾春编:《六子全书之列子》,吉林出版集团有限责任公司2010年版,第350—351页。
③ 杨伯峻:《列子集释》,第224页。
④ 同上。
⑤ 例如萧登福《列子古注今译》中的相关章句即为"必将资物以为养性"(萧登福:《列子古注今译》,文津出版社1990年版,第660页)。梁万如导读及译注《列子》中的相关章句亦为"必将资物以为养性"(梁万如导读及译注:《列子》,中信出版社2015年版,第213页)。

“养”字足以，不必为“养性”，故将“性”字删掉。但其实“性”字是可以划归到“任智而不恃力”的开头的。不过即使如此，也会有研究者认为没有必要，那是因为他们将“（性）任智而不恃力”与上文的“爪牙……，肌肤……，趋走……，无毛羽……，必将……”放到了同等重要的并列位置，认为“（性）任智而不恃力”只是一句与上文无异的接续，因此“性”字依然多余。但其实不然，笔者认为“（性）任智而不恃力”实际上有着承上启下的重要作用。由以上原文可知“（性）任智而不恃力”之前的章句均为对“人者”特征的描述，而“（性）任智而不恃力”之后的章句“故智之所贵，存我为贵；力之所贱，侵物为贱”则是对为什么要“任智而不恃力”原因的说明。所以“（性）任智而不恃力”一句需要对“人性”进行的一个总括性的表述，才能起到这样一个承上启下的作用。由此，笔者认为此章句应为“性任智而不恃力”，翻译为“本性崇尚智慧而不依仗力量”。[①]

（四）“不得不去之”与“不得而去之”

此章句在杨伯峻的《列子集释》、严北溟与严捷的《列子译注》、叶蓓卿的三全本《列子》中均为“不得而去之”。不过还是有部分通行注本为“不得不去之”，例如王强模的《列子全译》中即为“物非我有也，既有不得不去之”[②]，白冶钢的《列子译注》中也为“物非我有也，既有，不得不去之”[③]。但是王强模的译文为“身外的事物并不是个人所有的，事物既然已经存在了，不得抛弃它”[④]，而白冶钢的译文也为“外物其实也并非为我所有，但是既然有了，那么为了保全生命也就离不开它们”[⑤]，均属于对

---

① 通行注本《列子》中也有相关章句为“性任智而不恃力”的版本，例如张长法注译的《列子》就是如此，但因其版本较为小众，未能产生较大影响（［战国］列子撰，张长法注译：《列子》，中州古籍出版社 2018 年版，第 194 页）。

② 王强模译注：《列子全译》（修订版），贵州人民出版社 2009 年版，第 176 页。

③ 白冶钢译注：《列子译注》，上海三联书店 2018 年版，第 284 页。

④ 王强模译注：《列子全译》（修订版），第 177 页。

⑤ 白冶钢译注：《列子译注》，第 285 页。

“不得而去之”的翻译。

其实对于这个问题,前人早有探讨,兹引之如下:

> 樾谨按,“不得不去之”当作“不得而去之”,故下文曰“虽不去物,不可有其物也”。今作“不得不去”,与下文不合矣。盖涉上文“既生,不得不全之”,故误“而”为“不”。①

俞樾在《诸子平议》中对“不得不去之”之所以应为“不得而去之”的解释已然非常明晰,此处从之,兹不赘述。

(五)“虽全生”与“虽全生身”

此章句在杨伯峻的《列子集释》、严北溟与严捷的《列子译注》、叶蓓卿的三全本《列子》中均为“虽全生”。杨伯峻的《列子集释》在“虽全生”之后指出“各本‘生’下有‘身’字,今从敦煌斯七七七六朝残卷删”。② 查阅可知,相关部分原文如下:

> 然身非我有也,既生,不得不全之;物非我有也,既有,不得而去之。身固生之主,物亦养之主。虽全生(身),不可有其身;虽不

---

① [清]俞樾:《诸子平议》卷十六,1922 年双流李氏刊本,第十八叶。此外,萧登福的《列子古注今译》中指出:《四解》本、《江》本原作“不得不去之”,《口义》本作“不得而去之”。俞樾《诸子平议》卷十六云:“樾谨按‘不得不去之’,当作‘不得而去之’,故下文曰:‘虽不去物,不可有其物也。’今作‘不得不去’,与下文不合矣。”今据《口义》本及俞说改。(萧登福:《列子古注今译》,文津出版社 1990 年版,第 662 页)孔德凌点校的《冲虚至德真经四解》中指出:“而”,原作“不”,据道藏白文本、林本改。俞樾曰:“樾谨按:‘不得不去之’当作‘不得而去之’,故下文曰‘虽不去物,不可有其物也’。今作‘不得不去’,与下文不合矣。盖涉上文‘既生,不得不全之’,故误‘而’焉‘不’。”王重民曰:“案俞说是也。道藏本、吉府本‘不’并作‘而’。”王叔岷曰:“案道藏本中白文本、林希逸本‘不’并作‘而’,江遹本、高守元本仍并误‘不’。”([周]列子撰,[晋]张湛注,[唐]卢重玄、[宋]范致虚解,[宋]赵佶训,[宋]高守元集,孔德凌点校:《冲虚至德真经四解》,凤凰出版社 2016 年版,第 273 页,注释 3)

② 杨伯峻:《列子集释》,中华书局 2012 年版,第 224 页。

去物，不可有其物。有其物，有其身，是横私天下之身，横私天下之物。[①]

通过对比原文可知，句子中画横线的关键位置分别为：身、物。其中，只有“生”字比较突兀。而且全文都在讲怎样对待“身”与“物”，根据上文的“身非我有也”“身固生之主”与下文的“不可有其身”“有其身”“是横私天下之身”，可知此处“全”的宾语明显是“身”，而“生”不过是用来修饰“身”的定语而已。对此，陶鸿庆也认为“上‘身’字当衍”[②]。因此，笔者认为此章句实际应为“虽全生身”。

（六）“有其物，有其身”与“有其身，有其物”

此章句不仅在杨伯峻的《列子集释》、严北溟与严捷的《列子译注》、叶蓓卿的三全本《列子》等通行注本中为“有其物，有其身”，而且在目前已知的所有版本中均为“有其物，有其身”。但是，笔者对此略有异议，不敢苟同。正如上一节中分析的那样，句子中画横线的关键位置分别为：身；物。身，物。身，身；物，物。物，身，身，物。其中，只有“有其物，有其身”的顺序是“物、身”，而上文与下文的顺序均为“身、物”。因此，笔者大胆推测，最原始《列子》中的章句实际应为“有其身，有其物”，而后人在某次传抄过程中不慎颠倒了顺序，错抄为“有其物，有其身”，并且，由于此后的流传过程中再也没有人提出过质疑，以致一错至今。

三、结论

综上所述，在以杨伯峻的《列子集释》、严北溟与严捷的《列子译注》、

① 杨伯峻：《列子集释》，中华书局 2012 年版，第 224 页。
② 陈引驰编校：《陶鸿庆学术论著 · 读诸子札记》，浙江人民出版社 1998 年版，第 56 页。

叶蓓卿的三全本《列子》等为代表的当代通行注本《列子》中，“人肖天地之类”章中存在着章句与释义不甚适合篇章文意的问题。其中，杨伯峻的《列子集释》对当代通行注本产生了重要影响，其在参考敦煌残卷本《列子》与宋本等《列子》的相关章句进行调整与修改时，未能察觉“不横私天下之身，不横私天下之物者，其唯至人矣”与“有其物，有其身，是横私天下之身，横私天下之物，其唯圣人乎”二者的各有可取与不可兼容，并疏于考虑《杨朱篇》中对“圣人”的批判态度，本着“圣人无过”的固有思维对相关章句进行了牵强的结合与释义，造成了“有其物，有其身，是横私天下之身，横私天下之物。不横私天下之身，不横私天下之物者，其唯圣人乎”这样的问题章句。此外，众多当代通行注本《列子》由于未能完全关照“人肖天地之类”章的前后脉络，还出现了“有生之最灵者也”“趋走不足以从利逃害”“任智而不恃力”“不得不去之”“虽全生”“有其物，有其身”等问题章句。通过详细考察，笔者认为“人肖天地之类”章中符合原文本意的完整章句应为：“人肖天地之类，怀五常之性。有生之最灵者，人也。人者，爪牙不足以供守卫，肌肤不足以自捍御，趋走不足以逃利害，无毛羽以御寒暑，必将资物以为养，性任智而不恃力。故智之所贵，存我为贵；力之所贱，侵物为贱。然身非我有也，既生，不得不全之；物非我有也，既有，不得而去之。身固生之主，物亦养之主。虽全生身，不可有其身；虽不去物，不可有其物。有其身，有其物，是横私天下之身，横私天下之物，其唯圣人乎？（或将‘其唯圣人乎’替换为‘不横私天下之身，不横私天下物者，其唯至人矣’）公天下之身，公天下之物，其唯至人矣！此之谓至至者也。”

参考文献

白冶钢译注:《列子译注》,上海三联书店 2018 年版。

梁万如导读及译注:《列子》,中信出版社 2015 年版。

陶光:《列子校释》,河洛图书出版社 1975 年版。

王强模译注:《列子全译》(修订版),贵州人民出版社 2009 年版。

萧登福:《列子古注今译》,文津出版社 1990 年版。

杨伯峻:《列子集释》,中华书局 2012 年版。

庄万寿:《道家史论》,万卷楼 2000 年版。

Rosemary Brant(ed.), *Yang Chu's Garden of Pleasure: The Philosophy of Individuality*, Astrolog Publishing House, 2005.

〔韩〕김학주:《열자(하)》,명문당 2023 年版。

〔日〕土方賀陽:《楊朱を読む》,自刊 2023 年版。

（编辑　朱展炎）

“科教三师”张万福述论

白照杰*

摘要：盛唐时期的道士张万福，被后世道教界尊为“科教三师”之一。有关他的情况，文献记载贫乏，学界目前的认识也存在分歧。通过细致考察现有材料可知，张万福在712年史崇玄被诛前隶属于太清观，此后迁入清都观。通过重新排列已知张万福著作的时间线，推测张万福隶属太清观期间，主要致力于戒律等制度类文献的汇编，并参与《一切经音义》等官方道教工程。隶属清都观时期，张万福更侧重对道教仪式及相应制度的整理工作，为后世道教仪式（尤其黄箓斋）的构拟提供不少借鉴。

关键词：张万福　科教三师　张清都

宋代高道宁全真（1101—1181）在其著名的《灵宝领教济度金书》中，以仪式文书的形式列出“科教三师”：

> 简寂先生陆真人
>
> 清都先生张真人

* 白照杰，上海社会科学院哲学研究所副研究员，主要从事中古道教研究。

广成先生杜真人[①]

陆修静、张万福、杜光庭是道教领域尽人皆知的人物，三人在各自的时代里为道教仪式的整理和拟构工作做出卓越贡献，影响深远。三人在宋代获得“科教三师”的崇高地位，并为后世所尊。[②] 与陆修静和杜光庭相比，张万福的情况因史料阙如至今仍重锁雾中。

张万福生平不详的问题，自宋朝开始便已如是。《崇文总目》著录的《五等朝仪》称：“张万福撰，不详何代人。”宋代黄长睿《校正崇文总目》指此张万福为“唐人，有传”[③]。此之“有传”，当指《唐书》中有传记。然《唐书》所录之“张万福”实为德宗朝之武将，与创作《五等朝仪》的道士张万福并非一人。明代胡应麟即发现《崇文总目》等书著录上的问题，继而翻检唐代文献，发现唐代有多个“张万福”：一为名将，一为名医，而编纂《五等朝仪》的张万福“乃道家者流”。[④] 胡应麟的怀疑确有道理，但他的观点并没有获得人们的足够重视。晚明周婴在其《卮林》中对胡应麟展开批评，认为《唐书》有传的那位“张万福”一身多能、文武医道兼修并无不可，“则《五等朝仪》何知非张尚书著述？且其年九十未尝一日言病，非道家何以得此？然则万福盖文士习武，有道术而善医，又善相人者。胡云有三？予谓直是一人。黄长睿云‘唐人，有传’，盖之矣！”[⑤]周婴的这段话看上去像是无理取闹，但肉眼可见的是，不仅今人不清楚张万福的基本生平，就连比我们更接近历史、拥有更多史料的宋代以来（甚至更

① ［宋］宁全真：《灵宝领教济度金书》卷三一七，《道藏》，文物出版社、上海书店、天津古籍出版社1988年版，第8册，第794a页。

② 有关“科教三师”对于道教仪式的贡献，参张泽洪：《论科教三师》，《宗教学研究》1998年第4期。

③ ［宋］王尧臣撰，［清］钱东垣辑释：《崇文总目辑释》卷四，清嘉庆刻汗筠斋丛书本，第33b—34a页。

④ ［明］胡应麟：《少室山房笔丛》卷一〇，《文渊阁四库全书》，台湾商务印书馆1983年版，第886册，第279a页。

⑤ ［明］周婴：《卮林》卷九，文渊阁《四库全书》，第858册，第207b页。

早)的古人也对此人情况不甚了解。根据现有材料,仅能知晓张万福活跃于盛唐时期,曾隶属太清观、清都观,参与了两起带有官方性质的重要道教活动,但其间详情却也并不清楚,学界对相关问题甚至存在完全相反的认识。尽管已有研究较少,但有关张万福基本情况的讨论,依旧有继续推进的空间。鉴于张万福生平和著作相关问题较为琐碎,这里以类似“札记”的形式对之进行总结和讨论,以期为未来的研究工作做些有益的铺垫。

一、 张万福生平线索札记:隶属上清观与清都观之先后问题

能够准确定位张万福活动时间的材料实际只有两个,分别是史崇玄的《妙门由起序》和张万福自己的《传授三洞经戒法箓略说》。首先来看《妙门由起序》。太清观主史崇玄曾是红极一时的道教人物,但因卷入太平公主和唐玄宗的政治斗争而殒命。[①]《一切道经音义》是玄宗登基之初敕命展开的重要道教文化工程,史崇玄担任“大使”领导此书的编纂,雷闻的一份研究已将此事前因后果写明。[②] 就在《妙门由起序》中,史崇玄列出了参与《一切道经音义》编纂的学士和“大德”,道门大德中第一位被提及的便是“京太清观大德张万福”。[③] 根据雷闻的考证,《一切道经音义》编纂于先天元年(712)八月至十二月间,据此可判断张万福至少在先天元年为太清观道士,且身为“大德”,拥有较高道内身份。接着来看《传授三洞经戒法箓略说》。在张万福的这部著作中,述及金仙和玉真公主在景云二年(711)春正月十八日的洞玄授度,以及先天元年冬十月二十

---

① 白照杰:《烟花易冷——周唐鼎革中的太清观主史崇玄》,载项楚主编:《中国俗文化研究》第 16 辑,四川大学出版社 2019 年版,第 155—163 页;〔日〕土屋昌明:《長安の太清觀の道士とその道教:史崇玄と張萬福を中心に》,《人文科學年報》2013 年第 43 號,第 109—136 頁。

② 雷闻:《唐长安太清观与〈一切道经音义〉的编纂》,荣新江主编:《唐研究》第 15 卷,北京大学出版社 2009 年版,第 199—226 页。

③ [唐]史崇玄:《妙门由起序》,《道藏》,文物出版社、上海书店、天津古籍出版社 1988 年版,第 24 册,第 722c 页。

八日的“五法、上清经法”传授。张万福亲身参与了公主的传法活动：

> 万福自惟凡鄙，戒行无取，谬奉恩旨，滥预临坛大德、证法三师。既睹兹法会，实怀悚作。缘公主受道并别有记，今粗书之，冀万代之后，知道法之尊重也。大唐先天元年岁次壬子十二月丙申十二日丁未。太清观道士张万福谨记。①

从张万福的自述可知，他作为两位公主传法仪式中的“临坛大德证法三师”，是受睿宗（和玄宗——如果张万福在先天元年传法中担任同样职位的话，详见后文）圣旨任命，显示他一度获得大唐皇帝的重视。根据这两则带有纪年有关张万福的材料，我们只能知晓张万福在711—712年间身为太清观道士，可能与太清观观主史崇玄关系较密，②且获得睿宗和玄宗重视，拥有较高的教内身份，能够参与公主的传法活动。然而，两个材料给出的时间点太过集中，根本无从判断张万福此时处于生命的哪个阶段——或者说，是老是少。

张万福在另一作品中留下的言辞，使问题变得复杂起来。《洞玄灵宝道士受三洞经戒法箓择日历》（后简称《择日历》）署名“京三洞弟子清都观道士张万福撰”。可知撰写此书时张万福隶属于清都观，而非此前述及的上清观。此书开篇称：

> 而吴蜀二境、京洛两都，递相承用，因循靡革。万福仰惟积善庆于庸微，既厕道流，又参真秘。自升净域，向五十许年；从师结誓，亦四十余载。敢窥琼检，诵金章。香灯之暇，辄此撰录。只望

① ［唐］张万福：《传授三洞经戒法箓略说》卷二，《道藏》，文物出版社、上海书店、天津古籍出版社1988年版，第32册，第197c页。

② 雷闻在《唐长安太清观与〈一切道经音义〉的编纂》中称张万福是史崇玄的“得意弟子”，但并无材料反映此二人之间存在师徒关系。

> 示之门人,未敢闻之外。先修《三洞众戒》,已具二十一卷中,恐披卷轴繁多,罕能存录。今指此一卷,庶弟子志之。[①]

正如丸山宏和土屋昌明所述,张万福的这段自述,显示他已进入道观五十来年,从师傅受学道法也已过四十余载。若十来岁作为童子进入道观,此时他最少也已是五六十岁的老人。[②] 因此,可以确定,隶属于清都观的张万福年龄较长、德高望重,还有一些门人弟子。但接下来问题就来了,没有任何材料能够直接指明张万福是先隶属于清都观,还是先隶属于史崇玄的太清观。雷闻在前揭论文中直接认为张万福是在史崇玄被杀、太清观被废后,才转入清都观,但并未给出下此判断的理由。与此相反,土屋昌明试图否定这一观点,他怀疑张万福因与史崇玄关系密切,在史崇玄被杀时可能受到株连,故太清观应当是张万福所居住的最后一所道观,而隶属清都观当在更早时候。[③] 然而,土屋昌明此观点的基础是张万福受史崇玄严重株连,"したがつて、張萬福が生存していたとしても、どれほどの執筆意欲と指導力をもてたか疑問である"(中意为"是以,即使张万福活了下来,但还能有多少写作能力和领导力,是值得怀疑的问题")。但此纯然是一种猜测,缺少可靠证据,张万福因史崇玄株连而遭到惩罚的程度,未必很重。

与此同时另一个连带问题随之产生,太清观道士张万福的《传授三洞经戒法箓略说》,是否与隶属清都观时自述为晚年之作的《择日历》完成于大约同一时期?丸山宏以张万福主要著作均讲述道门传法之事,故判二者为同时期作品。而由于《传授三洞经戒法箓略说》完成于先天元

---

① [唐]张万福:《洞玄灵宝道士受三洞经戒法箓择日历》,《道藏》,文物出版社、上海书店、天津古籍出版社1988年版,第32册,第182页。

② 〔日〕丸山宏:《道士張萬福と唐代前期の道教界》,《道教儀禮文書の歷史的研究》,(東京)汲古書院2004年版,第423—424頁。〔日〕土屋昌明:《長安の太清觀の道士とその道教:史崇玄と張萬福を中心に》,《人文科學年報》2013年第43號,第121頁。

③ 〔日〕土屋昌明:《長安の太清觀の道士とその道教:史崇玄と張萬福を中心に》,《人文科學年報》2013年第43號,第120—121頁。

年(712),《择日历》自述创作于入道 50 年,故推张万福生活年代可能是 650—713 年之间。[①] 然而,丸山宏这一判断似乎没有注意到两部著作创作时,张万福分别隶属太清观和清都观的事实。而以两书主题相似而论二书成于同一时期,在论据上也显得有些薄弱。查尔斯・本(Charles Benn)曾经的一个推测与丸山宏的观点存在差异。查尔斯・本发现,张万福在《传授三洞经戒法箓略说》结尾处对于金仙、玉真两位公主两次受法的描述差异明显,其对 711 年洞玄授度记载详细,而对 712 年传法活动的记述却极端简略。查尔斯・本由此怀疑张万福确实参与了洞玄授度,但恐张万福此时尚未受得更高等的上清等法位经法,故未亲身参与后一次传法活动。[②] 这一观点也有较大猜测性,缺少直接的材料依据,却符合当时道教有"经需师授"、不得窃泄天宝的规定,因此也有一定道理可言。《择日历》显示出张万福对所有道法(包括上清经法)都了然于胸,若接受查尔斯・本的推测,则《择日历》的创作应当要晚于《传授三洞经戒法箓略说》。

众说纷纭而都没有相对可靠的依据,问题变得更加扑朔迷离。那么到底如何区分张万福先隶属的道观是清都观还是太清观?张万福是否受史崇玄牵连而在大约同一时间走到了人生尽头或丧失了写作能力?《择日历》是否与《传授三洞经戒法箓略说》创作于同一时期?尽管因材料的缺失目前无法给出确凿答案,但将张万福另一部作品《三洞众戒文》纳入观察后,对以上问题的探讨,依旧可以获得很大程度的推进。张万福亲自撰写的《三洞众戒文序》自称"三洞弟子京太清观道士张万福编录"。显然,此书完成于张万福隶属太清观的时段之内。今《道藏》本《三洞众戒文》似非完秩,有关于此稍后再谈。就在张万福《择日历》的开篇部分,实际提及《三洞众戒文》,称:

---

① 〔日〕丸山宏:《道士張萬福と唐代前期の道教界》,《道教儀禮文書の歷史的研究》,(東京)汲古書院 2004 年版,第 423—424 頁。

② Charles Benn, *The Cavern-Mystery Transmission: A Taoist Ordination Rite of A. D. 711*, Honolulu: University of Hawai'i Press, 1991, p. 20.

先修《三洞众戒》，已具二十一卷中，恐披卷轴繁多，罕能存录。今指此一卷，庶弟子志之。①

通过这句话可以判断，《三洞众戒(文)》的完成要早于《择日历》。此时我们再结合《三洞众戒文》题署“太清观道士张万福”，而《择日历》题署“清都观道士张万福”的事实，便可确凿无疑地得出结论：张万福先隶属于太清观，而后才迁入清都观。将《三洞众戒文》纳入观察后，出现峰回路转、豁然开朗的局面，实在是“众里寻他千百度……那人却在，灯火阑珊处！”于是，《传授三洞经戒法箓略说》由于也是张万福隶属太清观时期的作品，自然就要早于在清都观创作的《择日历》了，但到底早多少仍无从得知。

从目前的材料或可推测，张万福在史崇玄被诛、太清观被废后没有因受牵连而丧命，只是转入清都观，从此相对低调地生活，但依旧笔耕不辍。有关这一判断，似乎还可以找到一点“理证”。第一，通过检索“学衡数据·道藏”可以发现，②张万福在晚唐之后的道教文献中，一直被称为“清都观张万福天师”“张清都”“清都张君”“清都张真人”“清都法师张万福”，他的名字在后世著作中从未与太清观挂钩，或能反映张万福最终的落脚点是在清都观，并可能在清都观生活较长时间，且对道教科仪整合作出一定贡献后方才去世。第二，张万福在道教内外材料中，从未被污名化，也没有成为需要隐晦的人物。即使是在时代相对较近的杜光庭的作品中，也被恭敬地称为“西京清都观张万福天师”，③并形成“张天师、陆先生、寇天师、张清都”这样光辉的仪式传承法脉。④ 形象和威望传承后世，或可说明张万福至少没有在史崇玄案后一同遭到朝廷严厉处置。

上面的分析尽管稍显复杂细碎，但对于理解张万福的情况来说却非

① [唐]张万福：《洞玄灵宝道士受三洞经戒法箓择日历》，《道藏》，文物出版社、上海书店、天津古籍出版社1988年版，第32册，第182a—b页。

② 学衡数据·道藏：http://www.xueheng.net/dz.html。

③ [晚唐五代]杜光庭：《太上黄箓斋仪》卷五七，《道藏》，第9册，第371c页。

④ [晚唐五代]杜光庭：《太上黄箓斋仪》卷五三，《道藏》，第9册，第347b页。

常必要。张万福生平记载太过稀缺,只鳞片爪都不容轻易放过。有关唐代长安太清观和清都观的基本情况,文献记载稍显繁复,但土屋昌明已对之进行处理。[①] 太清观的兴起过程比较复杂,《长安志》等材料记载韦庶人和诸武遭诛后,以韦庶人故宅改为太清观新址,并令史崇玄居之,当可采信。史崇玄在先天二年(713)被杀后,此观又遭到废弃。[②] 则张万福转入初建于隋文帝开皇七年(587)、当时已徙于永乐坊的清都观,[③]亦当发生于先天二年。

二、张万福道教著作相关札记

张万福的不少著作均是对中古道教制度性材料的整合,因此在对唐代道教和道教制度等问题的讨论中,张万福的著作总是会成为无法回避的文献材料。有关这些材料的基本介绍和总结,海内外学界均已作出不少讨论,[④]其中查尔斯·本对张万福8部作品的情况进行总体性介绍,参考价值最高。[⑤] 土屋昌明总结张万福佚存著作共10部,[⑥]但其所列《洞玄灵宝度人经大梵隐语疏义》原书并无题署,存在争议。《洞玄灵宝度人经大梵隐语疏义》无题署,《道藏提要》称"此篇就《度人经》中道君所撰《大梵隐语》及《元始灵书中篇》之标题、三十二天内音及《道君后序》,采集

① 〔日〕土屋昌明:《長安の太清觀の道士とその道教:史崇玄と張萬福を中心に》,《人文科學年報》2013年第43號,第111—114頁。

② [宋]宋敏求撰,[清]毕沅校正,《长安志》卷七,成文出版社1970年版,第173页。

③ 同上书,第170页。

④ 〔日〕丸山宏:《道士張萬福と唐代前期の道教界》,《道教儀禮文書の歷史的研究》,(東京)汲古書院,2004年,第423—431頁。〔日〕土屋昌明:《長安の太清觀の道士とその道教:史崇玄と張萬福を中心に》,《人文科學年報》2013年第43號,第119頁。《道藏提要》、Taoist Canon等提要著作中,张万福见存作品均获得一定介绍,亦有参考价值,不赘。

⑤ Charles Benn, "Appendix Three: The Works of Chang Wan-fu," *The Cavern-Mystery Transmission: A Taoist Ordination Rite of A. D. 711*, Honolulu: University of Hawai'i Press, 1991, pp. 144-158.

⑥ 〔日〕土屋昌明:《長安の太清觀の道士とその道教:史崇玄と張萬福を中心に》,《人文科學年報》2013年第43號,第119頁。

诸家之说,分别加以疏解"[①],但未指出撰者姓名。《道藏通考》(*The Taoist Canon: A Historical Companion to the Daozang*)中劳格文(John Lagerwey)对此书中"大梵隐语"的道教学意义进行简要介绍,但同样没有指出作者是谁。[②] 查相关材料,唯明代白云霁《道藏目录详注》著录《洞玄灵宝度人经大梵隐语疏义》为"张万福纂"。《道藏目录详注》的常用版为《四库全书》本(见图1),[③]其对张万福著作的著录看上去存在错误。紧邻《度人经大梵隐语疏义》的《无量度人经诀音义》为《道藏》收录,流传至今,署为"张万福纂"。但《四库全书》本白云霁的《道藏目录详注》中,却未标出这部书的作者,而是将"张万福纂"放在《度人经大梵隐语疏义》下面。这看上去应该是一起张冠李戴事件,如果不是《道藏目录详注》原本就有此错误,则可能是后世传抄错行所致。因此,在无其他证据的情况下,《度人经大梵隐语疏义》不应被视为张万福的作品。

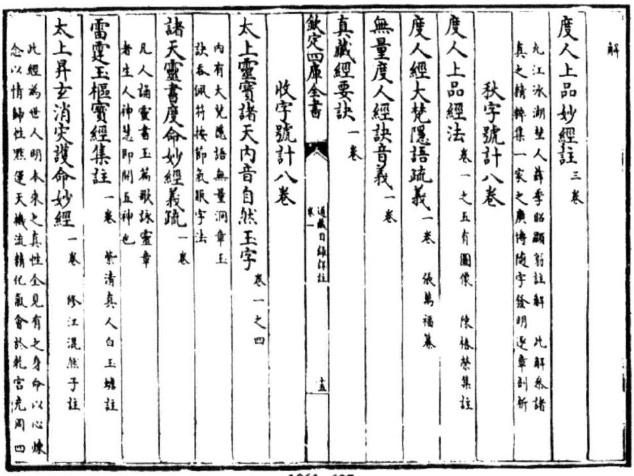
解
度人上品妙經註 三卷
九江冰湖生人薛季昭顯翁註解 此解采諸
真之精粹集一家之奧博隨字發明逐章剖析
秋字號計八卷
度人上品經法 卷一之五有圖像 陳椿榮集註
度人經大梵隱語疏義 一卷 張萬福纂
無量度人經訣音義 一卷
真藏經要訣 一卷
欽定四庫全書 道藏目錄詳註 卷一 五
收字號計八卷
太上靈寶諸天內音自然玉字 卷一之四
內有大梵隱語無量洞章玉
訣春佩符按節氣服字法
諸天靈書度命妙經義疏 一卷
凡人誦靈書玉篇歌詠靈章
者生人神悲即開五神也
雷霆玉樞寶經集註 一卷 紫清真人白玉蟾註
太上昇玄消災護命妙經 一卷 修江混然子註
此經爲世人明本來之真性全見有之身命以心煉
念以情歸性然運天機流精化氣會於乾宫虎周四

1061–637

图1 《道藏目录详注》之《度人经大梵隐语疏义》页

---

① 任继愈主编,钟肇鹏副主编:《道藏提要》,中国社会科学出版社1991年版,第42页。

② Kristofer Schipper and Franciscus Verellen(eds.), *The Taoist Canon: A Historical Companion to the Daozang*, Chicago and London: The University of Chicago Press, 2004, p.722.

③ [明]白云霁:《道藏目录详注》,卷一,文渊阁《四库全书》,台湾商务印书馆1983年版,第1061册,第637b页。

此外，前述《崇文总目》著录之张万福《五等朝仪》一卷，并未引起学界注意，但亦当纳入讨论。取舍之后，可以获悉，张万福的十部作品情况分别如表1所示：①

表1　张万福作品列表

编号	书名	存辑情况	撰述时所隶道观
1	《三洞众戒文》	存	太清观
2	《三洞法服科戒文》	存	太清观
3	《洞玄灵宝三师名讳形状居观方所文》	存	太清观
4	《传授三洞经戒法箓略说》	存	太清观
5	《洞玄灵宝无量度人经诀音义》	存	不详(太清观?)
6	《洞玄灵宝道士受三洞经戒法箓择日历》	存	清都观
7	《黄箓斋仪》	独立著作佚；部分内容为后世黄箓斋仪手册吸收，见蒋叔舆《无上黄箓大斋立成仪》卷一六等	不详(清都观?)
8	《醮三洞真文五法正一盟威箓立成仪》	存	不详
9	《灵宝五炼生尸斋仪》	佚	不详
10	《五等朝仪》	佚	不详

这里并无必要对以上作品进行一一介绍，查尔斯·本的著作及各家道经提要类论著早已完成这些工作，而是有选择地集中在以下几个小问题的简明讨论上，以图增进(而非重复)我们对张万福及其著作的认识。

(一) 三部早已亡佚的著作

张万福确曾修过一部《黄箓斋仪》。尽管此书早已亡佚，但杜光庭《太上黄箓斋仪》、蒋叔舆《无上黄箓大斋立成仪》、金允中《上清灵宝大法》、王契真《上清灵宝大法》等后世有关黄箓斋的作品中，多次征引张万福的黄箓斋仪式。尤其是蒋叔舆的《无上黄箓大斋立成仪》卷一六详细

① 此表格参考土屋昌明的列表，但一些认识存在差异，详见后文。

指出此卷科仪的形成过程,称本卷为:东晋庐山三洞法师陆修静撰,大唐清都三洞法师张万福补正,上清三洞法师李景祈集定,三洞法师冲靖先生留用光传授,太上执法仙士蒋叔舆编次。[1]

从这样的题署,可以看出蒋叔舆眼中黄箓斋仪的传承过程。有关张万福修黄箓斋及其历史意义,山田利明已有专门讨论,颇可参考,这里不再重复。[2] 张万福的黄箓斋仪在宋代似乎仍能看到,但稍后便走向消亡。参考张万福著述的新的、更完善的黄箓斋仪的产生,似乎使张万福的旧仪丧失了实用价值。原本作为仪式实践指导手册的作品,一旦丧失实用价值,便很可能会被历史的后浪所掩盖。此外,蒋叔舆等人应该可以看到张万福此书,他们在引述张万福黄箓斋仪时均称之为"张清都"或"清都观张先生"等,或可推测张万福《黄箓斋仪》的署名是"清都观道士/三洞弟子张万福",由此又可推测此书编纂于张万福隶属清都观之后。

张万福的《五等朝仪》也是一部早已亡佚的著作。正如开篇所述,此书仅在《崇文总目》中获得著录,且引发后世学者有关作者"张万福"身份的认识分歧。这部著作似乎在宋初之后就已亡佚,内容无从知晓,也没有引起当今学界关注,例如土屋昌明等人所开列的张万福论著名单中几乎都不见此书名目。结合张万福《三洞众戒文》等作品"抄集汇编"式的写作模式,推测此书有可能是整编更早的"五部"或者说"五等"朝真科仪而来。而就目前对道经的研究可知,唐代确实流行着"五等朝仪"。《洞玄灵宝道学科仪》是一部唐代的道教作品,[3]书中《必斋品》在列述道教科仪名目时首先列出五种朝仪的名称:

---

① [宋]蒋叔舆:《无上黄箓大斋立成仪》,卷一六,《道藏》,文物出版社、上海书店、天津古籍出版社 1988 年版,第 9 册,第 471a 页。

② [日]山田利明:《張萬福修醮考》,《東洋の思想と宗教》2000 年通號 17,第 19—34 頁。

③ 见 Kristofer Schipper and Franciscus Verellen (eds.), *The Taoist Canon: A Historical Companion to the Daozang*, Chicago and London: The University of Chicago Press, 2004, p. 464。

箓生朝仪

五千文朝仪

灵宝朝仪

上清朝仪

三皇朝仪①

如果了解唐代道士所奉行法位制度的基本结构，便不难发现以上五种朝仪应当分别归属于不同的法位等级，彼此之间存在“等”级差异，因此可以被合称为“五等”朝仪。而这五种或五等朝仪，在初唐之前就已存在。《三洞奉道科戒仪范》是成立于隋唐之际或更早的作品，对唐代道教法位制度的基本结构影响很大。② 此书《法次仪》“在字面上”列出四种朝仪，详见表2：

表2　《法次仪》所列四种道教朝仪

所属法位	朝仪名称
正一法位	正一朝仪
高玄法位	五千文朝仪（一卷）
洞玄法位	灵宝朝仪（一卷）
洞真法位	上清朝仪（一卷）③

两相对比不难发现：《三洞奉道科戒仪范・法次仪》中的“正一朝仪”对应《洞玄灵宝道学科仪・必斋品》中的“箓生朝仪”；其他三种朝仪，两书所述完全相同；唯《法次仪》缺少“三皇朝仪”。难道是《三洞奉道科戒仪范・法次仪》所介绍的洞神三皇法位所需受学之经戒法箓有所遗漏？

① 《洞玄灵宝道学科仪》卷一，《道藏》，文物出版社、上海书店、天津古籍出版社1988年版，第24册，第771c—772a页。

② 有关《奉道科戒仪范》（敦煌对应本《奉道科戒营始》）及唐代道教法位制度，海内外也已有不少研究，以之为主题而形成的专著也已不止一部。各家学者给出的法位细节有一定差异，但大体框架基本一致。相关研究及较近讨论，参白照杰：《整合及制度化：唐前期道教研究》，格致出版社2018年版。

③ 《三洞奉道科戒仪范》卷四，《道藏》，第24册，第757b—759a页。

事实并非如此。《法次仪》所列洞神法位（高于高玄、低于洞玄）经箓中包含“《洞神经》十四卷”。《太上洞神三皇仪》约成书于初唐时期，书中开列仪式中所传授之十四卷《洞神经》细目，就包括“《洞神经》卷十三：《三皇朝仪》”。[①] 可知，《三洞奉道科戒仪范》所给出的朝仪，涵盖了《洞玄灵宝道学科仪》所列的全部五种朝仪，两者的完全对应显示五种/等朝仪在唐代的流行程度。回到张万福的《五等朝仪》，这部著作有可能就是将当时流行但各自单独流传的几本朝仪抄集一处而形成的著作。除非张万福对这些朝仪提出明确的改革意见，否则此书本身并不具有多大的原创性，只是方便阅读和使用的一部汇编著作，仅为仪式整理和整合工作提供了一点便利。

张万福的《灵宝五练生尸斋仪》历史影响不大。常见道教材料里，仅在蒋叔舆《无上黄箓大斋立成仪》卷一六中出现一次，且是作为“标准”咒语的奇特对比项出现在行间注中。蒋叔舆所列五练生尸仪中央咒文引自著名的《五练生尸经》，称“黄中理气，统摄无穷，镇星吐辉，流炼神官”。而张清都的《灵宝五炼生尸斋仪》则不同，相应仪式环节所需吟诵的咒语是：“黄帝一炁天文，黄中土炁，总统众灵，镇星吐精，流炼神形。”蒋叔舆称张万福所给出的咒文特殊，不知所出，“当考”。[②]

（二）《洞玄灵宝无量度人经诀音义》的成立背景

尽管署名未点明是成书于太清观还是清都观，但《洞玄灵宝无量度人经诀音义》题署“张万福纂”的事实，至少使这部书的著作权不会产生疑义。[③] 史崇玄在《妙门由起序》中所开列的《一切道经音义》项目组成员里，“太清观大德张万福”是道士里的头一位，那么这部《洞玄灵宝无量

---

① 《太上洞神三皇仪》，《道藏》，文物出版社、上海书店、天津古籍出版社1988年版，第18册，第302b页。

② ［宋］蒋叔舆：《无上黄箓大斋立成仪》卷一六，《道藏》，第9册，第473c页。

③ ［唐］张万福：《洞玄灵宝无量度人经诀音义》，《道藏》，第2册，第527a页。

度人经诀音义》有可能就是《一切道经音义》的附属性成果之一。

有关《一切道经音义》,学界已有一定研究。其中陈国符注意到玄宗御制之《一切道经音义序》称此书“凡一百四十卷,其音义目录及经目不入此数”;[①]而史崇玄《妙门由起序》则称“今所音经目与旧经目录都为一百十三卷”,[②]《新唐书·艺文志》《通志·艺文略》等著录与史崇玄所述卷数相合;但《道藏阙经目录》却注此书有一百五十卷之多。[③] 三者差异明显。[④] 雷闻将太清观编纂此书与当时的政治斗争联系起来,获得很多新见;[⑤]汪业全则将宋代陈景元《上清大洞真经玉诀音义》中所征引之《一切道经音义》整理出来并进行音韵学分析,探讨《一切道经音义》的解字方式。[⑥] 三者从各自角度介入分析,均富有参考价值。由于这些先行研究的存在,使我们对《一切道经音义》并不算太过陌生。但毕竟《一切道经音义》早已亡佚,以至于对这部书的基本结构和具体工作程序等无从知晓。若张万福《洞玄灵宝无量度人经诀音义》确实与《一切道经音义》的编纂存在联系——不论它是准备工作,还是《一切道经音义》编纂完成后从中摘录《度人经》相关内容纂合而成,[⑦]都将对我们了解《一切道经音义》文本内部情况提供一定帮助。因此,今后的研究中,或许有必要对张万福这部作品的文本结构、阐释原则、音韵释例等问题提起注意,进行更深入的讨论。同时,由于张万福这部著作与《一切道经音义》之间存在潜在联系,因此或可暂将两部著作成书时间绑定。根据前揭雷闻的

① [唐]李隆基:《一切道经音义序》,《道藏》,文物出版社、上海书店、天津古籍出版社 1988 年版,第 24 册,第 720c 页。

② [唐]史崇玄:《妙门由起序》,《道藏》,第 24 册,第 723a 页。

③ 《道藏阙经目录》卷二,《道藏》,第 34 册,第 509a 页。

④ 陈国符:《道藏源流考》,中华书局 1963 年版,第 118 页。

⑤ 雷闻:《唐长安太清观与〈一切道经音义〉的编纂》,荣新江主编:《唐研究》第 15 卷,北京大学出版社 2009 年版,第 199—226 页。

⑥ 汪业全:《史崇玄〈一切道经音义〉考》,《广西师范大学学报(哲学社会科学版)》2004 年第 2 期。

⑦ 事实上,查尔斯·本也怀疑此书最后两部分可能源于《一切道经音义》,见 Charles Benn, *The Cavern-Mystery Transmission: A Taoist Ordination Rite of A. D. 711*, Honolulu: University of Hawai‘i Press, 1991, p. 145。

研究,《一切道经音义》成书于先天元年(712)八月到十二月间,《洞玄灵宝无量度人经诀音义》亦当在此前后。

(三)《三洞众戒文》及其与张万福其他两部作品的关系

蔡雾溪(Ursula-Angelika Cedzich)等学者已发现《道藏》本《三洞众戒文》并不完整。[①] 之前引用过的那段《择日历》便称:"先修《三洞众戒》,已具二十一卷中,恐披卷轴繁多,罕能存录。"这段张万福的自述显示,完整的《三洞众戒文》应该有21卷之多,而不是如今的2卷。事实上,张万福所撰《三洞众戒文序》中提及多种分属于不同法位次第的戒律,但今本正文则并没有完全给出这些戒律的内容或概要介绍。具体对比如表3:

表3　《三洞众戒文》序与正文所列法位次第戒律对比表版式

《序》列述之戒目	正文是否存在相应内容
入道受三归戒	√
箓生五戒、八戒	√
在俗男女无上十戒	×
新出家者初真戒	×
正一弟子七十二戒	×
男官女官老君百八十戒	×
清信弟子天尊十戒十四持身品	×
五千文金钮太清阴阳戒	×
太上高玄法师二十七戒	×
洞神三道要言五戒、十三戒、七百二十戒门	√(无要言五戒,但有"三要文",不知二者是否相同,五为三之讹?)
升玄内教百二十九戒	×
灵宝初盟闭塞六情戒	√
灵宝中盟智慧上品大戒	×
灵宝大盟三元百八十品戒	×
上清智慧观身三百大戒	×

这样的不对应,显示《道藏》本《三洞众戒文》绝非完秩。通过以上对

① Kristofer Schipper and Franciscus Verellen (eds.), *The Taoist Canon: A Historical Companion to the Daozang*, Chicago and London: The University of Chicago Press, 2004, p. 456.

比，可以发现所缺失者多数是卷帙浩繁且单行本流传至今的戒律。或许正是这些单行本依旧流行，使得张万福这部汇抄的价值打了很大折扣，故后人在传抄此书时仅将篇幅较短、有时稍显冷僻的戒律摘出，编为目前的两卷本，最初的原本也因此散佚。

《三洞众戒文序》中的一段话，似乎显示张万福现存的另外两部著作原本也是21卷本《三洞众戒文》的组成部分，其称：

> 凡受法，各授法服，宣示法服科戒。简授法位，乃授天尊要戒及劝戒，三日后设斋谢恩，授三师名讳形状居观方所，并具之于左。[①]

正如前文张万福著作表所体现的那样，《三洞法服科戒文》和《洞玄灵宝三师名讳形状居观方所文》是张万福的两部见存著作。从书名来看，二者可能对应于《三洞众戒文序》中"具之于左"的"法服科戒"和"三师名讳形状居观方所"，被安置在《三洞众戒文》所录戒文的后面。如此来看，这三部著作应该编纂于同一时期。而事实上三部著作均署名"太清观道士张万福"，则均为张万福隶属太清观时期的作品。

最后，结合张万福先隶太清观、后隶清都观的情况，以及我们对张万福作品系年和署名的分析，或许可以为这些作品排一个如表4的大致的时间线。

表4 张万福著作创作分期

1. 太清观时期作品	a.《三洞众戒文》 b.《三洞法服科戒文》 c.《洞玄灵宝三师名讳形状居观方所文》 d.《传授三洞经戒法箓略说》，先天元年十二月十二日 e.《洞玄灵宝无量度人经诀音义》，约撰于先天元年前后
2. 清都观时期作品	a.《洞玄灵宝道士受三洞经戒法箓择日历》 b.《黄箓斋仪》，很可能是清都观时期作品

① ［唐］张万福：《三洞众戒文序》，《道藏》，文物出版社、上海书店、天津古籍出版社1988年版，第3册，第396c页。

两相对比,张万福在太清观时期的作品更偏重汇抄戒律和制度类文献,唯一例外的《度人经诀音义》则可能是配合《一切经音义》编纂的产物;张万福在清都观时期的两部作品,似乎更重视对道教仪式本身的拟构或修订。如是观之,则撰作时期不详的《醮三洞真文五法正一盟威箓立成仪》《灵宝五炼生尸斋仪》《五等朝仪》也可能是张万福在清都观中完成的作品。但这个推测的依据不够充分,危险性很大,还需进一步论证。

三、小结:雪泥鸿爪张万福

张万福不可谓不是一位高道,他既有能力成为公主们传授仪式上的临坛大德,又能以极高的地位参与《一切道经音义》的编纂活动,还能为后世留下可供参考的戒律、科仪、制度文献,成为“科教三师”之一,这些现象反映出他的社会和历史价值。然而,或许是因为受到史崇玄的牵连,或许只是单纯的文献不足,最终导致后人对这位原本非常著名道士的生平等情况知之不详。

本文试图综合前贤研究和对细节进行重新考察,进一步补充和细化对张万福情况的理解。这些新的认识纠正了以往的一些常见误识,并努力在更为确凿的文献和历史梳理基础上,将张万福本人及其写作生涯嵌置在恰当的时代环境中。由于张万福牵扯盛唐时期多起政治与宗教事件,且对道教科仪的继承与创新厥功至伟,故对其个人情况进行考证的意义便不止步于“考据癖”本身。如果说盛唐时期多少有些政治化的道教像是一块五光十色的调色板,那么张万福等献身于道教知识事业且成绩斐然的信仰群体,必然是调色板上颇为夺目的色块。这样的色块,构成了所谓历史上“崇道高峰”的具体面貌。对张万福本人的理解,事实上补充了我们对盛唐时期道教处境和样态的整体认识。

尽管这里的讨论使有关张万福的认识获得一定程度的推进，然而，他留给我们的依旧只是雪泥鸿爪，仍有大量空白亟待填补。虽然通过某些角度和技术还可推进对张万福的理解，但真正大幅推进认识的机缘看来仍要仰仗新材料的发现。期待不久的未来，能够发现张万福或相关人物的墓志碑铭，推进道教学术研究的继续发展。

参考文献

陈国符：《道藏源流考》，中华书局 1963 年版。

雷闻：《唐长安太清观与〈一切道经音义〉的编纂》，荣新江主编：《唐研究》第 15 卷，北京大学出版社 2009 年版。

任继愈主编，钟肇鹏副主编：《道藏提要》，中国社会科学出版社 1991 年版。

张泽洪：《论科教三师》，《宗教学研究》1998 年第 4 期。

〔日〕山田利明：《張萬福修醮考》，《東洋の思想と宗教》2000 年通號 17。

〔日〕土屋昌明：《長安の太清觀の道士とその道教：史崇玄と張萬福を中心に》，《人文科學年報》2013 年第 43 號。

（编辑　吴　华）

名家访谈

从《大藏经》看中印文化差异与交流

——项楚先生访谈录

项　楚　陈长文

编者按:项楚,我国著名的敦煌学家、文献学家、语言学家和文学史家。浙江永嘉县人,1940年出生。1962年毕业于南开大学中文系,考取四川大学中国文学史专业研究生,师从庞石帚教授专攻六朝唐宋文学。1980年起调入四川大学任教。具有深厚的国学根底,熟读佛经和四部典籍,精于校勘考据,擅长融会贯通,在研究中熔语言、文献、文学、宗教于一炉,形成了独具的治学特色。在敦煌文学研究中取得了最为丰硕的实绩,并开创了系统而大量地运用佛教文献进行中古汉语词汇研究的先河。对敦煌学的研究折服了自诩"敦煌学在外国"的外国学者,为祖国赢得了荣誉。

著有《敦煌文学丛考》《王梵志诗校注》《寒山诗注》《敦煌变文选注》等多部专著,发表学术论文近百篇。其中《敦煌变文字义析疑》等系列论文获中国社科院青年语言学家奖一等奖。《敦煌文学丛考》《王梵志诗校注》连续获得教育部首届、第二届人文社科优秀成果一等奖,《王梵志诗校注》还获得了首届思勉学术原创奖。《唐代白话诗派研究》(合著)获得教育部第五届人文社科优秀成果一等奖并入选第二批国家社科基金成果文库。2017年被授予"四川省社会科学杰出贡献专家"荣誉称号。

目前是教育部社会科学委员会委员，国家古籍整理出版规划领导小组成员，四川大学杰出教授，教育部人文社科重点研究基地四川大学中国俗文化研究所名誉所长，中国古典文献学（国家重点学科）、中国古代文学、汉语言文字学三个学科的博士生导师。

陈长文：项先生您好！我是《中华经典研究》编辑部主任陈长文，非常感谢您能在百忙之中接受采访。您是我国著名的敦煌学家、文献学家、语言学家、佛教学家和文学史家，我们知道您对佛教典籍有精深独到的研究，您在青年时代即通读过《大藏经》，今天就想请您为大家分享一下您读《大藏经》的心得体会。那么，当年是什么样的机缘，让您通读了卷帙浩繁的《大藏经》？

项楚先生（以下简称"项先生"）：对佛教研究而言，我算不上是科班出身，不过我倒是真正地把《大藏经》读了一遍。我本来是从研究中国古代语言和文学的角度，当初为了这个需要，才去读《大藏经》的。今天我就谈一谈读佛教经典《大藏经》的一些体会。

陈长文：您读了《大藏经》，感受最深的是什么？

项先生：读了《大藏经》以后，我就感到两种文化，即中国文化和《大藏经》这种佛教文献典籍所体现出来的印度文化，他们二者之间是有很大差异的，彼此之间又相互影响。这也是我多年来一直研究的课题。我觉得中国的宗教，比如道教，它和佛教，它们的面目是完全不一样的。它们为什么不一样？我认为关键就在于他们产生的土壤不一样。道教是中国人的宗教，它所体现的是中国人的心理，是中国文化的表现。而佛教是印度的，它所体现的是印度人的心理，是印度文化的表现。他们之间的根本区别，在于中国人和印度人对于生命的看法不同。中国人认为生命只有一次，所以道教追求的是长生不老、长生久视，想把唯一的生命尽可能地延续下去，并且提高它的质量。这是道教所追求的目标。印度人就不一样,他们认为人的生命有很多次,佛教是这样认为的,印度的其他宗教也是这样认为的,这是印度人对生命的看法。所以你看印度的宗教,他们有前生,有来世,他们宁愿舍弃今生,也要追求来世的福祉。但是,他们同时又认为生命的本质是苦的,所以对“多生”这种观念感到了幻灭,于是就追求涅槃,也就是超脱生命,主张“无生”。正是他们民族的这种心理才造成了他们的宗教是这种形态。所以,有时候我在想啊,不同的民族其实也有不同的性格,我不知道在政治上是不是如此,但至少在文化上是肯定的。文化其实就是性格,一个民族的文化就是该民族性格的一种外在表现。所以,我读《大藏经》,就感到我们中国人自己的心理,和佛教经典所表现出来的印度人的心理,在文化上,或者说是在思维方式上有很大的不同。

陈长文:您能否具体谈一下印度人与中国人在民族心理、思维方式上有哪些差异?

项先生:从《大藏经》来看,印度人富于幻想,而我们中国人重视事实。关于这一点,其实中国的古人早就发现了,像《后汉书 · 西域传论》在提到佛教的时候,有这么一段话,说佛教“好大不经,奇谲无已,虽邹衍谈天之辩,庄周蜗角之论,尚未足以概其万一”。说的这个“邹衍谈天之辩”,那是《史记》里面说的。中国自古就有“大九州”这个说法,认为天下有九州,“九州”就是天下。这个九州跟我们现在的版图轮廓大致一致。中国古代的人们就认为天下就这么大,也就是九州,但这个邹衍别出心裁,他说九州之外,远在大海之外,还有地面,一共有九个九州,这就大大超出了当时中国人的想象,人们都很惊叹。还说到了“庄周蜗角之论”,庄子说有个蜗牛,它有两个触角,每个触角上各有一个国家,一个叫作“蛮”,一个叫作“触”,他们老打仗,血流成河。那么,中国人就觉得这也太不可想象了吧。《后汉书 · 西域传论》就把邹衍、庄周的想象和佛经的想象加以对比,说“尚未足以概其万一”,意思是说,连万分之一都不到。这肯定是事实。中国的大九州和佛经里面说的三千大千世界根本没法比，而且佛经里三千大千世界又有恒河之沙那么多。这是印度的想象。我刚才说的这是空间。再说时间，只要把这个三千大千世界换成一个劫，你就知道了，那佛经里面有无数个劫。当然，佛经里面还有其他的想象，像鬼神的想象，天堂地狱的景象，神通变化的想象，等等，这些都完全超出了我们中国人想象的范围。这样说来，从《大藏经》来看，印度人确实有这个强项，就是会想象，可以说是幻想。从研究文学的角度来说，这就属于形象思维。

印度人不仅如此，还有冥想。如果你自己不会冥想，他就让你跟着学打坐。你看他一动不动，其实他的思想正像天马行空一样飞行。这个冥想，我叫它"抽象思维"。印度人抽象思维非常强。你看《大藏经》里面构筑了无数理论的框架，他随便说什么，那理论都是一套一套的。比如说十二因缘等等，可谓各种各样。明朝有个和尚叫一如，他著有《三藏法数》一书，这也是一个工具书，他通过数目字进行检索，从一开始，一直到八万四千，里面有很多佛教术语，这些术语都组合在无数的理论框架里面。这就说明佛教的抽象思维很强。佛教在中国有很多宗派，这些宗派都起源于佛教的某部佛经，比如说《妙法莲花经》《华严经》等等，然而在传播过程中就逐渐中国化了，也就变成了中国的佛教。在这些宗教流派里面，我觉得其中有两个教派很特别：一个是禅宗，它打着佛教招牌，其实其思想来源主要是中国的。还有《坛经》，很奇怪啊，佛经都是释迦牟尼金口所述，只有一部《坛经》是中国人说的，但是它也同样具有经的地位。我记得范文澜先生说过，禅宗是披天竺式袈裟的魏晋玄学。还有一个比较特殊的宗派——唯识宗。它基本上没有怎么中国化，其主要倡导者是唐代的玄奘，对后世官方影响很大，但它在中国民间并没有产生太大影响，是非常小众的，就那么几个人在研究，其原因就是它没有中国化。它的理论非常复杂，非常烦琐。

陈长文:如您所说,印度人在想象力、形象思维、抽象思维方面能力超强,我们中国古代的《山海经》及众多的神话传说不也体现了中国古人丰富的想象吗?

项先生:其实,即便和阿拉伯、欧洲相比,和《一千零一夜》、希腊神话相比,中国的神话想象也并非强项。我说的中国传统文化指的是以孔子为代表的黄河流域的中原文化。其实中国文化也是多元的,像南方文化,想象力很丰富,如《楚辞》等等,里面就有很多神话。中国的神话,因为孔子"不语怪、力、乱、神",所以中原地区的人不爱听讲这些非现实的东西。中国的神话虽然不多,但很有意义,比如夸父逐日、愚公移山、大禹治水等等,都很励志,给人以鼓舞,是奋发图强的。所以从这个角度来说,中国古代神话虽然不多,但也表现了我们自己民族的性格。

陈长文:我们又该如何辩证地看待中印两国文化上的差异呢?

项先生:印度文化相对于中国文化来说,虽然在想象这方面是他的强项,但是他们的弱点也正在这儿。反过来说,想象力弱反而衬托出我们中国人的强项。我刚才说中国人重视实际,看重事实,所以中国的历史学举世无双。像孔子就是历史学家,《春秋》就是历史书,孔子的思想又是从哪儿来的呢?来自更早的中原史官文化,中国最早的文化是被史官掌握的。所以从春秋以来,中国的历史学可以说是世界上最发达最先进的了,我们有正史,有野史,有官修的,有私修的,有传记体、编年体、记事本末体等等。历史学的地位很高,每个朝代之初都会为前朝修史,通常都是由宰相来领衔,而且修史要坚持原则,也很光荣。史官为了坚持真理,甚至不惜牺牲生命。所以中国文化重视历史,重视事实,我觉得我们民族求实、务实、实干,这个民族性格是得到中国历史证明了的,而且现实也在证明。这是我们的强项,在印度就不同了。马克思就说过:"印度根本没有历史,至少是没有为人所知的历史。"它确实没有历史。《大藏经》里有很多神话、传说、故事等,但这些都不是历史。按理说它应该有历史,因为这些传说也包含了历史,像中国远古时期的三皇五帝等传说,既是传说,也是历史,但是印度的这些神话传说就构筑不了它的历史。为什么构筑不了它的历史呢?因为它缺少一样东西,那就是时间的坐标。它乱七八糟的一堆东西,像一堆散钱串不起来。但中国的三皇五帝就形成了历史。而印度之所以不能形成历史,其根源我觉得还是,如果我们说民族性格的话,那就是因为民族性格;如果我们说文化的话,那就是因为文化。印度文化压根儿就没有这种历史的观念。印度现在当然也有历史,但是是借助于外来的力量帮助他们构筑的。

陈长文:中国在构筑印度历史方面又做了哪些贡献?

项先生:古代就有人从东方和西方到印度去了,留下了很多的记载,其中最著名的当然就是玄奘了,他的《大唐西域记》,记述了西域的一百多个城邦和国家,他的记述今天看来都是非常科学的。在此之前,晋朝的法显去过印度,留下了《佛国记》。在唐代,和玄奘差不多同时的义净也去过印度,还写了一部《南海寄归内法传》,写了印度的种种情形。其实,除了中国人之外,从新罗来的僧人慧超,他先到中国留学,然后又从长安出发去了印度,他写了一部《往五天竺国传》。他这部书本来已经失传了,但在敦煌遗书里给保存了下来,所以我们今天又能看到了。此外,还有很多中国僧人到过印度,他们回来就会写下自己的经历。我们放大一点来看,在唐朝,日本的很多留学生来到中国,接受了中国文化,他们也把中国文化带回到日本,其中最著名的就是圆仁和尚,他著有《入唐求法巡礼行记》一书。此外,还有遍照金刚的《文镜秘府论》,等等。中国文化里面有一个重视历史的基因,因此接受中国文化的人,这是他一种自然的本能。玄奘虽然是个天才,但这也不仅仅是他个人方面的原因,也是中国文化使他这样做。

我们反过来看,相较于中国僧人到印度,印度高僧来中国传教的更多,这些人都是很优秀的,他们把佛教传到了中国,可以说都是宗教天才,他们还在中国组织开展各种佛教活动,更重要的是他们参与佛经翻译,然而没有一个人写下了他们在中国的经历,一个都没有,当然这也不奇怪,印度人也没有写下他们自己的历史,那这是因为什么呀?这就是归结到印度的文化,在他的文化里面没有这个基因,他们压根儿就不会想到要把他们的经历写下来传之后世。

我们说中印之间的文化交流,现在谈得比较多的好像是印度传过来什么,如何影响了中国的文化,其实文化交流是相互的、双向的,中国对印度也有回馈,有回报。中国帮助印度构筑了他们自己的历史。我们应该全面地来看待这个问题。

陈长文:中印文化除了在想象力方面有所不同,您认为还有哪些方面存在重要差异?

项先生:读了《大藏经》,我感觉到中印文化还有一点不同,那就是繁简不同。中国人强调简,而印度或者佛经是非常的繁,我想这不仅仅是文体方面的原因,还有其背后的多种原因。像释迦牟尼和孔子这两个世界文化的圣贤,都影响了历史上最多的人类。但是他们又是怎么影响的呢?你看孔子,他的思想主要体现在《论语》,而《论语》才多少字?一万多字。数千年来他竟然影响这么多人。那么释迦牟尼,佛教称他金口所说者为经,佛经真是浩如烟海,有梵文的、藏文的、巴利文的、汉文的,有大量存世的,还有很多失传的,等等,一个是这么简,一个是这么繁,而他们所起的作用却是一样的。孔子不但《论语》这么简,他自己对《诗经》的评价是"思无邪",总共只有三个字。还有他的《春秋》笔法,他不说出来,别人就心领神会。所以中国的古文或者诗,非常讲究精练,所谓"不著一字,尽得风流"。历史上还有所谓的"一字师",也就是你写的诗,我给你改一个字,所以你就要拜我为师。

中国最早的一部佛学论著是牟子的《理惑论》。牟子是三国时候的人,周一良先生认为其中也加入了晋代人的思想。"惑"就是对于佛教的疑惑，有些人对佛教有些疑惑，他通过著此书来解答这些疑惑。其中就有人提出这样的疑惑："圣人制七经之本，不过三万言"，也就是孔子整理的经书也不过三万言，而"众事备焉"，所有的大道理都在里面。然后他谈到佛教，说佛经"卷以万计，言以亿数，非一人力所能堪也"，一个人是根本办不到的。然后他就提出了自己的看法，"仆以为烦而不要矣"，他认为这是繁而寡要。那个时候古人就看到了这样的繁简不同。宋代的赞宁，就是写《宋高僧传》的那个人，在《含光传》中说"秦人好简，验其言少而解多"，秦人就是汉人；"天竺好繁，证其言重而后悟"，要说很多很多的话，然后他们才能领悟。我们读佛经有时候觉得确实是很繁。

我看到过好几座国内的孔子塑像，看到他们的模样有瘦高的，有矮胖的，各不相同。你再到寺院看看佛的像，你看了无数个佛像都是那个样子。那为啥释迦牟尼的像都是一个样子，看起来有点儿千篇一律？因为这是它的标准像。在佛经里面就规定了佛的形象，所谓三十二相八十种好，加起来就一百多种特征，这一百多项都有详细的解释。所有的佛像都要符合这个标准形象。你看所有的佛像都是金色，这个其实是很古怪的，人怎么可能是金色呢？你看什么观音啊，罗汉啊，什么力士啊，那些都不是金色，唯独佛是金色的，我们见多了也就不怪了，好像佛就是金色，而没有想到这是不科学的。这三十二项里面有一项，就是他眉毛里面有一根白毛，这根白毛可以伸，可以卷，中间是空的，还可以放光，放光可以照亮整个三千大千世界，有一部佛经叫作《观佛三昧海经》，它里面就用了整整两卷的篇幅来写这根白毛，你说他繁不繁？现在我们就明白了为什么孔子像各不相同，因为没有一个统一标准，孔子长啥样，历代从来就没谁说过。通过《史记》我们可以看到一点，就是孔子大概是高个子，其他的我们一无所知。再如，佛经描写释迦牟尼雪山修道六年，即将成道了，魔王就恐慌了，要来破坏他。开始是派魔军来威胁，后来又派魔女来引诱，那个魔女就施展各种样媚态，媚态就共有三十六种，哪三十六种都一一写了出来。如果中国人来写,绝不会一一来描写第一种媚态怎么样,第二种媚态怎么样,就用千姿百态、千娇百媚、风情万种、仪态万方等词语加以高度概括。

陈长文:您认为佛教传入后对我国的文学产生了哪些重要影响?

项先生:印度佛经里面所表现出来的丰富想象,对中国文学其实是有很大影响的。中国前期的文学基本上是写实,当然也有一些寓言等等。佛教传入中国以后,它影响到中国文学的发展,从唐传奇开始,以及后来的戏曲、小说,虚构的成分逐渐增加。这本来也是文学自身的发展规律,文学必然要这样发展,实际上中国没有佛教传入,没有佛经影响,中国文学最后还是要走这条路。但是佛教的传播是个催化剂,加速了这个过程。所以我跟学生们上课,就讲到一些例子,有些佛经的题材就被中国文学所吸收,为中国所利用。

我前面讲的他们的想象,他们的烦琐,也表现在他们的抽象思维构建了无数理论的框架。我是研究文学的,知道中国的文学理论自古以来就是一种感想式的,或者是有为而发的。但是在中国文学里面有一部很特别的著作——《文心雕龙》,它和以前的文论不同,与此后的其实也不同,它就是一个很特殊的存在。它的作者刘勰原来是个和尚,出家的。《文心雕龙》为什么看起来好像鹤立鸡群一样,因为它有一个理论的构架,使它成为我国第一部有严密体系的文学理论专著。那么,刘勰他为什么能够这样?我觉得跟他的出家,跟他和尚的身份有重要关系,他从佛经那儿受到了影响,所以他就有这样的一种意识来构思,构筑一个这样的框架。我在读了整部《大藏经》之后,真的可以说是大开眼界。我曾经有过一个比喻,当我看了这些大部头的著作以后,觉得自己发现了一个新的境界,一个新的天地。就好像我们生活在陆地上,觉得世界就是这个样,但是如果你一旦像潜水员一样潜入到海底,你就会发现还有另外一个世界。

陈长文:您认为佛教传入中国后,对我国的民间社会,包括俗文化,产生了哪些重要影响?

项先生:我读过《大藏经》以后,还发现以前看到的一些现象其实很普通,但其中蕴含着深刻的道理,当时我不懂,但后来我就明白了。小时候我跟那些同伴玩,玩得忘记了吃饭,后来有个同伴的妈妈来了,叫她孩子回家吃饭,她生气地说:“你这小冤家,还不赶快回家吃饭?!”还骂什么“你这个短命鬼”“讨债鬼”等等,恶骂一通。小时候我觉得这个妈妈没文化,吐出这些话来很自然。但是后来读了佛经,我才知道她其实是用佛教的思想来骂,当然骂的人并不知道她是用佛教在骂人。骂的人也许都不识字,因为像冤家、讨债等等,都是佛教故事里面说的。佛教讲究因缘,才能把父母跟子女的关系连接在一起:“你就是来讨债的,我上辈子欠你的。”佛教认为有人是来讨债的,甚至还有来讨命的。佛教里有个故事,一个财主有两个老婆:大老婆和小老婆,大老婆没有生育,小老婆生了个女儿,全家就视为珍宝。大老婆表面上很欢喜,其实心里恨得不得了,后来乘人不备就拿钢针从脑门插下去,这个婴儿就死了,谁也不知道原因。小老婆非常难过,悲痛去世。后来大老婆时来运转,也生了个女儿,爱如掌上明珠,哪晓得这个女儿到了第二年就死了,大老婆当然悲伤啊。过了一年,又生了个女儿,这个女儿到了七八岁,越长越漂亮,结果也死了,这个大老婆当然更加悲伤了。后来她又生了第三个女儿,这个女儿到快出嫁的时候又死了,大老婆活不下去了。这时候,佛就来告诉她:“你不要悲伤,她们不是你的女儿,她们都是被你害死女儿的那个小老婆来投生报仇的,她也让你尝一尝失去最亲爱的人的滋味。”这时候大老婆想通了,她们原来是冤家来报仇的。像这样因果报应的故事,已经深深地扎根到了中国普通老百姓,哪怕不识字的这些人的心里。像阿Q,他就是一个最无知的农民,押赴刑场的路上,还说了半句话,意思是二十年后又是一条好汉。这就是佛教的观念,他们认为还有来世,寄希望于来世。阿Q的这种认识是从哪得来的？他不识字，没读过“五经”“四书”，也没读过佛经，他是从通俗文学里面得来的。佛教通过通俗文学深入到民间，哪怕最不识字的人也无形之中受到了佛教思想的影响。这说明了什么呢？佛教是一个外来的宗教，但他到了中国之后不断地中国化，如果佛教以它本来的面目存在肯定会受到排斥，它要想被中国人接受，就必须不断地中国化，要变，变得让中国人能够接受。

陈长文：您对佛教的中国化，有何看法？

项先生：我刚才说中国的佛教源于印度佛教，但很多宗派已经注入了中国文化，所以现在中国的佛教，它就是真正意义上的中国佛教，而不是印度佛教了。虽然来源于印度，但已经中国化了，正因为它中国化了，也就变成了中国文化的一部分。我们谈中国文化，常把儒释道相提并论，这里的“释”，就是我们说的中国化的佛教，而不是印度那个佛教，它已经成为中国文化的一部分，并成为中国文化的三大支柱之一，也就融入了中国文化的基因。

陈长文：非常感谢项先生今天的分享！您以深厚的学术功底和丰富的研究成果，为我们揭示了《大藏经》中所体现的中印文化差异，以及佛教传入中国后对文学、民间社会和俗文化所产生的深远影响，并特别强调了中印文化交流的双向性，指出中国文化在帮助构筑印度历史方面的贡献。您的见解不仅为我们提供了宝贵的知识财富，也将激励更多的学者投入到这一领域的研究中。再次感谢项先生接受我的采访，也希望将来有机会再次聆听您的精彩分享！

2024年4月18日下午，于项先生家中采访

Contents & Abstracts

Thematic Studies

Exploration of "If There Shall Be Distress and Want within the Four Seas, the Heavenly Revenue Will Come to a Perpetual End" in "Yao Yue"

Liao Mingchun

Abstract: In the chapter "Yao Yue" of *The Analects of Confucius*, the phrase "He who holds the mean, the universal poverty, the eternal end of heavenly blessings" should be understood as "He who holds the mean, the eternal end of heavenly blessings; otherwise, universal poverty." Here, "universal poverty and the eternal end of heavenly blessings", and "otherwise (if not)" are key. Only by addressing issues of misarrangement and missing text can we fully convey the profound meaning of these sentences in their "authentic transmission."

Keywords: "Yao Yue" (book 20) of *The Analects of Confucius*; Sincere Adherence to the mean; Distress and want within the four seas; The perpetual end of Heavenly revenue

The Dialogue between *Yugong* Studies in the Qing Dynasty and Western Learning: Taking the Responses of Emperors Kangxi, Qianlong, and Scholar Liao Ping as Examples

Wang Xiaohong

Abstract: *Yugong*, a chapter from the Confucian Classic *Shangshu* (*The Book of Documents*), compiles the early geographical knowledge and insights of the Huaxia ancestors. As China's earliest geographical work, research on *Yugong* has traditionally involved geographical analysis with textual interpretation, largely independent of academic influences. However, the introduction of Western learning during the Ming and Qing dynasties brought modern Western geographical concepts into China, and transform traditional geographical studies. During the Qing Dynasty, various social strata, particularly scholar-officials and even emperors, engaged with Western learning through either proactive or reactive interpretations. They often combined Western scholarly methods with their analysis of *Yugong* geography.

Keywords: *Yugong* studies; Geography; Western learning spreading to the East; Chinese origins for western knowledge; Qing dynasty

Integrating Philology and Thoughts Discrimination: Scholarly Achievement in the Study of the *Book of History* by Gong Daogeng

Li Dongmei

Abstract: Gong Daogeng was a renowned professor of Sichuan's universities, but also a prominent figure in Chinese academia, a pillar of *Shu* studies, and a master of classical scholarship in his generation. His erudition was boundless, and he was diligent in his scholarly writings. He also mastered the

Four Books. Throughout his lifetime, he authored about 140 works, covering various subjects including *Cang Jie*, *Er Ya*, *Explanation of Script and Elucidation of Characters*, phonology, exegesis and commentaries on classics and their annotations. Furthermore, He went through ancient books and corrected mistakes in various books, demonstrating his broad range of interests. Among his works, He transcended traditional schools of thought and methodologies from both Han and Song dynasties. In his study of the *Book of History*, On one hand, he meticulously re-proofread and annotated *Annotations of the Book of History*. On the other hand, he focused on analyzing the meanings and principles within the text, *Ancient Texts of the Book of History* was not written by Confucius. Focusing on these two aspects, this paper aims to provide a brief overview of Gong Daogeng's achievements in the study of the *Book of History*.

Keywords: Contemporary scholars of *Shu* studies; Gong Daogeng; The study of the *Book of History*; *Ancient Texts of the Book of History* by Confucius

Dong Zhongshu's Treatise on the Governance of the *Spring and Autumn Annals*: "Ten Keynotes"

Wei Yanhong, Wei Keyin

Abstract: Dong Zhongshu dedicated a special chapter in his book *Chunqiu Fanlu* ("*Luxuriant Dew of the Spring and Autumn Annals*") to discuss the Shizhi ("Ten Keynots") for governing according to the *Spring and Autumn Annals*. They are: Assessing disaster severity, ensuring public peace; Observing changes, assessing outcomes; Addressing causes, rectifying governance; Prioritizing fundamentals, clarifying roles; Discriminating doubts, manifesting truth; Evaluating wisdom, ordering officials; Aligning with people's desires, extending benevolence; Restoring Zhou's culture, establishing moral foundations; Following natural principles, maintaining order; Being decisive in justice, aligning with the way of Heaven. He summarized the profound significance of the Shizhi, positing that adherence to these keynotes would lead to harmony among all things, balance between Yin and Yang, universal benevolence, and the unimpeded flow of righteousness. He believed that all actions and phenomena would naturally align with the way of Heaven. In addition, he emphasized that this approach is the fundamental method for interpreting the *Spring and Autumn Annals*.

Keywords: Dong Zhongshu; Shizhi; Governing keynotes of *Spring and Autumn Annals*; *Luxuriant Dew of the Spring and Autumn Annals*; Yin and Yang, five elements

Jiali and the Ancestral Hall: Influence in China and Korea

Xie Guangyu

Abstract: Prior to Tang and Song dynasties, ancestral halls were clan temples or family temples, accessible only to those of high status and distinguished lineage. Ancestral halls represent the unity of divine and clan authority, which greatly benefits the adherence to social roles and the stability of societal order. The impact of the book *Jiali* exceeds its influence in China in many aspects. Ancestral culture plays a significantrole in both Countries.

Keywords: Zhu Xi's *Jiali*; Ancestral hall; Korea; Significance

The Just Foundation of "Harmony": A Discussion on the Duties of the King and Officials in *Discourses on Governance of the States*

Wu Baolin

Abstract: The concept of "harmony" by officials of the Zhou Dynasty encompasses the harmony between man and heaven (gods), the harmony between the king and his courtiers, and the harmony among the people. This ideal state of the universe is rooted in the "brilliance" of Heaven and the legitimacy of the king's supreme power. The specific implementation of "harmony" involves many practices such as seeking advice, refining music, and developing detailed rites and rituals to promote overall harmony, observing farming seasons to lay a solid economic foundation shaping a society characterized by the virtuous character of the people. It also includes distributing benefits under the principle of "harmony and benevolence," resisting hasty wars, and administering lenient punishments to the guilty. Officials should strive for a state of "ultimate harmony" and purity to coordinate diverse external factors, achieving a harmonious unity. "Harmony" also represents the unlimited responsibilities of the king and officials, as well as comprehensive institutional governance.

Keywords: *Discourses on Governance of the States*; The King and officials of the Zhou Dynasty; Harmony; Righteousness; Benevolence

Kong Yingda's Interpretation of "Immortality" and "Eternity" in Confucian Classics

Zhang Fengqian

Abstract: During the Tang Dynasty, Buddhism and Taoism flourished, yet

Confucianism remained the mainstream of the empire's academic thought. Kong Yingda was a scholar with profound academic knowledge and integrity. His monumental work *Correct Interpretation of Five Classics* was meticulously organized and played a crucial role in inheriting, compiling, annotating, and elucidating classics and academic thoughts in ancient China. Based on the studies of Zuo Qiuming, Zheng Xuan, Wang Bi, and others, he provided a systematic and in-depth interpretation on the concept of "immortality" in the *Commentary of Zuo* and "eternity" in classics such as the *Book of Changes*. His interpretation is highly enlightening.

Keywords: Kong Yingda; Confucian classics; Immortality; Eternity; Values

Analysis in *Kaogongji*(*The Artificers' Record*)

Li Yaming

Abstract: *Kaogongji*(*The Artificers' Record*) is the earliest known technical document on handcraft industry in China. The chapter "Fu Shi" is the earliest record the design and casting techniques in China. It discusses the same substance with different names and different substances with the same name. Equivalence and contrast represent the metric relationships. Summarizing and categorizing these relationship types provide concrete historical evidence for further exploring the design and casting techniques from the Pre-Qin Period.

Keywords: *Kaogongji* (*The Artificers' Record*); Fu Shi; Chime; Name and substance

On Liao Ping's View of Civilization History

Yang Shiwen, Miao Zehui

Abstract: Liao Ping proposed that human history follows the developmental principle of transitioning "from barbarism to civilization." He believes that Confucius has drawn up a blueprint for the ethical and institutional arrangements of future society within the Six Classics. Liao Ping suggests that the Confucian theory of the cyclical mutual transformation of the three political systems of "loyalty, respect, and culture" corresponds to the three western political systems of autocracy, civil rights, and republic. Therefore, he advocates the promotion of Confucianism to realize the ideal of "the same language and system, bringing about a great and peaceful unification".

Keywords: Liao Ping; Civilization historical view; Confucian classics

The Deviation of *Laozi* and the Development of Laozi's Thought

Lu Yongzhao

Abstracts: The differences between the handed down version and the unearthed version of *Laozi*, have made the development of Laozi's thought along with the written version has become one of the focuses of academic research. The text of *Laozi* has been subject to various interpretations and evolutions.

Keywords: *Laozi*; Bamboo slips; Silk books; Handed down from generation to generation; Change

On the Chapter "Men are Like the Heaven and the Earth" in the "Yang Zhu" of *Lie Zi*

Liu Zhen

Abstract: There is an inconsistency between the chapter "Men are like the heaven and the earth" and its interpretation in the contemporary annotated version of *Lie Zi*, represented by Yang Bojun's *Lie Zi Jishi*. Yang Bojun failed to recognize the discrepancies and incompatibilities between the relevant chapters and interpretations of the Dunhuang manuscripts version of *Lie Zi* and other versions, such as the Song Ben. Additionally, he overlooked the critical attitude towards the "*Sage*" in the Yang Zhu chapter and, with the mindset that "A Sage has no faults", forcibly combined and interpreted the relevant chapters, leading to the presence of problematic passages such as "No sage would take possession of things that actually belong to the universe." These issues should be corrected.

Keywords: *Lie Zi*; "Yang Zhu"; Perfect man; Sage; Selfishness

The Records of Zhang Wanfu, One of the Three Masters of Science and Education

Bai Zhaojie

Abstract: Zhang Wanfu, a Taoist priest during the prosperous Tang Dynasty, is revered by later generations. Through a detailed examination of existing materials, it is known that Zhang Wanfu was affiliated with the Taiqing Temple before the execution of Shi Chongxuan in 712, and later moved to the Qingdu Temple. By rearranging the timeline of Zhang Wanfu's known works, it is speculated that during his time at the Taiqing Temple, he primarily focused on compiling disciplinary and other institutional documents, and participated in official Taoist projects such as the compilation of *The Sound and Meaning of the Tripitaka*. During his time at the Qingdu Temple, Zhang Wanfu focused more on organizing Taoist rituals and corresponding systems, providing valuable insights for future Taoist rituals, especially those of the Huanglu Zhai.

Keywords: Zhang Wanfu; Three Masters of Science and Education; Zhang Qingdu

Famous Person Interview

From the *Great Buddhist Canon*: A Discussion on the Differences and Exchanges between Chinese and Indian Cultures—An Interview with Mr. Xiang Chu

Xiang Chu, Chen Changwen

Abstract: This article is an interview with Mr. Xiang Chu regarding the *Great Buddhist Canon* and the differences and exchanges between Chinese and Indian cultures. Starting from the perspective of ancient Chinese language and literature, he has conducted in-depth studies on the *Great Buddhist Canon* and shared his insights and experiences. Mr. Xiang pointed out that there are significant differences between Chinese and Indian cultures in terms of religion, views on life, and ways of thinking, while both also influence each other. He emphasized that the different appearances of Taoism and Buddhism stem from the fundamental differences in how people from China and India perceive life. Mr. Xiang also discussed the differences between the two nations in terms of imagination, historical concepts, preferences for simplicity or complexity, and noted the profound impact of Buddhism on Chinese literature, folk society, and popular culture after its introduction to China.

Keywords: Xiang Chu; *Great Buddhist Canon*; Sinicization of Buddhism; Cultural Exchange

约稿函

《中华经典研究》旨在“研究经典，传承文明；融会中西，沟通古今”。本刊主要栏目有：专题研究、名家访谈、海外传播、青年学者论坛等。我们以“开明开放，平等平和；百家经典，兼容并包；学术融通，互动互鉴”为办刊方针，倡导学术民主，讨论自由，因经明道，弘道兴学。研究经典之文本，总结经学之成就，发掘经典之价值，揭示圣贤之密旨，为认识历史、服务现实贡献智慧。引领社会亲近经典、研读经典、品味经典，从经典中汲取古今中外圣贤的智慧。

来稿须坚持马克思主义的立场、观点和方法，体现原创性、前沿性和专业性，符合学术规范，学风严谨、文风朴实。来稿须确保没有知识产权争议，杜绝弄虚作假、抄袭剽窃、侵犯他人知识产权。论文部件及格式，包括题名（一级标题 3 号，二级标题 4 号，三级及以下标题与正文同用小 4 号，均用宋体），作者（4 号楷体），中、英文内容摘要（200 字以内，中文 5 号楷体，英文 5 号 Times New Roman），中、英文关键词（术语 3—5 个，中空 1 字符，中文 5 号楷体，英文 5 号楷体 Times New Roman），正文（中文简体，小 4 号宋体），注释，参考文献（置于文末，用 1、2、3……排序，5 号宋体）等。

其中，注释统一采用页下注（脚注），序号用①②③……置于引用文

字或要说明文字的右上角。每页重新编号(小 5 号宋体)。相关技术规范如下:

专著。如:晁中辰:《明成祖传》,人民出版社 1993 年版,第 6 页。

析出文献。如:汪子春:《中国养蚕科学技术的发展和传播》,载自然科学研究所主编:《中国古代科技成就》,中国青年出版社 1978 年版,第 382—391 页。

古籍。如:[清]姚际恒:《古今伪书考》卷三,清光绪三年苏州活字本,9/a。

[清]屈大均:《广东新语》卷九《学语》,中华书局 1985 年版,第 5 页。

期刊、报纸。期刊如:吴艳红:《明代流刑考》,《历史研究》2000 年第 6 期。报纸如:王启东:《法制与法治》,《法制日报》1989 年 3 月 2 日。

外文文献。如:Charles Shepherdson, *Vital Signs: Nature, Culture, Psychoanalysis*, New York: Routledge, 2000, p. 35.

D. Schiffrin, D. Tannen & H. E. Hamilton (eds.), *The Handbook of Discourse Analysis*, Oxford: Blackwell, 2003, pp. 352-371.

转引文献。如:章太炎:《在长沙晨光学校演说》,1925 年 10 月,转引自汤志钧编:《章太炎年谱长编》下册,中华书局 1979 年版,第 823 页。

来稿需提交电子文本或纸质文本。投稿日期以邮件寄发时间为准。应另件专附作者简介及项目信息(200 字以内)。电子版稿件请以 Word 文件格式提交,邮件主题为"《中华经典研究》投稿",文件名为"作者名—文章名",请发送至:scuzhjdyj@163.com 。纸质稿件请寄:四川省成都市武侯区望江路 29 号四川大学中华文化研究院《中华经典研究》编辑部,邮政编码:610064,请注明"《中华经典研究》投稿"字样。联系电话:028-85415080。

稿件评审采取双向盲评方式,严格遵循科学、专业、公正的原则,实行函件与线上评审相结合,个人审阅与会议评审相结合,履行责任编辑初审、编辑部二审、编委会三审、主编审定等程序,严把稿件质量关。来稿一经录用即行通知,并致稿酬,优稿优酬。

请勿一稿多投。若投稿后三个月仍未接到用稿通知,可自行处理稿件。纸质稿件恕不退还。

本刊已许可中国知网等网络知识服务平台以数字化方式复制、汇编、发行、信息网络传播本刊全文。本刊支付的稿酬已包含网络知识服务平台的著作权使用费,所有署名作者向本刊提交文章发表之行为视为同意此说明。如有异议,请在投稿时说明,本刊将按作者说明处理。

Invitation Letter for Contributions

The purpose of *The Study of Chinese Classics* is to "study classics, inherit civilization; integrate different cultures, and communicate between the ancient and the modern." The main columns of this journal include Text Analysis, Exposition on Classics, Scholars One-on-One, Academic Trends, Overseas Dissemination, Young Scholars' Forum, etc.

We embrace the principles of being open-minded, being inclusive, being communicative, and mutual learning. We advocate academic democracy, freedom of discussion, truth-seeking, and knowledge revival by studying classics, learning from previous achievements, discovering the value of classics and revealing thoughts of sages. By doing so, we contribute our wisdom for understanding history and serve society.

Manuscripts submitted to our journal must adhere to the Marxist position, viewpoint and method, reflect originality, frontier of the most current research and professionalism, and must be in line with academic standards, demonstrate academic rigor, and follow a straightforward academic writing style. Authors must ensure that there is no dispute over intellectual property rights, and no fraud, plagiarism, or infringement of other's intellectual property.

Manuscripts written in languages other than Chinese should follow MLA style as set out in the most recent edition of the MLA Handbook. *The Study of Chinese Classics* adopts a double-blinded review process. We encourage authors to send in your manuscripts anonymously with author's bio attached in a separate document to the editorial office of *The Study of Chinese Classics* via email. The email address is scuzhjdyj@ 163. com.

Please know that the author should disclose any prior distribution and/or publication of any portion of the material, including where the article has been shared as a preprint, to the Editor for the Editor's consideration and make sure that appropriate attribution to the prior distribution and/or publication of the material is included.

The Study of Chinese Classics provides the author grants for the sole and exclusive right and license to publish for the full legal term of copyright.